北京社科规划工作年度报告 2013

北京市哲学社会科学规划办公室　编

中国人民大学出版社
·北京·

前 言

哲学社会科学是人类知识思想体系的重要组成部分，中央、国务院及北京市委市政府历来高度重视哲学社会科学工作。1983年9月，成立了北京市哲学社会科学规划领导小组，下设办公室负责日常工作。1991年8月，成立了北京市哲学社会科学规划办公室。

30年来，在全国社科规划办、北京市社科规划领导小组和市委宣传部的正确领导下，在广大社科界同仁的鼎力支持下，市社科规划办始终坚持正确导向，切实履行规划和组织协调全市哲学社会科学研究工作的职责使命，通过编制发布规划纲要、组织实施项目研究，有效发挥了对首都哲学社会科学研究的引领、导向、示范、布局作用，在整合社科研究资源、服务广大专家学者、助力北京建设改革、推动首都哲学社会科学繁荣发展等方面发挥了积极作用。

30年间，共编制和组织实施了北京市哲学社会科学“六五”至“十二五”7个规划项目工作纲要，设立各类研究项目3 902项，累计投入研究经费超过1.8亿元。特别是“十五”计划期以来，项目的立项数量和经费投入呈现出大幅提升的态势。“十五”计划期的立项数量超过了之前4个计划期的立项总和；到了“十一五”规划期，立项数量较“十五”计划期实现了翻番，投入经费达到3倍以上；2011—2013年，立项数量已经超过了“十一五”规划期的总数，投入经费更是超过了之前27年的总和。在立项数量不断增长的同时，单项课题的经费资助力度也不断提高，始终保持在各省市规划项目中的领先水平。在“九五”期间，单个项目平均经费约为1.8万元；到了“十五”期间，重点项目为5万元，一般项目为3万元；“十一五”以来，重点项目8万元，一般项目5万元；从2014年起，重点项目进一步提高到12万元，一般项目8万元，青年项目达到5万元。

经过30年的发展，市社科规划项目的资助体系日趋完善。从项目级别上看，目前有重大项目、特别委托项目、重点项目、一般项目和青年项目。从项目类别上看，有年度项目、研究基地项目、增补项目、预立项项目、与市委教育工委和市教委合作项目等。基本形成了适应不同研究水平、不同职称结构、不同年龄层次、不同研究方式，基础研究和应用研究并重的项目资助体系。

30 年来，市社科规划项目研究产出了大量优秀科研成果。据对已结项课题最终研究成果的统计，共形成研究报告 1 450 余份、专著 1 000 余部、论文集 100 余部，有效发挥了哲学社会科学研究认识世界、传承文明、创新理论、咨政育人、服务社会的作用。其中有 200 余项成果获得省部级以上奖项。

自 2004 年开始，市社科规划办和市教委共同在首都地区高校建立了 46 个北京市哲学社会科学研究基地。同时，市社科规划办单独在高校、市属单位和区县建立了 21 个北京市哲学社会科学应用对策研究基地。以上两类研究基地共计 67 个，成为首都智库建设中的一支重要力量。据不完全统计，各研究基地共承担了各级、各类科研项目 8 640 多项，累计在全国核心期刊发表论文 9 260 多篇，出版专著 2 180 多本，举办较大规模学术会议 1 850 余次，进行国际人才交流 3 920 余人次，在整合研究资源、产出研究成果、培养科研人才、服务首都科学发展等方面发挥了积极作用。

在组织市属单位申报国家社科基金项目方面取得了显著成绩。从“七五”计划期至 2013 年，市属单位共承担国家社科基金年度项目 572 项，获得项目资助经费 5 600 余万元。尤其是近几年来，与市属高校、科研单位共同努力，加强动员培训，主动上门服务，严格审核把关，显著提高了申报项目质量。2012 年度项目立项数量较上年实现翻番，立项率高于全国平均水平。

近年来，进一步完善项目管理办法，采取匿名通讯评审、会议集中评审等方式提升了项目评审立项环节工作的规范化水平；建立起通讯鉴定、会议集中鉴定、免于鉴定相结合的成果鉴定结项制度，把好项目出口关；创新成果宣传推广的方式，拓宽成果转化应用的渠道，加强二级管理队伍建设，初步形成了一整套科学的管理机制和工作方法，不断提升北京社科规划工作的科学化、规范化、精细化水平。为了与国家社科基金项目的名称接轨，经市社科规划领导小组同意，从2014年起，北京市哲学社会科学规划项目名称改为北京市社会科学基金项目，简称北京社科基金项目。

从 2013 年起，我们每年编辑出版《北京社科规划工作年度报告》，借此进一步增强北京社科规划工作和项目研究的影响力和透明度，促进社科规划工作科学化、规范化水平的提升。本年度报告由概况、国家社科基金项目、北京市社科规划项目、研究基地、宣传推介、“北京社科规划”网站、经费管理、大事记、部分宣传报道和附录十部分组成，内容涉及市社科规划项目的选题规划、评审立项、中期管理、成果验收、宣传推介、经费管理等各方面工作。报告力求客观、全面、真实地反映近年来特别是2013年北京社科规划工作的总体情况，介绍市社科规划项目研究工作的进展、管理工作的措施办法，展现首都广大社科专家们潜心治学的优良学风和丰硕成果。

本年度报告由市社科规划办工作人员集体编写，中国人民大学出版社对本书的出版给予了热情帮助。这是我们首次编发年度报告，难免有疏漏之处，敬请广大读者批评指正。

编　者

2014年6月

目　录

第一篇 概况

2013 年，在市社科规划领导小组和市委宣传部的领导下，市社科规划办全面深入贯彻落实与研究阐释党的十八大、十八届三中全会精神和习近平总书记系列重要讲话精神，坚持围绕中心、服务大局、努力推出优秀社科研究成果的工作思路，充分发挥北京社科规划项目对首都哲学社会科学研究的引领、导向、示范、布局作用。

一、采取一系列创新措施提高市社科规划项目立项工作水平

在 2013 年度项目立项工作中，重点采取了三项具体措施：一是进一步提高各单位的申报指标，使更多专家学者参与申报，努力做到好中选优；二是增加匿名通讯评审环节，获得多数专家推荐的项目才能进入下一步的会议评审；三是坚持严格的评审程序、保密制度和回避制度，以质量和创新为导向，确保立项质量。共受理了各科研单位的有效申报材料 1 088 项，经过两轮专家评审，最终立项 329 项。其中，重点项目 29 项，一般项目 177 项，青年项目 123 项。由于申报数量的增加和通讯评审的筛选等因素，获立项的课题整体质量较高，与实践结合得也较为紧密，得到了评审专家的普遍肯定。

对各研究基地申报的项目实行了单独申报和评审，要求紧密围绕基地研究领域和专业方向设计选题，同时须经研究基地学术委员会初评把关后择优报送。6月和12月分两次共受理了66家研究基地的申报材料274项，经专家评审，立项172项。其中，特别委托项目30项，重点项目65项，一般项目50项，青年项目27项。获立项的课题整体质量较高，充分体现了研究基地的研究特色和专业优势。

进一步完善了重大项目的组织实施方式。召开了第三批重大项目选题征集研讨会，主要围绕贯彻落实党的十八大精神和科学发展观，征集到92个选题，最终筛选确定了10个选题向社会公开招标。共受理了19个单位的49项投标申请，不少知名专家学者参加投标。在双向匿名通讯初评的基础上，根据“平均分在80以上，建议入围票数超过半数”的原则，确定了18个入围答辩复评的申报项目。根据答辩评审会专家投票结果，7项课题中标。同时，根据市委市政府工

作重点，确立了4项特别委托重大项目，另将委托市社科联招标的3个重大项目纳入管理，最终确立第三批重大项目共计14项，经公示后正式立项。评审专家组认为，这批中标项目聚焦于重大的、亟待研究的、有北京特色的、中观视角的选题，覆盖了首都政治、经济、文化、社会、生态和党的建设等领域，研究方向正确，申报材料质量水准较高。

为了加强对习近平总书记系列重要讲话精神的研究、阐释和宣传，贯彻落实中央、市委一系列重要指示精神，市社科规划办精心组织了两次增补立项工作，共设立增补项目 92 项，包括特别委托项目 8 项、重点项目 12 项、一般项目 44 项、青年项目 28 项。其中，第一批 30 个增补项目主要围绕习近平总书记系列重要讲话以及首都发展面临的社会经济问题设立，从立项程序上强调“严、精”，从研究成果上要求“快、新”。第二批为“研究阐释习近平总书记系列讲话精神”专题立项，通过征集与研讨选题、公开招标、申报和专家评审，共立项 62 项，为市社科规划办有史以来实施专题立项规模最大的一次。

在立项方式上进行了一些有益探索。如探索实施了“预立项”模式，动员广大专家学者紧密围绕习近平总书记系列讲话精神、党的十八届三中全会精神撰写理论文章，对经市社科规划办认可备案后在《光明日报》、《北京日报》、《前线》、《中国特色社会主义理论研究》、《新视野》等报刊上发表的31篇理论文章，认定为市社科规划项目并予以经费资助；倡导“工作下沉、主动服务”的工作作风，探索实施新的立项方式，请各二级管理单位深入挖掘、推荐报送有较高价值的还未立项的基础理论研究项目，经专家评审后给予重点支持，推动基础理论研究与产生精品力作。

2013 年，共确立各类规划项目 676 项，比上年度（立项总数最多的年份）又增加了 54 %，其中，重大项目 14 项、特别委托项目 38 项、重点项目 106 项、一般项目 340 项、青年项目 178 项。对各类规划项目课题经费的资助总额达到 3 877 万元，比 2012 年度的 1 790 万元增加了 1.17 倍。

二、国家社科基金项目立项数再获突破

为做好市属单位国家社科基金年度项目申报工作，市社科规划办和各申报单位科研管理部门按照全国社科规划办的通知精神，严格落实限额申报等相关

工作要求，分析归纳近几年在申报工作中出现的问题，有针对性地加强项目申报的服务与指导。通过加强动员培训和审核把关，2013 年市属单位申报国家社科基金年度项目的积极性进一步增强，在项目申报的数量和质量等方面均比 2012 年明显提升。2013 年，市社科规划办共受理市属单位国家社科基金年度项目申报材料 682 项，通过组织专家筛选把关，其中 44 家单位的 524 项申报材料通过初审，报送全国社科规划办。年度项目申报总量、向全国社科规划办报送数量比 2012 年都有大幅增长。最终立项 90 项，包括重点项目 9 项、一般项目 39 项、青年项目 42 项，获得经费资助总额共计 1 728 万元，年度项目立项数量和资助总额均创历史新高。年度项目平均立项率为 17%，比全国平均水平高出了 3.7 个百分点，尤其是在重点项目立项上，比 2012 年实现了较大突破。另外，市属单位还获立国家社科基金艺术学科年度项目 8 项、教育学科年度项目 3 项。

除年度项目外，2013年北京市属单位还获立国家社科基金重大项目4项，后期资助项目8项，入选《国家哲学社会科学成果文库》（简称《成果文库》）2项，总立项数量首次突破百项。

三、研究基地建设管理水平进一步得到提升

根据首都科学发展需要，先后成立了北京戏曲文化传承与发展研究基地等7个新的研究基地，进一步促进了研究基地布局的科学化、合理化、规模化；对研究基地实施分类管理，从基地申请、检查验收、考核评价以及项目申报、中后期管理等方面，分类对研究基地和应用对策研究基地进行不同的规范和指导。按照分类管理的要求，制定完善研究基地相关管理办法和文件，使研究基地及其项目管理工作更加制度化、规范化。组织召开了研究基地工作会，梳理研究基地建设情况，交流建设经验，明确发展思路，部署下一阶段工作。调整完善了研究基地考核验收指标体系，更加重视研究基地的成果转化情况和服务经济社会发展的能力。首次对各应用对策研究基地给予年度10万元基本建设经费的支持。组织实施了《研究基地年度报告》出版资助工作，经过专家评审，资助出版了《中国企业海外发展报告(2013)》等30家研究基地的年度报告。编辑出版

了《北京市哲学社会科学研究基地成果选编(2013)》，积极宣传推介研究基地的科研成果，扩大研究基地的影响力。

2012 年底至 2013 年初，对第三批 11 个研究基地二期建设情况进行了考核验收。在各研究基地提交总结报告和自评报告的基础上，组织有关专家实地考察和综合评议，评定 7 个研究基地为优秀，4 个研究基地为合格。研究撰写了验收工作总报告，并汇集了参加验收的研究基地的自评报告，出版《北京市哲学社会科学研究基地建设报告集》（已经连续出版 5 年），全面梳理分析了 11 个研究基地 3 年建设情况、成绩与经验、存在的问题，提出下一阶段建设的思路与目标。综合验收结果表明，这批研究基地经过第二期的 3 年建设，整体质量和水平得到巩固提升，服务经济社会发展的能力显著增强。

四、在研项目的中后期管理工作不断加强

对在研年度项目实施年度检查，并将项目年度检查的实施情况作为评选优秀二级管理单位的重要评价指标。2013年，市社科规划办对79个单位的419项在研年度项目进行了检查，在规定期限内共收到73个单位的380项参检项目回执，项目按时参检率为90.7%。经综合统计，82%的项目研究工作进展正常。在研项目研究呈现的特点主要有:（1）研究现实问题、服务决策的意识不断增强，对策建议引起各级领导高度重视。(2）对社会热点问题、敏感问题的关注度逐步提高，研究成果得到实际部门的采用。(3）扎实求实务实的良好学风，促进成果质量不断提升。继续对长期拖延不结项的年度项目进行清理，项目清理涉及42个单位的73个项目，这些项目包括多次延期而不能完成的和已超过两年仍不能完成的“十一五”项目。受理审批了73个研究项目的重要事项变更申请，其中，申请延期结项的68项，占93%。

积极创新成果集中鉴定方式，完善成果鉴定制度。一是重点项目集中鉴定制度不断完善。重点项目成果集中鉴定实行通讯鉴定与会议鉴定相结合的方式进行，并实行严格的专家遴选制度和主审专家负责制，把住重点项目成果的质量关口。分两次集中鉴定了61项课题成果，有53项通过了专家鉴定获准结项，通过率为86.9%。针对鉴定等级为“不合格”的项目，实行与项目负责人的约

谈制度，帮助课题组有针对性地修改完善研究成果。二是进一步完善重大项目管理办法，制定重大项目成果免于鉴定条件，完善成果鉴定与宣传方式，促进重大项目成果转化应用。已完成的13个第二批重大项目中，有4个项目研究成果获准免于鉴定；其余9个项目研究成果全部通过了专家鉴定，其中，5项成果评为优秀等级，3项成果评为良好，1项成果为合格。

严格审核项目结项材料，项目成果的学术水平、应用价值和社会影响不断提高。全年完成199项北京社科规划项目的结项审批工作。其中，符合条件免于鉴定的23项，占12%；在通过专家鉴定的项目中，评为优秀等级的76项，占结项总数的38%，评为良好的56项，评为合格的44项。已结项目中有128个项目成果得到转化，成果转化率达到64.3%。其中，13项成果的主要观点得到市以上领导批示32次，29项研究成果得到有关部门采纳46次，13个项目获得省部级以上奖项，12个项目的阶段成果及最终成果先后被北京社科规划项目《成果要报》采用，出版专著82部。

五、多渠道宣传社科规划工作，推介研究成果

紧密结合中央及北京市的工作中心，多渠道宣传社科规划工作，推介研究成果。一方面，加强与社会媒体的合作，努力拓展宣传渠道，为成果推广创造有利条件。向《北京日报》、《中国社会科学报》、《人民论坛》、《前线》等报刊推荐并发表优秀规划项目成果 70 余篇，推介并报道了 20 余位研究基地首席专家、社科规划项目负责人。另一方面，充分发挥自有平台的宣传作用，做到既突出重点，又彼此互补、发挥合力，全年通过自有平台宣传推介成果 450 余篇。编辑出版《北京市哲学社会科学规划项目优秀成果选编》、《北京市哲学社会科学规划项目阶段成果选编》等成果专辑。资助 11 项市社科规划项目优秀成果出版，资助总金额达 46.5 万元。编发《北京社科规划工作简报》16 期，交流重要工作信息。进一步丰富了《北京社科规划》内刊的栏目内容，新增“国家社科基金”专栏，加强对市属单位承担的国家社科基金项目相关情况的报道。通过“北京社科规划”网站积极开展正面宣传，发布社科规划工作及时政、成果信息 600 余条，有效发挥了网站的宣传窗口、服务平台、网络阵地作用。尤

其是重视发挥北京社科规划项目《成果要报》的作用，全年编发 30 期，及时报送给市委市政府领导及相关部门，产生了较好的反响，市领导对其中的 11 期作出了批示。《成果要报》已经初步成为北京社科规划项目优秀成果宣传推介的品牌。

六、全面加强管理，主动破解难题，深入夯实基础

深入学习贯彻落实市委《关于深入推进首都哲学社会科学繁荣发展的意见》。抓住契机，研究制定并全面实施《关于贯彻落实〈关于深入推进首都哲学社会科学繁荣发展的意见〉的工作措施》，进一步推动北京社科规划工作的创新与发展。召开 2013 年市社科规划工作年会，总结部署工作。加强二级管理单位建设工作，经各单位申报与市社科规划办综合评比，授予 22 个科研管理部门“2013 年北京市哲学社会科学规划项目优秀二级管理单位”称号（见图 1—1 和表 1—1），授予 28 位同志“2013 年北京市哲学社会科学规划项目管理工作先进个人”称号（见表 1—2），颁发证书，通报表彰。把集中学习培训与考察交流相结合，组织科研管理骨干研修班，努力增强学习培训效果。

图 1—1 表彰 2013 年优秀二级管理单位

实施“北京社科规划”网站系统升级改造工程。对网站栏目版块进行重新规划，对原有数据库系统进行整合，根据当前规划项目的类型特点以及管理工

作流程和要求，设计研发“规划工作流程管理系统”，打造以“网站—数据库系统—业务工作流程管理系统”为内容的社科研究信息化平台。对“八五”计划期的 143 个规划项目、“九五”计划期的 279 个规划项目形成的纸质档案实施了电子化。

用党的群众路线教育实践活动成果提升社科规划工作水平，在转变作风、整改落实上狠下功夫，破解了一些多年来在规划工作中遗留的问题。例如，经与市财政局沟通协商，获得追加课题经费 720 余万元，彻底解决了多年来的课题经费欠账问题。积极争取市财政局和市委宣传部支持，获得市财政预算资金、市文化事业发展专项基金当年预算收入共计 5 152 万元，比上年度增加了 29.2%，在获得社科规划工作经费支持上实现了一个较大程度的跨越，继续在全国省市自治区社科规划工作领域内领跑。

表 1—1 2013 年度北京市哲学社会科学规划项目优秀二级管理单位名单

（注：按高等学校代码排序）

序号	单位名称
01	北京大学社会科学部
02	中国人民大学科学研究处
03	清华大学文科建设处
04	北京交通大学科学技术处
05	北京工商大学科学技术处
06	北京建筑大学科技处
07	北京农学院科学技术处
08	首都医科大学科技处
09	北京师范大学社会科学处
10	首都师范大学社会科学处
11	北京外国语大学科学研究处
12	北京第二外国语学院科学研究处
13	中央财经大学科学研究处
14	对外经济贸易大学科学研究处

续前表

序号	单位名称
15	首都经济贸易大学科学研究处
16	中国政法大学科学研究处
17	华北电力大学科学技术研究院
18	北京信息科技大学科技处
19	北京联合大学科学研究处
20	北京青年政治学院科学研究处
21	中共北京市委党校科学研究处
22	北京市社会科学院科研组织处

表 1—2　2013 年度北京市哲学社会科学规划项目管理工作先进个人名单

（注：按高等学校代码排序）

姓名	所在单位
耿　琴	北京大学社会科学部
侯新立	中国人民大学科学研究处
武海燕	清华大学文科建设处
孟志峰	北京交通大学科学技术处
朱秉男	北京理工大学科学技术研究院
蒋美英	北京化工大学科学技术处
杨有红	北京工商大学科学技术处
房雨清	北京建筑大学科学技术处
路　平	北京农学院科学技术处
张　力	北京林业大学科学技术处
王　晶	首都医科大学科学技术处
田晓刚	北京师范大学社会科学处
杨　阳	首都师范大学社会科学处
马腾飞	北京第二外国语学院科学研究处
刘志敬	北京语言大学科学研究处

续前表

姓名	所在单位
黄　玲	中央财经大学科学研究处
赵　箐	对外经济贸易大学科学研究处
文　玮	首都经济贸易大学科学研究处
王可山	北京物资学院科学研究处
赵亚东	中国人民公安大学科学研究处
姚国强	北京电影学院科研信息化处
魏　雯	中国政法大学科学研究处
檀勤良	华北电力大学科学技术研究院
闫　健	北京信息科技大学科技处
张　波	北京联合大学科学研究处
高艳蓉	北京青年政治学院科学研究处
陈　芳	中共北京市委党校科学研究处
朱霞辉	北京市社会科学院科研组织处

第二篇 国家社科基金项目

一、项目申报

（一）年度项目

1. 项目组织与申报

（1）项目组织情况。

2012年12月27日，2013年国家社科基金年度项目《申报公告》和《课题指南》在全国哲学社会科学规划办公室（简称全国社科规划办）网站发布。同时市社科规划办在“北京社科规划”网站上进行了转发，并向所有市属院校、科研院所、党政机关以及相关部门下发了《申报通知》及相关申报工作要求，正式启动年度项目申报工作。为严格落实全国社科规划办限额申报工作要求，进一步提高项目申报质量和立项率，市社科规划办在组织申报方面主要做了以下工作：

一是思想上高度重视，把争取国家社科基金项目作为提高北京市社科研究水平的重要抓手。国家社科基金项目代表我国哲学社会科学研究的最高水平，市社科规划办明确把国家社科基金项目与市社科规划项目管理工作放到同等重要的位置来抓，在市社科规划项目经费投入不足的情况下，大力支持市属单位多争取国家社科基金项目，努力提升市属单位的科研实力和研究水平，繁荣发展首都哲学社会科学。

二是采取积极措施，鼓励市属单位树立信心、挖掘潜力、发挥优势。为做好国家社科基金年度项目申报工作，市社科规划办一方面积极争取全国社科规划办的支持，增加报送名额；另一方面对市属单位采取不限额申报，最大限度地挖掘市属单位的科研潜力。在申报工作开始前，多次深入市属科研单位调研，广泛征求大家意见，了解其存在的问题和困难，有针对性地做好组织协调工作。针对部分单位申报信心不足等情况，通过组织召开科研管理人员培训会，详细解读相关政策精神，鼓励各单位充分发挥单位特色和各自科研优势，提高申报信心。针对多数单位对项目申请书撰写掌握不深、不透的问题，邀请经验丰富的专家对申请书、课题论证活页的填写进行详细的讲解与辅导，同时要求各科研单位分头组织动员和辅导。

三是实施精细管理，制定科学方案，做到好中选优。按照全国社科规划办限额申报的工作要求，有针对性地制定了“三级审核把关”的工作方案，实行层层筛选把关。在筛选过程中坚持公平、公正，严格执行市属单位专家回避制度，坚持以质量与创新为导向，切实做到好中选优。通过严格筛选把关，使报送项目选题重复现象明显减少，申报项目质量得到总体提升。

（2）项目申报数据分析。

经过前期动员与组织申报，截至2013年2月28日，共受理年度项目申报材料682项，比2012年的552项增加了130项，申报总量提高23.55%。申报单位从2012年的33家增加到47家。其中重点项目21项，占申报总量的3%；一般项目351项，占申报总量的51%；青年项目310项，占申报总量的45%。重点项目总体申报数量仍然偏少，青年项目申报比例逐步增加，后续在重点项目的酝酿与申报方面还需进一步加强引导与扶持（见图2—1）。

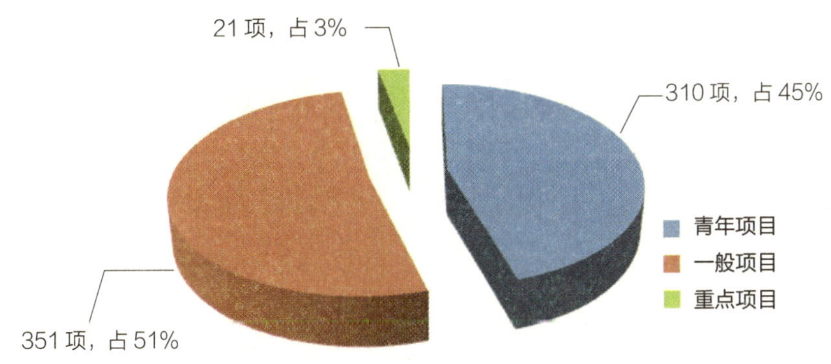

图 2—1 2013 年度项目申报情况

各单位申报数据分析 2013 年各单位项目申报数量普遍增加，一些实际部门也组织了申报。其中申报数在 50 项以上的单位有 5 家，分别为首都经济贸易大学、北京联合大学、首都师范大学、北京工商大学、北京第二外国语学院。以上 5 家单位共申报项目 366 项，占项目申报总量的 53.7%。申报数量在

10~50 项之间的单位共 11 家，共申报项目 253 项，占申报总量的 37.1%。其他 31 家单位共申报 63 项，占申报总量的 9.2%。以上数据表明各单位申报数量存在较大差距，申报数量不均衡，今后还需要加大力度进行组织指导，进一步调动申报积极性（见表 2—1）。

表 2—1 2013 年度项目各市属单位申报数量

单 位	2013 年申报数量	单 位	2013 年申报数量
首都经济贸易大学	88	中国戏曲学院	2
北京联合大学	81	北京政法职业学院	2
首都师范大学	77	北京市文物局	2
北京工商大学	67	北京市农林科学院	2
北京第二外国语学院	53	中共北京市委党史研究室	2
北京市社会科学院	44	北京科学学研究中心	2
北方工业大学	37	北京农业职业学院	1
北京工业大学	36	首都社会经济发展研究所	1
中共北京市委党校	36	北京卫生法学会	1
北京建筑大学	19	中共北京市委干部理论教育讲师团	1
首都图书馆	18	北京市农村经济研究中心	1
北京物资学院	15	北京市法学会	1
北京农学院	15	海淀区委党校	1
北京信息科技大学	13	顺义区委党校	1
首都医科大学	10	大兴区委党校	1
北京印刷学院	10	前线杂志社	1
北京市科学技术情报研究所	7	北京社会主义学院	1
北京石油化工学院	6	北京决策咨询中心	1
首都体育学院	5	北京警察学院	1

续前表

单　位	2013年申报数量	单　位	2013年申报数量
北京城市学院	5	北京教育学院	1
北京城市系统工程研究中心	4	北京工业职业技术学院	1
中国人民抗日战争纪念馆	3	北京电影学院	1
北京青年政治学院	2	北京电视台	1
北京服装学院	2	总计（项数）	682

各学科申报数据分析　2013年申报项目数量超过50项的学科有：管理学138项，占申报总量的20.23%；应用经济91项，占申报总量的13.34%；法学63项，占申报总量的9.24%；语言学51项，占申报总量的7.48%。以上四个学科共申报343项，占项目申报总量的50.29%。申报项目数在10~50项之间的学科有社会学、理论经济、马列•科社、图书情报、中国历史、哲学、新闻学、中国文学、外国文学、政治学、党史•党建、国际问题研究、体育学13个学科，申报总数304项，占项目申报总量的44.57%。申报数小于10项的学科有人口学、统计学、世界历史、考古学、宗教学、民族问题研究6个学科，申报总数35项，占申报总量的5.13%。以上数据说明各学科申报数量呈现梯度排列，部分学科申报数量还较少，今后需要进一步提升弱势学科申报数量，优化学科申报结构（见表2—2）。

表2—2　2013年度项目各学科申报数量

学　科	2013年申报数量	学　科	2013年申报数量
管理学	138	外国文学	17
应用经济	91	政治学	17
法学	63	党史•党建	14
语言学	51	国际问题研究	13
社会学	38	体育学	11
理论经济	33	人口学	9

续前表

学科	2013年申报数量	学科	2013年申报数量
马列·科社	33	统计学	8
图书情报	28	世界历史	7
中国历史	28	考古学	4
哲学	27	宗教学	4
新闻学	26	民族问题研究	3
中国文学	19	总计（项数）	682

2. 项目评审与初筛

（1）组织项目初评。

2013 年 3 月 5 日至 3 月 6 日，市社科规划办组织专家对受理申报的 682 个项目进行了初筛。评审专家分组对项目申请书进行认真审读，主要从课题论证的规范性以及同类选题的重复性等方面进行把关与筛选。最终从 682 个项目中筛选出 524 个项目报送全国社科规划办。

（2）项目入围情况。

通过市社科规划办的三级审核把关，2013年度项目最终筛选出524个项目上报全国社科规划办，课题报送入围率为76.83%。其中，重点项目报送21项，报送入围率100%，说明重点项目申报的整体质量有较大提高；一般项目报送271项，报送入围率77.21%；青年项目232项，报送入围率74.84%（见图2—2）。

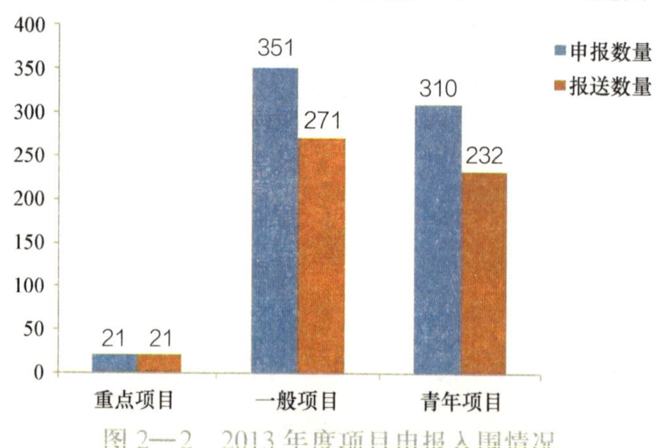

图 2—2　2013 年度项目申报入围情况

各单位报送入围情况分析　申报数量在 50 项以上的 5 家单位中，报送入围率最高的为北京第二外国语学院，其次为首都经济贸易大学、首都师范大学、北京工商大学、北京联合大学，以上 5 家单位报送入围率为 79.23%；申报数量在 10~50 项的单位中，报送入围率最高的为北京市社会科学院，其次为中共北京市委党校和北京印刷学院，全部 11 家单位报送入围率为 75.49%。其他 31 家单位的报送入围率为 68.25%。

各学科入围情况分析　申报数量在50项以上的4个学科中，报送入围率最高的为管理学，入围率为77.54%；其次为语言学（76.47%）、应用经济（74.73%）、法学（68.25%）。申报数量在10~50项之间的13个学科中，送报入围率最高的为政治学，入围率94.12%；其次为国际问题研究（84.62%）、理论经济和马列•科社（81.82%）。申报数量在10项以下的6个学科的入围率为80%。以上数据说明项目初筛过程中考虑了学科平衡与学科差异，有利于促进弱势学科更快发展。

3. 报送数据分析

2013年，市社科规划办共报送国家社科基金年度项目524项，比2012年的421项增加103项，报送总量提高了24.47%。2013年重点项目报送21项，占10.53%；一般项目271项，占39.02%；青年项目232项，占34.59%。同2012年相比，各类项目报送数据占比均有所增加（见图2—3）。

各学科报送数据分析　与 2012 年相比，有些学科申报数量增幅较大，如图书情报增加 15 项，增长 250%；语言学增加 21 项，增长 116.67%；宗教学增

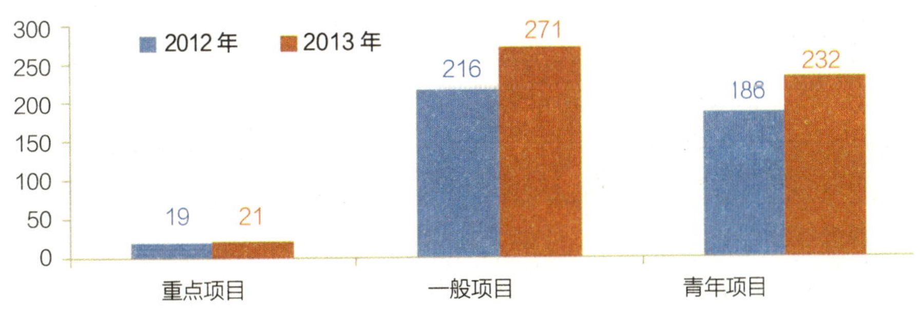

图 2—3　2012 年和 2013 年度项目报送情况对比

加 3 项，增长 300%。个别学科申报数量有所下滑，如考古学降幅 60%、中国文学降幅 11.76%、党史·党建降幅 9.09%、国际问题研究降幅 8.33%，今后应适当调控其申报规模（见图 2—4）。

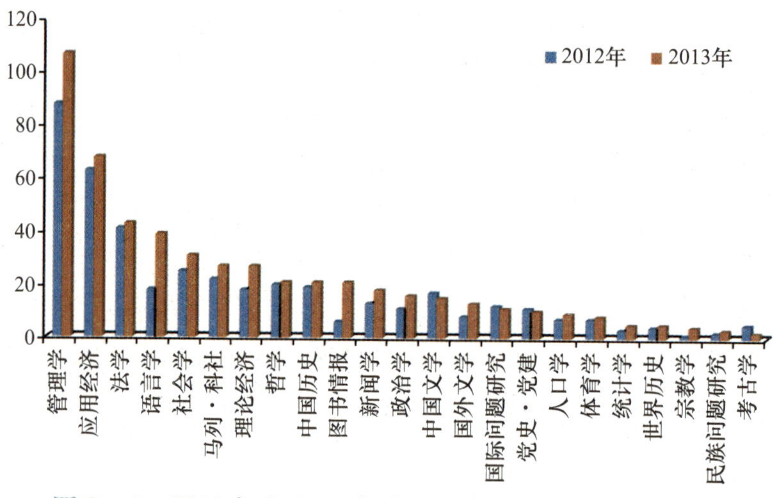

图 2—4　2012 年和 2013 年度项目各学科报送数量

4. 立项情况

立项情况和资助金额　2013 年，国家社科基金年度项目共有 90 项获批立项，比 2012 年的 82 项增加 8 项，增长 9.76%。其中重点项目 9 项，比 2012 年的 1 项增加 8 项，增长 800%，立项率为 42.86%，比 2012 年的 5.26% 增加 37.59 个百分点；一般项目 39 项，立项率为 14.39%；青年项目 42 项，立项率 18.10%。2013 年申报项目整体立项率为 17.18%。2013 年立项项目获得经费资助 1 728 万元，比 2012 年增加 488 万元，增长 39.35%（见表 2—3）。

表 2—3　2013 年度项目各学科立项数量

项目类别 / 学科名称	重点项目	一般项目	青年项目	合计
马列·科社	0	0	2	2
党史·党建	0	0	1	1
哲学	1	2	1	4

续前表

学科名称 \ 项目类别	重点项目	一般项目	青年项目	合计
理论经济	1	3	4	8
应用经济	2	3	5	10
统计学	0	1	0	1
政治学	0	2	4	6
法学	0	2	3	5
社会学	0	1	1	2
人口学	0	1	2	3
民族问题研究	0	0	0	0
国际问题研究	1	0	1	2
中国历史	1	3	3	7
世界历史	1	1	0	2
考古学	1	0	1	2
宗教学	0	0	0	0
中国文学	0	2	1	3
外国文学	0	0	0	0
语言学	0	4	3	7
新闻学	0	2	2	4
图书情报	0	1	2	3
体育学	0	0	1	1
管理学	1	11	5	17
合计	9	39	42	90

各学科立项数据分析　23个学科平均立项率为17.18%，高于平均立项率的有考古学、世界历史、政治学、中国历史、人口学、理论经济、新闻学、统计

学、中国文学、哲学、国际问题研究、语言学12个学科。与国家社科项目平均立项率接近的学科有管理学、应用经济、图书情报、体育学、法学、党史·党建6个学科。马列·科社、社会学的立项率和申报基数都较低，民族问题研究、宗教学、外国文学2013年均无立项，后续还要加大组织力度，提高申报积极性和申报质量。同2012年各学科立项率相比，增幅有所增长的学科为：考古学，增长80%；人口学，增长19.05%；理论经济，增长12.96%；中国文学，增长8.24%；中国历史，增长7.02%；应用经济，增长2.01%。其他学科增幅均有所下降（见图2—5）。

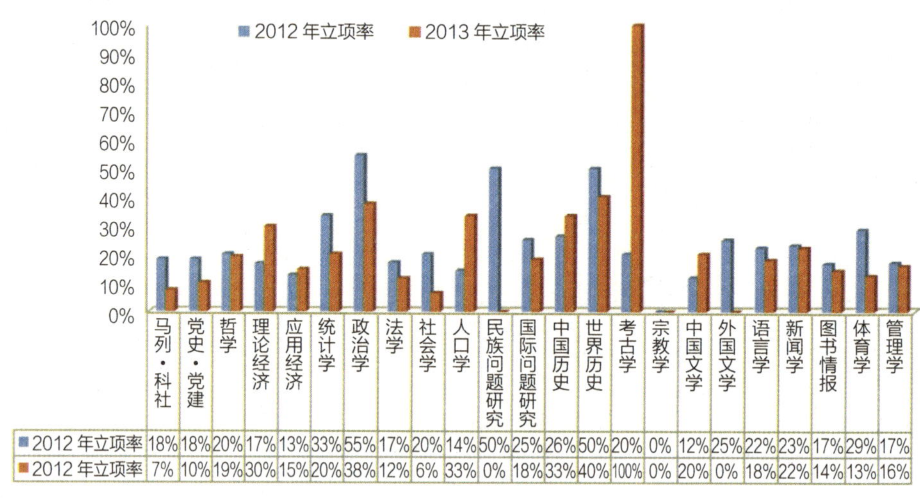

	马列·科社	党史·党建	哲学	理论经济	应用经济	统计学	政治学	法学	社会学	人口学	民族问题研究	国际问题研究	中国历史	世界历史	考古学	宗教学	中国文学	外国文学	语言学	新闻学	图书情报	体育学	管理学
2012 年立项率	18%	18%	20%	17%	13%	33%	55%	17%	20%	14%	50%	25%	26%	50%	20%	0%	12%	25%	22%	23%	17%	29%	17%
2012 年立项率	7%	10%	19%	30%	15%	20%	38%	12%	6%	33%	0%	18%	33%	40%	100%	0%	20%	0%	18%	22%	14%	13%	16%

图 2—5　2012 年和 2013 年度项目各学科立项率对比图

（二）其他项目

1. 重大项目

（1）总体情况。

国家社科基金重大项目包括应用研究类、基础研究类和跨学科类三种研究类型。应用研究类重大项目主要资助研究我国政治、经济、文化和社会发展中具有全局性、战略性、前瞻性的重大理论和实际问题，为党和政府决策服务；基础理论类重大项目重点支持一批弘扬民族精神、传承民族文化、对学术发展和学科建设起关键作用的重大基础理论和文化研究课题；跨学科类重大项目旨在通过不同学科之间的交叉渗透、各种创新要素的深度融合，研究解决单一学科难以解决的复杂性、综合性、集成性问题。

2013年，国家社科基金重大项目分两批进行申报，共报送了5个单位申报的13项材料。其中应用研究申报5项，基础研究和跨学科研究申报8项。经过全国社科规划办组织专家评审，基础研究类共有3个项目获批准立项，其中首都师范大学2项、北京联合大学1项，获得经费资助总额240万元，立项率为23.08%。另外，北京第二外语学院获得一项国家社科基金艺术学重大项目（见图2—6）。

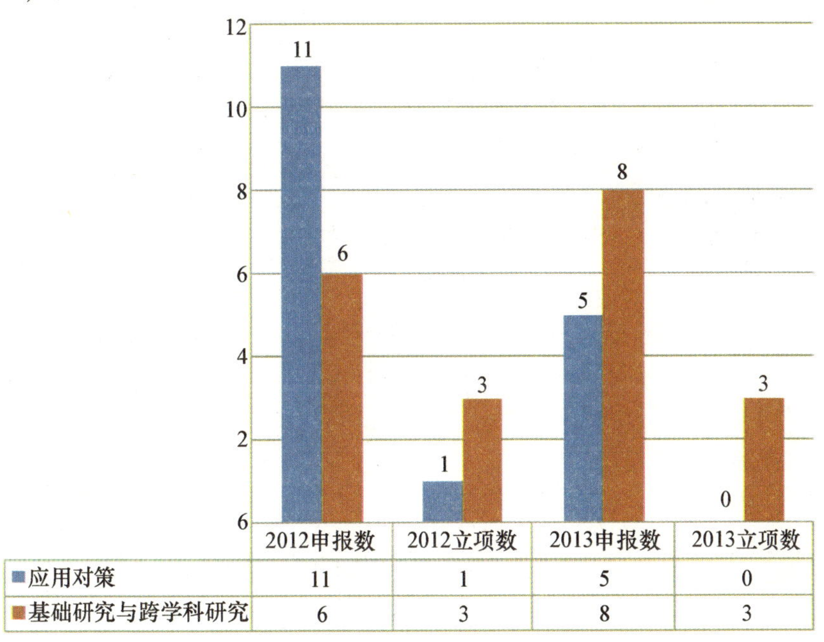

	2012申报数	2012立项数	2013申报数	2013立项数
■应用对策	11	1	5	0
■基础研究与跨学科研究	6	3	8	3

图2—6　2012年和2013年重大项目申报立项情况对比

（2）立项情况。

2013 年北京市属单位获准立项的 3 个重大项目全部属于基础研究和跨学科研究类项目，立项率为 37.5%，与 2012 年同类项目立项率 14.29% 相比，提高了 8.79 个百分点，但应用研究项目空缺，主要原因是应用对策类重大项目立项存在困难，各单位的研究方向又受学科领域所限，该类项目主要集中在一两家申报单位，而 2013 年这些单位减少了申报数量 ，一定程度上导致了立项数量的下降。今后在该类项目上需要加强组织与指导，进一步提高申报积极性和申报质量 (见表 2—4)。

表 2—4　2013 年重大项目立项名单

课题名称	首席专家姓名	首席专家责任单位	项目类别
《乐府诗集》整理与补编	吴相洲	首都师范大学	基础研究
世界性与本土性交汇：莫言文学道路与中国文学的变革研究	张志忠	首都师范大学	基础研究
汉语盲文语料库建设研究	钟经华	北京联合大学	基础研究
国有表演艺术院团体制改革现状调查与发展路径研究	李小牧	北京第二外国语学院	艺术学

2. 后期资助项目

（1）申报情况。

国家社科基金后期资助项目全年受理申报，上半年和下半年各组织评审一次，主要分为同行专家推荐和出版社推荐两类。北京市属单位 2013 年共计申报 21 项，比 2012 年总申报数 14 项增加了 7 项，增长 50%。其中同行专家推荐 9 项，出版社推荐 12 项。申报单位共 12 家，比 2012 年的 8 家增加了 4 家，增长 50%。申报数量最多的为首都师范大学，共申报 9 项；其次为首都经济贸易大学，共申报 5 项（见图 2—7）。

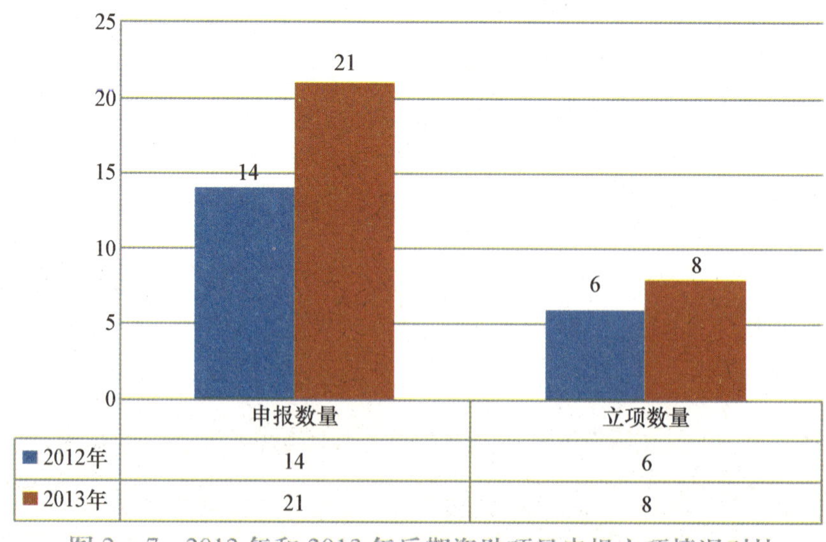

图 2—7　2012 年和 2013 年后期资助项目申报立项情况对比

(2) 立项情况。

2013年后期资助项目总立项数为8项，立项率为38.10%，获得经费资助总额为144万元。与2012年全年立项数6项相比，增加了2项，增长25%，经费增长37.50%。其中首都师范大学立项4项，占立项总数的50%。其次是首都经济贸易大学、北京联合大学、北京电影学院、中共北京市委党校，各立项1项，涉及学科涵盖了考古学、哲学、中国历史、中国文学、教育学、艺术学、法学等（见表2—5）。

表2—5 2012年和2013年后期资助项目各单位立项情况

单位名称	2013立项数量	单位名称	2012立项数量
首都师范大学	4	北京联合大学	2
中共北京市委党校	1	首都经济贸易大学	1
北京联合大学	1	首都师范大学	1
首都经济贸易大学	1	首都体育大学	1
北京电影学院	1	中共北京市委党校	1
项目数合计（项）	8	项目数合计（项）	6

与2012年相比，2013年后期资助项目的申报积极性有了进一步提高。在申报数量稳步增长的同时，立项数量也随之增加。从立项率看，2013年立项率为38.10%，比2012年的42.86%下降了4.76个百分点，但立项成果质量明显提高。

3.《国家哲学社会科学成果文库》

《国家哲学社会科学成果文库》于2010年设立，旨在集中推出体现现阶段我国哲学社会科学研究前沿水平的优秀成果。《成果文库》分单位推荐和出版社推荐两种，每年评审一次，当年评审立项，次年正式出版。

截至2013年底，市属单位入选《成果文库》共计6项，出版著作4部。这6项成果全部来自首都师范大学，其中中国历史和中国文学学科各2项，世界历史学科1项，哲学学科1项（见表2—6）。

表 2—6 《国家哲学社会科学成果文库》入选情况

项目编号	学科分类	项 目 名 称	负责人	工作单位
11KSS002	世界历史	中世纪西欧基督教文化环境中“人”的生存状态研究	刘 城	首都师范大学
11KZX008	哲学	自由摹状词理论研究	冯 艳	首都师范大学
12KZS004	中国历史	汉代监狱制度研究	宋 杰	首都师范大学
12KZW001	中国文学	中国诗歌通史导论	赵敏俐	首都师范大学
13KZS001	中国历史	中国封建社会的历史道路	宁 可	首都师范大学
13KZW003	中国文学	文气话语形态研究	夏 静	首都师范大学

4. **单列学科**

教育学、艺术学、军事学三个学科在国家社科基金项目中单列，各个学科的规划、申报、评审、管理、结项等工作，分别由全国教育科学规划办公室、全国艺术科学规划办公室、全军哲学社会科学规划办公室负责。

(1) 教育学。

2013年，市属单位获得资助的教育学年度项目共有3项。其中一般项目1项，由北京工业大学承担；青年项目2项，由首都体育学院承担（见表2—7）。

表 2—7 2013 年教育学年度项目立项名单

序号	课题类别	课题名称	姓名	承担单位
1	一般项目	创新型人才培养与高校教学改革研究——基于不同群体对大学生学习观理解	郭广生	北京工业大学
2	青年项目	大学生体质健康相关行为的调查及干预研究	向静文	首都体育学院
3	青年项目	独生子女国策下“北上广”一线城市中学体育发展与对策研究	李文超	首都体育学院

(2) 艺术学。

2013 年，市属单位艺术学年度项目有 8 项获得资助，资助总额 132 万元。其中一般项目 4 项，青年项目 4 项。除艺术院校外，北京印刷学院、北方工业大学和北京工商大学也获得此类项目（见表 2—8）。

表 2—8　2013 年艺术学年度项目立项名单

序号	项目名称	项目级别	承担单位
1	京剧表演理论体系——三身理念定律	一般项目	中国戏曲学院
2	亚洲北方草原音乐文化的跨境研究	一般项目	中国音乐学院
3	中国古典舞学科理论体系研究与实践	一般项目	北京舞蹈学院
4	文化创意产业发展背景下节约型包装设计艺术应用研究	一般项目	北京印刷学院
5	电影在中国传入史研究	青年项目	北京电影学院
6	20 世纪 80 年代以来的中国广播剧音乐研究	青年项目	中国戏曲学院
7	可持续性产品设计的创新方法研究	青年项目	北方工业大学
8	当代中国本土化设计艺术的理论与实践研究	青年项目	北京工商大学

二、中期管理

（一）年度项目

按照全国社科规划办制定下发的《关于加强和改进年度项目和西部项目中后期管理工作的通知》要求，市社科规划办每年要对上一年度市属单位承担的国家社科基金年度项目进行中期检查。检查内容主要包括：项目的进展情况、经费管理和使用情况、成果出版、获奖和宣传推广情况，以及研究中存在的问题和改进措施等。

（1）项目进展情况。

市社科规划办 2013 年 9 月发出中期检查通知，对市属单位 2012 年立项的 84 项（其中有两项因项目承担人单位变动从中央高校转入）年度项目和 1 项上年未参加检查的项目进行了中期检查。其中包括重点项目 1 项、一般项目 43 项、青年项目 41 项，涉及 15 个单位。除 2 个项目负责人出差在国外、1 个项目负责人调离本单位，没有参加本年度中期检查外，其余全部进行了检查。

所有参检项目研究总体进展顺利，各课题组通过召开项目开题论证会等形式，进一步落实了责任分工、明确了研究计划，修改与完善了课题的整体思路、研究方法和研究内容，为项目的深入研究奠定了良好基础。各项目负责人在围绕预定研究计划进行研究时，组织开展了一系列的资料搜集和学术调研活动，完成了问卷设计及调查，取得了项目研究的第一手材料和数据。82个参检项目共取得阶段成果344项，很多成果被多次引用和转载，体现了较高的学术价值和社会价值。其中公开发表学术论文266篇，作为阶段性成果公开出版专著4部，译著3部，研究报告20篇，会议论文19篇。

在检查中，市社科规划办了解到，各科研管理部门以高度的责任感全面落实全国社科规划办的管理要求，不断创新管理措施，加强管理力度，制定检查方案，把中期检查工作作为过程管理中的首要任务来抓。例如，北京联合大学尝试新的检查方法，专门组织2012年立项的10个项目召开了中期检查工作会。会上邀请相关专家学者对10个项目分别进行评议，并对下一步研究工作提出要求；首都师范大学细化了检查过程，将检查通知、检查要求以及经费检查要求发给每位项目负责人，还设计了经费统计表，便于项目负责人做经费统计和经费归类；中共北京市委党校组织项目负责人学习各类管理规章，重点加强对阶段性成果学术规范的审核，进一步提高了管理工作的科学化水平。

(2) 项目清理工作。

按照《关于做好国家社科基金年度项目和西部项目清理工作的通知》要求，在做好年度项目中期检查工作的同时，对逾期未完成项目进行了清理。2013年，市社科规划办提早在年初就开始部署，通知提早准备。截至2013年底，市属单位被列入清理范围的8个项目中，有6个项目已完成研究工作，提交结项材料；另外2个项目也已办理延期申请，并得到全国社科规划办批准，清理工作进展顺利。

(3) 下步管理工作重点。

第一，继续强化过程管理，增强管理意识和服务意识。市社科规划办进一步强化对国家社科基金项目的过程管理，健全项目开题、中期检查等制度；加强对项目研究过程的监督与管理，建立专人跟踪制度，全过程监控项目研究状况，针对具体问题做出个性化的解决方案，提高项目按期结项率。同时加强与

课题负责人的联系，了解他们的研究进展及遇到的困难，并尽力协调和帮助解决。

第二，继续强化质量意识，推出更多更优秀的研究成果。要求课题组按期召开项目进展会议，邀请专家对阶段性成果和拟提交的结项成果进行评估，努力提升项目成果质量；提高各科研管理部门的成果质量意识，将注重项目立项数量向注重成果完成质量转变；强化质量指标在各单位评价体系中的重要性；加强研究人员的学术道德建设，实施相应的学术规范，增强学术自律。

第三，继续加强经费使用管理，严格经费报销制度。严格贯彻落实《国家社科基金项目管理办法》和《国家社会科学基金项目经费管理办法》要求，加大项目日常监管力度，在日常报销过程中，严格审核，严格按照预算执行，杜绝超标准、超范围现象，报销时不符合财务规定的，一律退回。

第四，积极做好国家社科基金项目研究成果的推介工作。在做好常规管理工作的同时，利用我办的宣传平台积极有效推动成果的宣传和推介，以进一步扩大其社会影响。

（二）重大项目

为进一步加强对国家社科基金重大项目的跟踪管理，提高项目完成质量和基金使用效益，市社科规划办按照全国社科规划办下发的《关于开展国家社科基金重大项目中期检查工作的通知》要求，对2011年度立项的2个国家社科基金基础类和跨学科类重大项目进行了中期检查，分别是首都师范大学徐蓝教授承担的《20世纪国际格局的演变与大国关系互动研究》和北京工业大学黄鲁成教授承担的《新兴技术未来分析理论方法与产业创新研究》。

两年的时间里，2个项目主要完成了资料搜集工作，并开展了一系列专题研究，项目进展良好。经过两年的研究，2个项目都形成了系列阶段性成果，并发表多篇论文，产生了良好的社会影响。徐蓝教授完成论文26篇，发表论文17篇，其中期刊论文10篇，辑刊、论文集论文7篇，完成待发表论文9篇，初步完成书稿5部；黄鲁成教授发表论文36篇，其中有7篇论文在国际会议及英文期刊上发表，这7篇中有4篇被EI检索，3篇被ISTP检索。另外有1篇被《光明日报》、光明网、中国社会科学网、千龙网、国研网转载并介绍成果。

三、项目结项

按照《关于加强和改进国家社会科学基金项目成果鉴定结项工作的意见》要求，市社科规划办负责所有市属单位承担的国家社科基金年度项目结项工作。在具体实施过程中，严格执行通讯鉴定制度，每项成果聘请 5 名同行专家进行匿名通讯鉴定，由鉴定专家在认真通读成果的基础上，根据成果分类评估指标体系打分并提出书面意见。市社科规划办将结项材料统一汇总整理后，提交到全国社科规划办申请办理结项手续。最后由全国社科规划办综合鉴定意见和成果质量情况 ，提出是否结项的审批意见。

（一）总体情况

2013 年，共有 35 个年度项目申请结项，其中 29 项质量较好，顺利结项，结项率为 82.86%；有 9 项存在质量问题未能结项，其中 6 项修改后复审、3 项修改后重新鉴定；另外有 1 项申请免于鉴定（见表 2—9 和图 2—8）。

表 2—9　2013 年度项目结项成果质量统计表

结项数据	申请结项总数	结项				未结项			
		优秀	良好	合格	合计	暂缓结项		免于鉴定	合计
						备案复审	重新鉴定		
数量	35	2	20	7	29	6	3	1	10
占比（%）	100	5.71%	57.14%	20.00%	82.86%	17.14%	8.57%	2.86%	28.57%

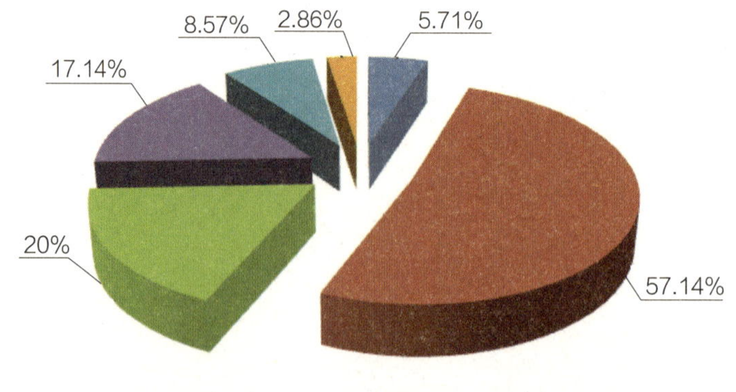

图 2—8　2013 年度项目结项情况

（二）情况分析

年度项目由重点项目、一般项目和青年项目组成，全国社科规划办把项目结项鉴定工作全部委托各省市社科规划办组织完成。由于在结项鉴定中严格执行双向匿名和专家回避制度，鉴定专家认真负责，严格把关，确保了结项成果的质量。部分项目在计算百分比时出现超出百分之百的现象，主要原因是部分项目在 2012 年末完成鉴定手续申请办理结项，但最终鉴定意见是在 2013 年初全国社科规划办才予以反馈，因此出现实际结项数量大于申请数量的情况。2013 年度项目申请结项总数为 35 项，实际结项数为 29 项，结项率为 82.86%。其中重点项目结项率为 150%，一般项目结项率为 66.67%，青年项目结项率为 93.34%; 29 个项目中有 2 项获得优秀，优秀率为 6.90%。实际情况表明，年度项目中的一般项目是主体，申请结项数和实际结项数最多；重点项目分量重、要求高，研究难度较大；青年项目则侧重于人才培养，给青年学者提供一个学术锻炼的机会。在实际结项工作中，获得优秀的项目还较少，优秀率较低，今后还要进一步加强项目的研究质量（见表 2—10）。

表 2—10　2013 年度项目结项情况分类统计表

项目类型	申请结项数	结项数	结项率（%）	优秀数	优秀率（%）
重点项目	2	3	150.00%	0	0.00%
一般项目	18	12	66.67%	2	16.67%
青年项目	15	14	93.34%	0	0.00%
合计	35	29	82.86%	2	6.90%

各单位结项情况分析　2013 年申请结项的年度项目中，首都经济贸易大学和首都师范大学数量较多。从各单位的结项率、优秀率或良好率来看，首都经济贸易大学结项率为 116.67%; 中共北京市委党校、北京工商大学、北京信息科技大学、北方工业大学、北京经济管理职业学院、北京市农林科学院、北京工业大学、北京农学院、北京第二外国语学院均为 100%。综上，2013 年度项目各单位的结项率为 82.86%，优秀率 6.90%，良好率 68.97%。需要说明的是，由于一些项目虽然已经提交申请结项，但还未给出最终鉴定结果，因此有的单

位结项率较低（见表 2—11）。

表 2—11　2013 年度项目各单位结项情况统计表

单位名称	申请结项数	实际结项数	结项率 %	优秀	良好	合格	修改复审	重新鉴定	免于鉴定	优秀率 %	良好率 %
首都经济贸易大学	6	7	116. 67%	0	5	2	0	0	0	0. 00%	71. 43%
首都师范大学	6	5	83. 33%	0	4	1	1	2	0	0. 00%	80. 00%
北京市社会科学院	4	2	50. 00%	1	1	0	1	0	0	50. 00%	50. 00%
北京第二外国语学院	4	3	75. 00%	0	3	0	0	1	0	0. 00%	100.00%
首都体育学院	3	0	0. 00%	0	0	0	2	0	1	0. 00%	0.00%
中共北京市委党校	3	3	100. 00%	0	2	1	1	0	0	0. 00%	66. 67%
北京工商大学	2	2	100. 00%	0	1	1	1	0	0	0. 00%	50. 00%
北京联合大学	2	1	50. 00%	0	0	1	0	0	0	0. 00%	0. 00%
北京信息科技大学	1	1	100. 00%	0	0	1	0	0	0	0. 00%	0. 00%
北方工业大学	1	1	100. 00%	0	1	0	0	0	0	0. 00%	100.00%
北京经济管理职业学院	1	1	100. 00%	0	1	0	0	0	0	0. 00%	100.00%
北京市农林科学院	1	1	100. 00%	0	1	0	0	0	0	0. 00%	100.00%
北京工业大学	1	1	100. 00%	0	1	0	0	0	0	0. 00%	100.00%
北京农学院	0	1	0. 00%	1	0	0	0	0	0	100.00%	0.00%
合计	35	29	82. 86%	2	20	7	6	3	1	6. 90%	68. 97%

注：按各单位申请结项数从高到低排序。

各学科结项情况分析　从 2013 年申请结项的年度项目学科分布来看，市属单位申请结项共涉及 17 个学科，管理学申请结项数最多（4 项），占总数的 11.4%。从各学科项目优秀率和结项率指标来看，民族问题结项优秀率为 100%，应用经济学科结项优秀率为 25%，其他学科均为“0”；社会学结项率为 300%，应用经济、语言学结项率 133.33%。其他学科在结项率、优秀率或优良率都居前列的学科有中国文学、外国文学、人口学、哲学、图书馆情报与文献学、管理学和理论经济。相比而言，体育学、统计学、考古学、民族问题、马列・科社的优秀率和结项率均为“0”。另外，还有 6 项修改复审，3 项重新

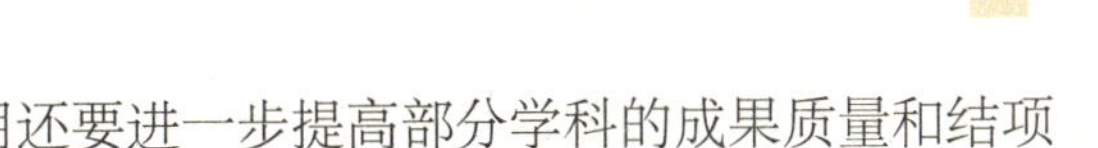

鉴定，占结项总数的 36%。这说明还要进一步提高部分学科的成果质量和结项比例。

四、其他管理工作

（一）重大项目选题征集

全国社科规划办每年 1 月向全国公开征集年度国家社科基金重大招标项目的研究选题。2013 年，根据全国社科规划办下发的《关于征集和推荐 2013 年度国家社科基金重大招标项目研究选题的通知》要求，市社科规划办组织市属单位开展了研究选题的征集和推荐工作。

截至 2013 年 1 月 28 日，共收到 8 个市属单位推荐的 29 个研究选题，其中应用对策研究 18 个、基础研究 8 个、跨学科研究 3 个。29 个研究选题主要涉及中国历史、世界历史、中国文学、外国文学、经济学、哲学、社会学、统计学、管理学、政治学、语言学、图书馆情报与文献学、马列·科社等学科。全国社科规划办经过组织学科评审组专家和相关领域专家学者对征集到的选题进行评议，再根据专家推荐票数，将遴选部分选题列入 2013 年度重大项目招标公告。

（二）年度项目通讯初评

根据全国社科规划办的管理要求，市社科规划办要协助全国社科规划办做好每年年度项目的匿名通讯初评工作。2013 年，市社科规划办共组织 12 个市属单位的 112 位专家对 3 160 份申报材料进行了通讯初评工作，主要包括：语言学、管理学、外国文学、应用经济、理论经济、马列·科社、中国文学、新闻学、社会学、人口学、世界历史、中国历史、党史·党建、体育学、政治学、图书馆情报与文献学以及哲学 17 个学科，约占学科总数的 74%。参加通讯评审的 112 位专家全部具有正高级专业技术职务，主要来自市属高等院校、市社科院、党政机关研究室以及实际管理部门，专业性和公正性进一步增强。在各单位及各位评审专家的高度重视下，评审材料在规定时间内都全部返回，通讯初评工作顺利完成。

（三）经费的监督与管理

根据《国家社科基金项目经费管理办法》的规定，市社科规划办负责拨付年度项目通讯初评的专家评审费、鉴定结项中匿名通讯专家评审费；负责保障各类项目启动经费和预留款拨付信息的畅通，负责指导与监管国家社科基金项目经费预算填写以及经费使用的情况。

2013 年度项目启动经费共计拨付 1 919 万元，预留款拨付 33.13 万元，发放年度项目通讯初评专家评审费共计 12.64 万元，发放通讯专家评审费 18.85 万元。

为了进一步做好国家社科基金经费的监督与管理工作，市社科规划办主要采取了以下措施：一是落实研究经费，合理安排经费预算。每年在年度项目下达会上，重点针对如何填写经费预算回执进行讲解。在填写正式回执前，要求项目负责人先拟填回执以保证填写的准确性。二是严格经费使用管理。每年中期检查中，重点对经费使用情况进行检查，发现问题及时改正。对过程中调整及修改经费的，需要事先提出申请等待审核。三是严格经费决算管理。按照要求，申请鉴定结项的各类项目，必须附带预算回执以及审计部门和财务部门盖章的财务明细账。如发现经费决算数额与预算不符，或有超标准、超范围的经费，严格按照《国家社科基金项目经费管理办法》规定修改或退回处理。

第三篇　北京市社科规划项目

一、立项评审

（一）年度项目

市社科规划年度项目于1984年设立，是市社科规划项目的主体部分，包括重点项目、一般项目和青年项目三类，每年组织评审一次。目前分设哲学、科社·党建·政治学、经济·管理、法学、教育学、社会学、城市学、历史学、语言·文学·艺术、综合十个学科，在市社科规划项目中申报和立项数量最多、资助总额最大。从2013年开始，为加大对研究基地的扶持力度，将研究基地项目与年度项目分开，由研究基地工作处单独组织申报和评审工作。同时，为了增强市社科规划项目的时效性和针对性，市社科规划办会根据中央及北京市的重点工作需要，在年度项目评审结束后评审确立部分增补项目。增补项目主要根据实际需要，采取集中评审或特别委托的形式单独立项，其管理方式参照年度项目的管理执行。年度项目和增补项目在社科研究、学科建设、人才培养、成果创新方面都发挥着极为重要的作用。

1. 汇编发布《2013年北京市哲学社会科学规划项目研究选题》

为全面把握首都哲学社会科学研究现状与需求，鼓励社科选题的创新，提高申报质量，从2013年开始，市社科规划办在《北京市哲学社会科学“十二五”规划项目课题指南》的基础上，进行了年度项目研究选题的征集和汇编工作。2013年3月，组织有关专家学者对征集到的选题进行专题研讨和集中审读，并重点围绕贯彻落实党的十八大、市委十一届二次全会等中央和市委重要会议精神，以影响制约首都经济社会发展进程的重大理论和现实问题为主攻方向，结合社科学术研究前沿，拟定了268个选题题目，统一汇编为《2013年北京市哲学社会科学规划项目研究选题》（简称《年度选题》），并于3月12日在“北京社科规划”网站发布。

2. 组织申报

2013 年 3 月 21 日，“北京社科规划”网站发布了《关于组织申报 2013 年度北京市哲学社会科学规划项目的通知》(简称《申报通知》)，正式启动 2013 年市社科规划项目申报工作。组织申报过程中主要注意把握了以下几点:

第一，深入贯彻落实党的十八大和市委十一届二次全会精神，坚持基础理论研究和应用对策研究并重，坚持以首都经济社会发展进程中的重大理论与现实问题为主攻方向，发挥市社科规划项目的示范引导作用，推动首都哲学社会科学研究为中国特色社会主义建设服务，为北京市经济社会发展服务。

第二，坚持参考选题与自主确定研究选题并重。年度项目申请人可围绕《年度选题》设计研究课题，也可就《年度选题》中未涵盖的重要问题自行设计研究课题。只要符合《申报通知》和《年度选题》的指导思想和基本要求，鼓励申请人根据自身的研究兴趣和学术积累申报相应学科的自选课题，自选课题与按《年度选题》设计的课题在评审程序、评审标准、立项指标等方面同等对待。

第三，严格规范申报要求，对申报人员资质进行综合审核把关，有效提高了申报项目质量。课题申报单位须在相关领域具有较雄厚的学术资源和研究实力，设有科研管理职能部门，能够提供开展研究的必要条件并承诺信誉保证。课题申请人须符合以下条件：重点项目和一般项目申请人须具备副高级（或相当于副高级）及以上职称；青年项目申请人（包括课题组成员）年龄不得超过39周岁（1974年4月26日以后出生），并具有博士学位，不具备副高级及以上职称的，须由两名具有正高级职称的同行专家推荐；作为项目负责人，同年度只能申报一个市社科规划项目，且必须从事实际研究工作并真正承担和负责组织项目实施。有在研的市社科规划项目的负责人（以结项证书标注日期为准）不能申报新的年度项目。

第四，继续实施限额申报，并对优秀二级管理单位和青年研究人员适当倾斜。各二级管理单位（特指2012年北京市哲学社会科学规划工作会上统一认定的42个北京市哲学社会科学“十二五”规划项目二级管理单位）可申报20项；2012年度被评定为优秀的二级管理单位（以2013年北京市哲学社会科学规划工

作会上宣布的名单为准）可申报25项；其他单位限报5项；各单位申报材料中青年项目不得少于1/3。

3. 申报数据及分析

截止到2013年4月26日，共受理104个单位的1 324项申报材料，其中年度项目1 088项、研究基地项目236项。从本年度开始，将年度项目与研究基地项目开始分开申报，由规划处和研究基地工作处分别组织评审。与2012年的953项相比，2013年的项目申报总数增幅为35.4%（此处数据对比中，2012年的数据包含研究基地项目数）。其中重点项目申报155项，占14.2%；一般项目申报535项，占49.2%；青年项目申报398 项，占36.6%。与2012年相比，一般项目占比有所增加（见图3—1）。

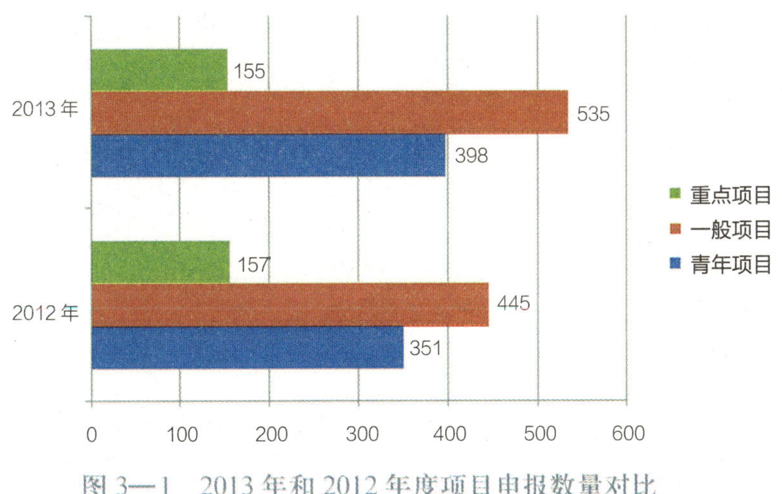

图 3—1　2013 年和 2012 年度项目申报数量对比

（1）各学科申报数。

10个学科的申报数据分别为：城市学40项，法学116项，教育学88项，经济·管理388项，科社·党建·政治学85项，历史学46项，社会学90项，语言·文学·艺术143项，哲学32项，综合60项。综合来看，经济·管理、语言·文学·艺术、法学是申报数量排名前三的学科，均超过100项，占总申报数的59.5%；申报数为50~100项的，分别为社会学、教育学、科社·党建·政治学、综合学科，占总申报数的29.7%；50项以下的学科为历史学、城市学、哲学，占总申报数的10.8%（见图3—2）。

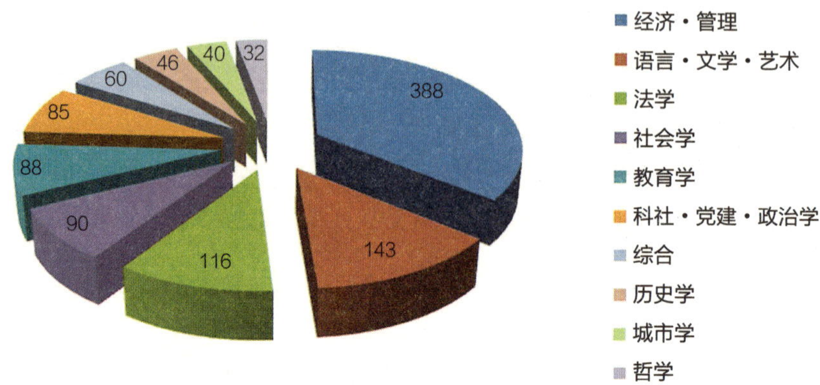

图 3—2　2013 年度项目各学科申报数据

与上年相比，除了部分学科申报数量比上年减少外，其余均保持了数量增长。经济・管理、社会学、语言・文学・艺术学科增长幅度较大，分别增长28.9%、26.8%、26.5%（见图 3—3）。

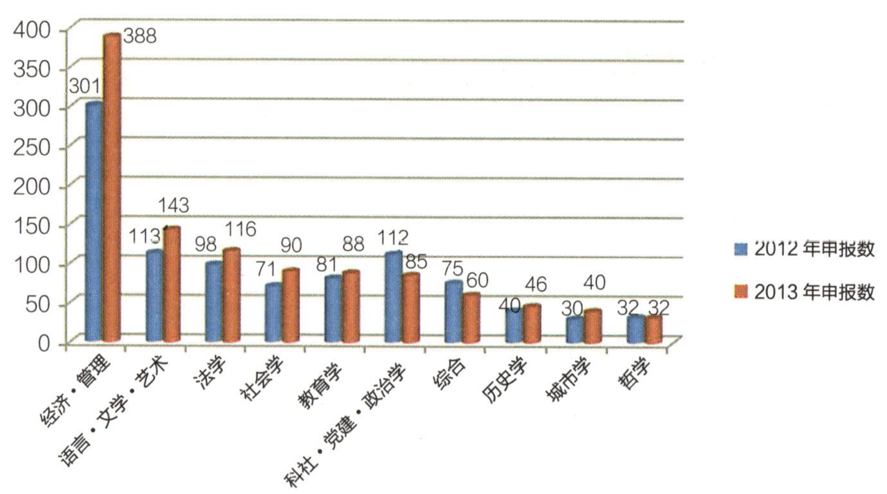

图 3—3　2013 年和 2012 年度项目各学科申报数量对比

（2）各类单位申报数。

随着申报数量限额的提高，2013 年度各系统申报数量均有所增长，其中

高校系统申报数量占 87.1%，党校及科研院所申报数量占 10.4%，党政机关及其他单位申报数量占 2.5%（见图 3—4）。

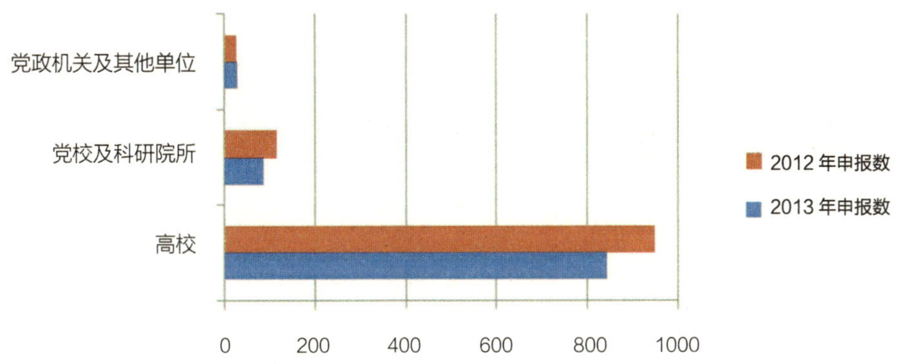

图 3—4 2013 年和 2012 年度项目各系统申报数据对比

4. 项目评审

（1）通讯初评。

从 2013 年开始，市社科规划办在项目立项评审工作中增设了通讯评审环节，首次对年度项目实行双向匿名通讯初评，大大增强了项目筛选的客观性和公正性。对项目申请书进行了重新设计，增加了论证活页部分。通讯评审根据专业对口和回避原则，要求每份申请书的课题论证活页需由 5 名同行专家评审。本次通讯评审共遴选评审专家 135 名，发出评审材料 5 440 份，回收率 100%。参加通讯评审的专家全部具有正高级专业技术职务，保证了评审结果的权威性和专业性。按照申报材料需获 3 名以上专家认可推荐的原则，经汇总整理，共产生入围课题 443 项，平均入围率 40.7 %，达到了初步筛选、好中选优的目的。

（2）会议评审。

2013 年 6 月 19 日至 20 日，北京市哲学社会科学规划项目立项评审会在北京会议中心召开，共邀请首都高校和科研院所的 45 位专家对入围的 443 项申报材料组织进行了会议评审。

在评审工作开始前，市社科规划办专门组织召开了全体与会人员协调会，要求评审工作要着眼于推动首都科学发展、着眼于首都文化大发展大繁荣、着眼于首都学术之都建设；强调要高度重视市社科规划项目的“杠杆”作用，充分发挥其引领、导向、示范和布局功能；要坚持正确的政治方向，严把政治导向关；要以首都经济社会发展中的重大理论和现实问题为主攻方向，重点资助体现首都发展战略需求的应用对策研究课题以及具有理论创新价值的基础理论研究课题；在保证质量的前提下，要尽量考虑各单位的分布和平衡，以保证市社科规划项目的覆盖面；继续实行向青年项目倾斜的政策，青年项目立项数量不得少于年度项目立项总数的 1/3。

按照各学科申报数量，市社科规划办将评审专家分成 9 个学科组（按照申报数量，部分学科进行了同类合并分组），经专家独立评审、小组讨论推荐投票、大会评议确认、学科组长签署建议立项意见等评审程序，确定建议立项项目 329 项。经市社科规划领导小组批准，2013 年 6 月底，北京市哲学社会科学规划年度项目立项名单在“北京社科规划”网站上公示一周，没有收到异议。公示完毕后，市社科规划办向各单位下达了立项名单及立项通知书。

（3）评审主要特点。

把握制度创新和科学管理，严格把握评审环节，保证项目评审工作的客观与公正性。2013 年度项目评审首次增加了匿名通讯评审环节，并制定了严格的评审程序和相关制度。在通讯评审环节，每组聘请 5 位评审专家对项目进行匿名评审，获多数专家推荐的项目方可入围进入会议评审。在会议评审环节，制定了严格的评审程序、保密制度和回避制度，坚持以质量和创新为导向的评价标准，同时要求所有建议立项课题均需由各学科评审组专家集体讨论后投票决定。参与会议评审的专家一致反映，此次通过匿名通讯评审后的入围项目，项目申报材料整体质量较高，项目申请人的前期研究基础比较扎实，重复申报现象明显减少。

坚持正确政治导向，结合社科研究特点做到统筹兼顾。评审过程中要求评审专家首先把好政治观，坚持正确的政治导向和严格把握党的方针政策，对于涉及意识形态领域敏感问题的评审，要求慎重从严评审。在此基础上，根据社科研究的特点，做好“基础理论与应用对策类项目的兼顾”、“部属高校、中央单位和市属高校、市级单位的兼顾”，要求大部分获立项的课题要注重理论与实践的对接，并根据北京市当前社会经济发展的热点难点问题提高对应用对策

类选题质量的把握，最后应用对策类研究选题达到了立项数量的 76.2%。鉴于市社科规划项目的地方特点和在实际研究中部属与市属高校科研能力对比现状，评审中也注重统筹把握两者之间的平衡。立项数量排名前五的高校中，有三家市属高校和两家部属高校。从单位总立项数量看，50 家高校中，有 23 家市属院校，27 家中央及部属院校，基本做到了兼顾和平衡。

鼓励青年社科工作者积极参与研究，加强社科人才培养。2013年，项目评审继续实行向青年项目倾斜的政策。从项目申报开始，要求各单位申报材料中青年项目不得少于1/3；在实际评审中，严格要求评审专家保证青年项目足额获得立项，青年项目获得立项数占总额的37.3%，超过总数的1/3。

（4）评审结果。

经评审，共有 329 项获批立项（见附录二），其中重点项目 29 项、一般项目 177 项、青年项目 123 项，平均立项率为 30.2%。根据《北京市哲学社会科学规划项目经费管理暂行办法》，重点项目资助金额不超过 8 万，一般项目不超过 5 万，青年项目不超过 3 万，年度项目资助金额共计 1 440 万元（见图 3—5）。

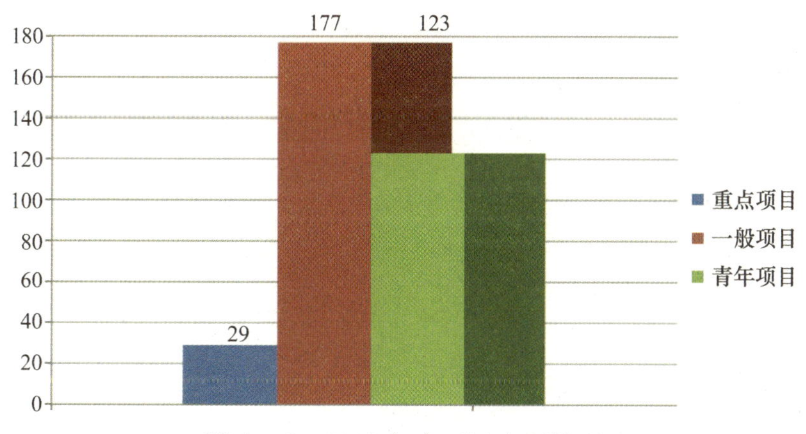

图 3—5　2013 年度项目立项情况

（5）立项数据分析。

各学科立项数量和立项率综合考虑学科申报总数、入围课题的数量和质量、学科平衡等因素，平均立项率为 30.2%。各学科立项率分别为：城市学 30%、法学 35.3%、教育学 28.4%、经济·管理 26%、科社·党建·政治学 29.4%、历史学 28.2%、社会学 35.6%、语言·文学·艺术 32.2%、哲学 34.4%、综合 38.3%（见表 3—1）。

表 3—1　2013 年度项目各学科立项数量统计表

学科＼类别	重点项目	一般项目	青年项目	合计
城市学	0	7	5	12
法学	3	23	15	41
教育学	4	11	10	25
经济·管理	9	49	43	101
科社·党建·政治学	3	14	8	25
历史学	2	10	1	13
社会学	2	14	16	32
语言·文学·艺术	4	31	11	46
哲学	0	7	4	11
综合	2	11	10	23
合计	29	177	123	329

各系统立项数据：高校系统立项 292 项，党校、科研院所立项 30 项，各级党政机关及其他单位立项 7 项。

（二）重大项目

“十一五”期间，市委市政府高度重视哲学社会科学事业发展，不断加大对社科理论研究的支持力度。2009 年，在市委宣传部的大力支持下，市社科规划办在已有重点项目、一般项目和青年项目的基础上，增设“北京市哲学社会科学规划重大项目”，目的在于集中优秀的社科研究力量，研究首都改革开放和现代化建设中的重大理论问题和现实问题，力争推出优秀的研究成果，为党和政府制定政策提供学理依据和智力支持，更好地服务首都的科学发展。

市社科规划重大项目是目前市社科规划项目中级别最高、资助额度最大、分量最重的项目，单项资助金额达到 30 万元。重大项目主要采取公开招标与

特别委托相结合的方式，根据实际情况分批次组织实施。自2009年正式设立至2013年底，市社科规划办共组织确立重大项目38项，资助总额达1 076万元。截至2013年底，第一批、第二批确立的24个重大项目已有23项完成研究任务，顺利结项，取得了一批优秀研究成果。据不完全统计，重大项目研究成果主要观点得到市级领导批示37余人次，其中大部分得到应用和转化，受到市委市政府、学界和社会的普遍关注与好评。

为深入贯彻落实党的十八大精神和市委第十一届二次全会精神，紧紧围绕建设中国特色世界城市和人文北京、科技北京、绿色北京的战略任务，着力解决在坚持和发展中国特色社会主义、实现中华民族伟大复兴中国梦的历史进程中影响和制约未来一段时期首都科学发展的突出问题，2013年市社科规划办组织实施了第三批重大项目，共确立14个项目，资助总额为330万元。截至2013年底，第三批14个重大项目已全部开题，进入实际研究阶段。

1. 选题征集与发布

2012年12月10日，市社科规划办组织召开了第三批重大项目选题征集研讨会，邀请北京地区高校的10位学者和部分相关实际部门领导，围绕贯彻落实十八大精神和科学发展观进行研讨，对征集到的92个研究选题，经合并筛选，报市社科规划领导小组批准，最终确定了10个研究选题纳入公开招标。

2013年2月19日，在“北京社科规划”网站和《北京日报》发布了《北京市哲学社会科学规划重大项目招标公告》，正式公开招标。

2. 投标申报情况

截至2013年3月29日，市社科规划办共受理了19个单位的49项投标申请。10个招标选题均有投标，19个投标单位涉及教育部直属高校、北京市属高校、北京市社会科学院、中共北京市委党校等科研单位（见表3—2）。教育部直属高校共申报21项，北京市属单位共申报28项，不少知名专家学者参加了投标。

表 3—2 第三批重大项目申报数量（按单位统计）

教育部直属高校	申报数量	北京市属单位	申报数量
中国人民大学	5	北京市社会科学院	8
北京师范大学	4	首都经济贸易大学	4
中央财经大学	4	北京联合大学	3
中国政法大学	3	北京政法职业学院	3
对外经济贸易大学	2	中共北京市委党校	2
北京交通大学	2	北京第二外国语学院	2
清华大学	1	北京工商大学	1
		北京信息科技大学	1
		北京工业大学	1
		北京改革和发展研究会	1
		北京市文化创意产业促进中心	1
		中共北京市朝阳区委组织部	1
总计（项数） 49			

3. 评审立项

2013 年 4 月 10 日至 4 月 30 日，根据各选题申报数量及题目相关度，市社科规划办将投标申请分为 7 组，聘请了 29 位来自高校、重点科研单位和实际部门的知名专家（题目较多的每组 5 位专家，题目较少的每组 3 位专家），对第三批重大项目投标申请进行了双向匿名通讯评审。

评审专家根据《重大项目申请书活页》，从选题、论证和研究基础等方面进行综合量化打分，对是否建议入围给出了明确意见。对于因题目设计研究范围过小或者研究方向与招标选题偏差过大不适合确立为重大项目的，要求评审专家明确注明。市社科规划办回收全部通讯评审材料后，对专家评审意见进行了统一汇总整理，计算出每份投标申请书的专家评分总分、平均分和建议入围的票数。根据“平均分在 80 以上，建议入围票数超过半数”的原则，确定了 18 个入围项目名单，进入答辩复评程序（各单位入围率见表 3—3）。

表 3—3　第三批重大项目各单位申报入围统计

教育部直属高校	申报数量	入围数量	入围率	北京市属单位	申报数量	入围数量	入围率
中国人民大学	5	4	80%	北京市社会科学院	8	4	50%
北京师范大学	4	1	25%	首都经济贸易大学	4	1	25%
中央财经大学	4	1	25%	北京联合大学	3	2	67%
中国政法大学	3	1	33%	北京政法职业学院	3	0	
对外经济贸易大学	2	0		中共北京市委党校	2	1	50%
北京交通大学	2	1	50%	北京第二外国语学院	2	0	
清华大学	1	0		北京工商大学	1	0	
				北京信息科技大学	1	0	
				北京工业大学	1	1	100%
				北京改革和发展研究会	1	0	
				北京市文化创意产业促进中心	1	1	100%
				朝阳区委组织部	1	0	
总计	21	8	38%	总计	28	10	36%

2013 年 5 月 24 日，市社科规划办召开重大项目答辩评审会，答辩按照选题相关度分为三组进行，每组聘请 5 位评审专家。所有入围的投标人进行认真答辩后，根据专家投票结果，确立了 7 项建议中标课题。评审专家组一致认为，这批中标项目聚焦于重大的、亟待研究的、有北京特色的、中观视角的选题，覆盖了首都政治、经济、文化、社会、生态和党的建设等各个领域，研究方向正确、质量水准较高，体现了此次重大项目招标主旨和要求。

同时，根据近期和未来一个时期市委市政府工作重点，确立了特别委托重大项目 4 项。另将委托市社科联招标的 3 个重大项目纳入市社科规划重大项目统一管理。最终确立第三批重大项目 14 项（见表 3—4）。在“北京社科规划”网站予以公示后，于 2013 年 7 月 1 日正式下达，并组织拨付课题资助经费 406 万元。

表 3—4 第三批重大项目立项名单

序号	编号	项目名称	首席专家	责任单位	项目类型
1	13ZDA01	中国特色社会主义在北京的实践研究	徐永利	北京联合大学	公开招标重大项目
2	13ZDA02	新时期北京市领导干部坚持群众路线，改进工作作风长效机制研究	刘　阳	中共北京市委党校	公开招标重大项目
3	13ZDA03	推进首都经济结构战略性调整研究	刘　瑞	中国人民大学	公开招标重大项目
4	13ZDA04	北京率先形成城乡发展一体化新格局研究	郑风田	中国人民大学	公开招标重大项目
5	13ZDA05	北京市法治政府建设研究	许传玺	北京市社会科学院	公开招标重大项目
6	13ZDA06	北京社会管理体制机制创新研究	唐　军	北京工业大学	公开招标重大项目
7	13ZDA07	首都网络舆情引导机制研究	周　星	北京师范大学	公开招标重大项目
8	13ZDB08	社会主义 500 年编年史	崔耀中	中共北京市委干部理论教育讲师团	特别委托重大项目
9	13ZDB09	首都发展的阶段性特征研究	谭维克	北京市社会科学院	特别委托重大项目
10	13ZDB10	北京市网络舆情生态传播系统研究	张真继	北京交通大学	特别委托重大项目
11	13ZDB11	北京建设学术之都的政策研究	李　强	清华大学	特别委托重大项目
12	13ZDC12	实现中华民族伟大复兴"中国梦"研究	郑水泉	中国人民大学	委托社科联招标重大项目
13	13ZDC13	中国特色社会主义制度体系研究	秦　宣	中国人民大学	委托社科联招标重大项目
14	13ZDC14	社会主义核心价值观研究	韩　震	北京外国语大学	委托社科联招标重大项目

4. 招标立项工作特点分析：

（1）选题定位更加明确。

市社科规划办对征集到的近 100 个第三批重大项目的选题进行认真梳理和

反复推敲，将研究重点聚焦于重大的、亟待研究的、有北京特色的、中观视角的选题，同时综合考虑研究目标是否清晰、研究成果是否切实管用等诸多因素，力求选题覆盖首都政治、经济、文化、社会、生态等各个领域。为避免重复，对于已经由全国社科规划办、教育部等机构组织科研团队进行研究的，涉及宏观层面且需要重点投入的选题，不纳入此次市社科规划重大项目招标选题当中。对于选题很重要，但比较微观、具体的，则纳入市社科规划年度项目招标选题中开展研究。

(2) 项目管理机制日趋完善，调整了通讯评审方法，增加了答辩环节的量化打分，并制定了严格的评审程序和相关制度。

一是设计了《重大项目申请书活页》，在通讯评审环节实现了评审专家和项目投标人之间的双向匿名评审，使得评审结果更加客观、公正，入围答辩评审的项目论证都很出色。二是设计了《重大项目评审意见表》，在课题组答辩之后，评审专家除了对项目论证、研究方法、成果预期再次打分外，还需对项目首席专家实力、研究团队构成等通讯评审环节未能考察的指标量化打分外，最终取总分最高的一项予以立项，评审结果更加综合、科学。三是在评审的各个环节都制定了严格的评审程序、保密制度和回避制度，坚持以质量和创新为导向来确立重大项目。

(3) 评审专家层次高、把关严，确保了立项课题的水准和权威性。

北京高校云集、人才汇聚，科研力量雄厚，因此在重大项目双向匿名通讯初评和答辩复评过程中聘请的专家基本都是国家社科基金学科评审组专家，是各相关领域的学术领军人物，或者是北京市各委办局等相关实际部门具有丰富理论与实践经验的同志。对于基础理论类学术性强的选题，重点请学术界权威专家学者把关；对应用对策类现实性强的选题，请实际部门领导和专家一起考评。评审专家们以高度的责任感认真对待每一份投标申请书，在答辩评审中提出的问题大多具有很强的针对性，给予投标研究团队很多好的建议。经专家合议，部分选题因为没有投标研究团队达到要求最终流标。

(三) 增补项目和预立项项目

1. 增补项目

2013年增补项目重点围绕贯彻落实习近平总书记系列重要讲话精神以及首

都面临的新的社会经济发展问题设立，在立项程序上强调“严、精”，结果上强调“快、新”，注重课题研究的及时性和对策性。全年共设立增补项目92项（见附录三），其中包括特别委托项目8项、重点项目12项、一般项目44项、青年项目28项（见图3—6）。

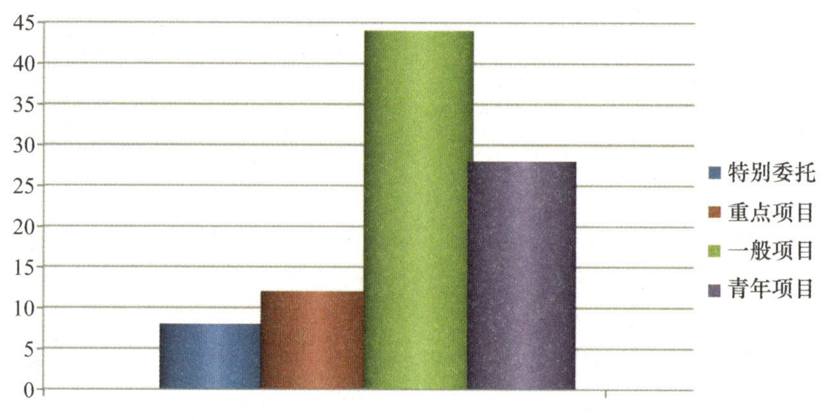

图 3—6　2013 年增补项目立项情况

围绕研究阐释和贯彻落实习近平总书记系列讲话精神，市社科规划办专门组织开展了“贯彻落实习近平总书记系列讲话精神专项课题”立项，并将其作为 2013 年增补项目的立项重点。

在广泛征集意见建议的基础上，2013 年 9 月 18 日，市社科规划办组织召开了北京市哲学社会科学规划增补项目研究选题研讨会。会议强调近期首都社科理论研究要把工作重点放到围绕习总书记系列重要讲话中的新思想、新观点、新论断、新要求的研究阐释，以及对即将召开的党的十八届三中全会的前瞻把握，网络媒体正面宣传的引导，马克思主义大众化、通俗化等方面。与会专家学者围绕习近平总书记系列重要讲话精神的内涵和实质，结合理论与现实、深度与广度等方面的综合考虑，进行了深入交流和讨论，确定了 30 项“贯彻落实习近平总书记系列讲话精神专项课题”招标选题。随后，将其作为增补项目立项重点，在“北京社科规划”网站发布了《关于北京市哲学社会科学规划增补项目申报工作的通知》和《北京市哲学社会科学规划增补项目研究参考选题》，进行公开招标。广大专家学者结合自身研究专长，选择相关选题或按照通知精神自行设计研究选题进行申报。10 月底，市社科规划办共受理了 37 个单位的 318 项专项课题申报材料，通过组织双向匿名通讯评审，有 134 项入围会议评审，最终有 62 项获得专家建议立项，为市社科规划办有史以来实施专题立项规模最大的一次。

另外，为解决首都发展进程中面临的各种现实问题，市社科规划办结合年度项目的整体立项情况，对市委市政府急需的、年度项目立项中又未能涉及的部分研究选题，组织确立了 30 项增补项目，包括特别委托项目 8 项、重点项目 6 项、一般项目 10 项、青年项目 6 项。

2. 预立项项目

2013 年，市社科规划办按照长短结合的工作思路，研究制定了《北京市哲学社会科学规划预立项项目实施细则》，采用“预立项”的工作方式，将提前在市社科规划办登记备案，并按预定时间在《求是》、《人民日报》、《光明日报》、《北京日报》、《前线》、《中国特色社会主义理论研究》、《新视野》等报刊上发表，研究阐释习近平总书记系列重要讲话精神的部分理论研讨文章按预立项项目予以立项，并纳入市社科规划项目统一管理，给予相应金额的经费资助。2013 年，共确立预立项项目 31 项（见附录四），资助经费总额 62 万元。

（四）与市委教育工委、市教委合作立项项目

2013 年，市社科规划办继续与市委教育工委、市教委合作，将市教委社科计划重点项目、市委教育工委年度首都大学生思想政治教育战略重点项目通过组织专家答辩评审后纳入市社科规划项目管理。按照相关工作协议，课题的评审和设立由市社科规划办、市委教育工委、市教委共同组织完成，课题研究经费由市委教育工委、市教委负责资助，课题立项后纳入市社科规划一般项目管理，统一进行编号并颁发立项证书。

2013 年，经市委教育工委、市教委组织限额申报、专家评审，共确立市教委年度社科计划重点项目 43 项、市委教育工委年度首都大学生思想政治教育战略重点项目 17 项，纳入联合会议答辩评审。

2013 年 7 月 4 日至 5 日，市社科规划办与市委教育工委、市教委召开联合立项评审会。共邀请 34 位专家，分为 8 个评审组，对 43 项市教委项目和 17

项市委教育工委项目进行了答辩评审，最终专家建议将 25 项市教委年度社科计划重点项目、13 项市委教育工委年度首都大学生思想政治教育战略重点课题，共计 38 项纳入市社科规划项目统一管理（见附录五）。

二、中期管理

截至 2013 年底，市社科规划在研年度项目和研究基地项目有 1 490 多项。近年来，为做好项目的日常管理，促进项目多出优秀成果，市社科规划办采取多项措施，加强规划项目中后期管理。

（一）年度检查

2013 年度检查共涉及 79 个单位的 419 项市社科规划项目。截至 2013 年 9 月 20 日，市社科规划办共收到 73 个单位的 380 项参检项目材料，项目参检率为 90.7%。其中有 59 个项目已经结项或申请结项，255 个项目进度正常，66 个项目申请延期。有 6 个单位的 39 个项目未提交检查材料。

检查中发现，84.5%的实检项目进度正常，全部实检项目经费按规定使用，研究成果形式多样、内容丰富、转化应用良好。经统计，380个实检项目共形成阶段成果1 147项，其中撰写论文1 022篇（已发表602篇），出版专著74部，10项成果获各级领导批示，19项成果获各级各类奖项，22项成果被实际部门采纳应用；此外，各课题组推荐优秀阶段成果的积极性也在不断提高，有149篇成果参选《北京市哲学社会科学规划项目阶段成果选编》。

从检查的执行情况和效果看，各单位普遍重视项目检查工作。清华大学、中国人民大学、北京师范大学、首都经济贸易大学、中央财经大学、中国政法大学、中国人民公安大学、对外经济贸易大学、北京交通大学、北京语言大学、首都医科大学、北京工商大学、北京联合大学等高校科研管理部门，积极组织课题组按照要求做好项目年度检查及管理工作，并通过电话、电邮、快递等方式及时上报年度检查信息和材料，全力配合市社科规划办做好各项基础数据采集汇总工作，做到了数据真实、信息准确、材料完整。此外，首都师范大学、

北京市社会科学院、中共北京市委党校等单位的科研管理部门在项目管理方面已形成了一整套科学化、规范化的管理制度和运行模式，与各课题组保持畅通的信息渠道，及时掌握各课题组的研究动态，并对课题组在项目中期管理、成果鉴定验收、成果宣传推介方面给予指导和帮助，为课题组顺利开展研究工作、促进项目按期结项发挥了积极的作用。

有的单位项目管理工作还比较薄弱，出现不报、延报、错报、漏报检查材料等现象。市社科规划办要求项目管理工作薄弱的单位要加派人手、落实岗位责任，逐步改变科研管理工作“重立项、轻结项”、“重研究、轻管理”的状况，认真做好市社科规划项目的管理工作。承担市社科规划项目的负责人也要合理安排研究进度，主动与科研管理部门联系，及时上报科研信息，不断提升项目研究质量，推出更多更好的优秀研究成果。

（二）项目变更审批

在项目实施过程中，难免会因各种突发情况和变化因素，导致项目研究计划发生变化，无法按照项目申请书中设定的计划执行。此时，课题组须按照规定的程序，填写《北京市哲学社会科学规划项目重要事项变更表》，向市社科规划办申请变更，经批准后，可以对项目名称、研究内容、项目负责人、项目信誉保证单位、项目延期、调整课题组成员等进行适当调整；对于因故不能继续研究的项目也须报批中止研究。

2013年，共收到73个项目变更申请，在各种变更情况中，有68项申请延期结项，比例占93%。延期的原因主要有以下几方面：一是项目实施过程中出现新情况、发现新资料需要更新、补充和调整研究内容；二是课题设计时对研究时间和难度估计不足，难以按计划完成；三是项目负责人或课题组主要成员因出国、生病等原因造成项目延误；等等。

在报批变更手续时，时有发生报批程序不规范、报批手续不完整等情况。如有的项目申请变更，未经所在单位科研管理部门审核而直接报送市社科规划办；也有的项目申请变更只经过所在部门同意，而非单位科研管理部门审核。

（三）项目清理

为督促各项目负责人尽快完成科研任务，确保规划项目顺利结项，市社科规划办继续对无故逾期不能完成研究任务的项目进行集中清理，积极促进项目研究加快进度，提高结项率。从2012年起，市社科规划办加强了对长期无故拖延不结项项目的定期清理工作，分批对逾期不结的项目予以中止，进一步明确市社科规划办加强项目从严管理的态度。截至2013年底，已有5个项目中止研究。2013年，继续加强项目清理工作，对42个单位的73项多次延期未完成项目和已超过两年仍未完成的“十一五”规划项目进行清理，至今有37项课题完成或结项，但仍有36项课题没有完成。市社科规划办还将继续追踪项目研究进度，加强与科研管理部门和课题组的沟通，督促项目加快研究进程，提高项目的时效性和完成率。

三、项目验收

（一）验收措施

为确保项目研究成果质量，市社科规划项目实行严格的同行专家鉴定和免于鉴定相结合的方式结项、验收。具体措施如下：

1. 严格执行成果鉴定制度，确保项目研究质量

为客观评价研究成果质量，提高成果鉴定效率，对项目最终成果实行分级分类组织鉴定：重大项目、特别委托项目和重点项目的最终成果，由市社科规划办组织鉴定；一般项目、青年项目的最终成果，由市社科规划办委托项目负责人所在单位科研管理部门组织鉴定。最终成果鉴定采取单项分散鉴定和多项集中鉴定的方式进行。单项分散鉴定以通讯鉴定为主，多项集中鉴定采取通讯鉴定与会议鉴定相结合的形式进行。每项成果一般由3位同行专家鉴定，实行双向匿名和回避制度。鉴定组织者需按照《北京市哲学社会科学规划项目管理办法》的具体要求，组织完成成果的鉴定工作。凡最终成果经专家鉴定为“合格”以上等级的，或符合免于鉴定条件而准予结项的项目，项目负责人须及时

办理结项手续。成果鉴定等级为“不合格”的，项目负责人须按照“鉴定结论”中的修改意见，在半年之内完成研究成果的修改工作，并附《成果修改说明》，申请成果二次鉴定。二次鉴定仍不合格的，撤销项目。

2. 积极创新成果集中鉴定方式，完善成果鉴定制度

成果集中鉴定是市社科规划办自2008年以来探索实行的一种新的成果鉴定方式。近年来，在不断总结经验、创新形式、完善制度的基础上，成果集中鉴定已逐步成为市社科规划重大项目、特别委托项目和重点项目成果鉴定的新模式，维护了成果集中鉴定的严肃性、公正性，取得了良好的效果，得到了课题组和鉴定专家的认可。

(1) 重点项目集中鉴定制度不断完善。

为提高鉴定工作质量和成果学术水平，2013年，市社科规划办牢牢把握重点项目集中鉴定这一抓手，进一步规范和完善鉴定工作流程，努力把好重点项目成果的质量关口。

第一，实行严格的专家遴选制度和主审专家负责制。为保证公正、客观地评价每一项项目最终成果的学术质量，在遴选专家时严格执行同行鉴定制度和专家回避制度，即每一项研究成果均由同一研究领域的具有正高级专业技术职务和一定学术权威的专家学者进行鉴定。为确保成果鉴定质量、提高鉴定效率，实行专家主审制度，即每一项成果至少由一位相同研究领域的专家负责主审，其他专家共同讨论、合议，形成最终鉴定结果。

第二，实行通讯鉴定与会议鉴定相结合的评审制度。为使鉴定结果更加公正、合理，提前至少两周将成果及鉴定要求送达鉴定专家，会前由鉴定专家自主鉴定，填写个人鉴定意见，在鉴定会上进行集中充分的讨论、合议，形成最终的鉴定结果。

第三，实行与项目负责人约谈制度。近两年来，针对成果鉴定等级“不合格”的重点项目，规划办实行了与项目负责人“约谈制度”，即将鉴定结果、专家鉴定意见以及对成果具体的修改建议当面告知项目负责人，要求课题组在规定的时间内，按照成果鉴定结论修改、完善研究成果。此项措施旨在帮助课题组有针对性地修改完善研究成果，提升研究成果质量和水平。

（2）完善成果鉴定结项与宣传方式，促进重大项目成果转化应用。

重大项目成果鉴定暨宣传推介，是近年来市社科规划办为推动重大项目研究成果的有效转化而探索的又一种成果管理方式，是融成果鉴定、宣传、推介为一体，整体宣传重大项目及其成果，提升重大项目影响力，开辟社会科学研究成果为现实服务、为决策服务的新途径。重大项目成果鉴定实行通讯和会议鉴定相结合，有效提高鉴定结果的科学公正性；实行成果鉴定与宣传推介相结合，既为鉴定专家与课题组进行互动交流搭建了平台，又为课题组与实际部门互通信息建立了新机制。在此基础上，2013年进行的第二批重大项目成果鉴定工作又进一步得到完善。具体情况如下：

第一，提醒和督促课题组及时结项。在重大项目研究周期结束前三个月，市社科规划办向所在单位科研管理部门和项目首席专家分别发送结项通知，提醒和督促项目及时结项。同时要求各项目课题组围绕研究成果的核心观点、主要内容、研究成果转化应用情况等准备汇报材料；围绕项目研究的核心内容，撰写理论文章，为重大项目的成果鉴定和宣传推介作好准备。

第二，完善重大项目成果鉴定结项制度。为促使重大项目鉴定验收更加规范、成果转化更具实效、项目影响力更为广泛，市社科规划办在认真总结首批重大项目成果鉴定宣传工作的基础上，采取多项措施改进重大项目成果鉴定、宣传推介一体化的方式。

一是完善重大项目管理办法，制定重大项目成果免于鉴定条件。凡最终成果获得省部级二等奖项以上的；研究成果被市社科规划项目《成果要报》采用3次以上，或采用2次（其中1次得到省部级以上领导肯定性批示或提出的理论观点、政策建议等被厅（局）级以上党政机关采纳吸收）的项目均可申请免于鉴定。第二批重大项目中有4个项目研究成果因此获准免于鉴定。为确保免于鉴定研究成果的研究观点、理论创新、学术水平和应用价值符合重大项目的结项要求，市社科规划办还聘请同行专家对这4项成果进行了认真的审读和评价，严把成果的政治关、学术关。

二是严格按照规定程序开展重大项目成果的鉴定工作。对于须鉴定的研究成果，按照研究内容的不同，聘请同行专家学者，分不同的学科组，以通讯鉴

定和会议鉴定相结合的方式严格组织成果鉴定。鉴定专家从成果的建树、理论创新、学术水平、实际应用价值等方面对重大项目的最终成果进行认真的审读和充分的合议后，确定鉴定等级和鉴定意见。

三是为在研重大项目成果宣传工作前移搭建桥梁。为此，在第二批重大项目成果鉴定暨宣传推介会上，还特别邀请承担第三批重大项目研究的首席专家、课题组主要成员及所在单位科研管理部门的负责人列席会议，旨在为第三批重大项目课题组了解和直接参与重大项目的管理过程和结项方式，促进第三批重大项目顺利结项奠定基础；为第三批重大项目及其研究成果提前进入宣传推介环节，促进研究成果的转化应用，产出更多更优秀的研究成果创造条件。

3. 严格审核项目结项材料，把好项目出口关

对结项材料的验收审核是项目管理工作的最终环节。在严格审核结项材料的完整性、项目经费使用的合理性、成果鉴定程序的规范性基础上，提出结项审批意见：一是对成果质量很好或较好的，且材料齐备、经费使用合理的，准予结项；二是对成果质量一般并且存在学术硬伤或鉴定专家提出较多重要修改意见的，暂缓结项，反馈鉴定专家意见供课题组参考修改并写出修改说明，报市社科规划办复审；三是对成果质量较差但有一定修改基础的，反馈鉴定专家意见供课题组参考修改后重新申请鉴定结项；四是对质量低劣且没有修改基础或二次鉴定仍不合格的，予以中止研究；五是项目经费有超标准超范围使用的，按规定调整后结项。

（二）验收概况

2013年，共有250个市社科规划项目完成研究任务申请结项(见表3—5)，包括重大项目14项、重点项目103项、一般项目97项、青年项目23项、应用对策研究基地项目13项（见图3—7)。其中，23项成果符合免于鉴定条件获准结项，220项成果通过专家鉴定获准结项，3项成果暂缓结项，4项成果需二次鉴定（见图3—8)。

表 3—5　2013 年度申请结项情况统计表

数据＼学科	申请结项总数	结项数					未结项			
		优秀	良好	合格	免于鉴定	合计	暂缓结项	二次鉴定	审核或复审中	合计
数量	250	76	56	44	23	199	3	4	44	51
占比(%)	100	30.4	22.4	17.6	9.2	79.6	1.2	1.6	17.6	20.4

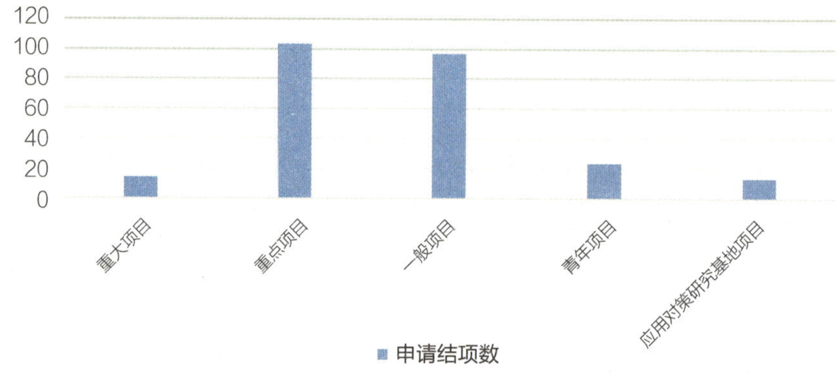

图 3—7　2013 年度申请结项项目类别

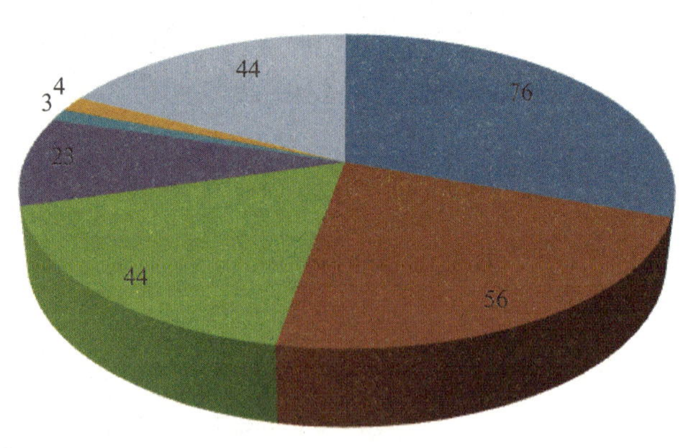

图 3—8　2013 年度申请结项情况

1. 已结项目成果基本情况

经过审核验收，截至 2013 年底，有 199 个项目办理了结项手续，占 2013 年度项目完成总数的79.6%，其中包括重大项目10项、年度项目189项。具体情况如下：

从学科分布情况看，199个项目中，哲学学科5项，科社·党建·政治学学科24项，经济·管理学科63项，法学学科15项，教育学学科18项，社会学学科15项，城市学学科4项，历史学学科10项，语言·文学·艺术学科14项，综合学科31项，涵盖了市社科规划项目的全部学科（见图3—9）。

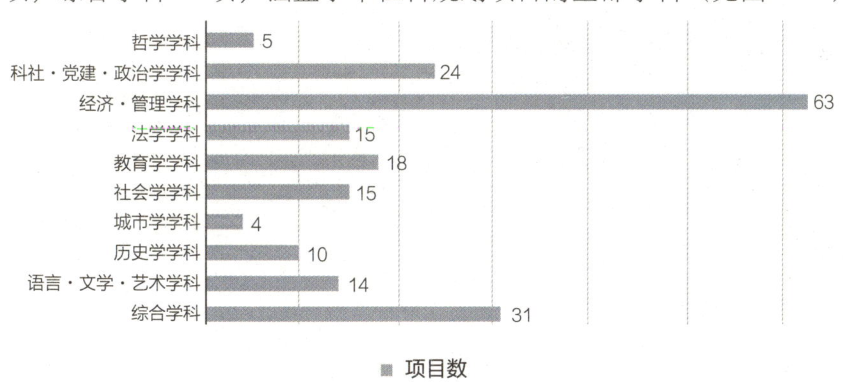

图3—9　2013年度已结项目学科分布

从成果质量看，199个项目成果中，鉴定等级为“优秀”的76项，占结项总数的38%；“良好”的56项，占28%；“合格”的44项，占22%；免于鉴定的23项，占12%（见图3—10）。

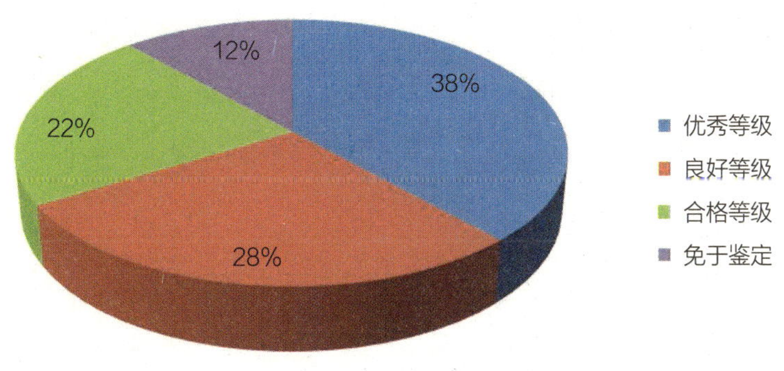

图3—10　2013年度已结项目成果质量

从成果形式看，已结项目最终成果主要有研究报告、专著和论文集等形式。其中146个项目以研究报告的形式结项，占73.4%；44个项目以专著形式结项，占22.1%；9个项目以论文集和其他形式结项，占4.5%（见图3—11）。

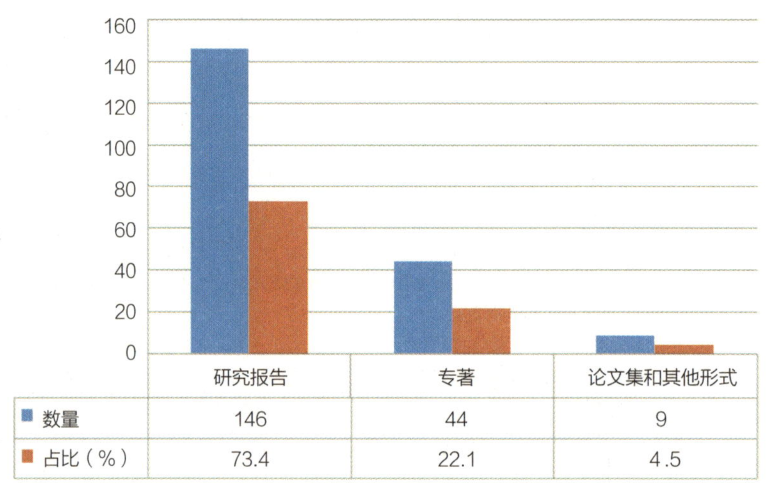

	研究报告	专著	论文集和其他形式
数量	146	44	9
占比（%）	73.4	22.1	4.5

图 3—11　2013 年度已结项目成果形式

从成果转化应用看，在199个结项项目中，共形成159项研究报告，9部论文集和95部专著。其中128个项目成果得到不同形式的转化，成果转化率达到64.3%，项目成果的学术水平、应用价值和社会影响不断提高。其中，据不完全统计，28项成果得到学界和业界认可，获得各级各类奖项，有10项成果荣获省部级以上奖项；13项成果的主要观点得到市领导批示32人次，其中大部分得到应用和转化；29项研究成果得到有关部门的高度重视，并予以采纳46次；12项成果被北京社科规划项目《成果要报》采用并编发27期《成果要报》；82部专著出版发行；还有560余篇阶段成果在各类报刊上发表。其中，不乏一批优秀成果在《人民日报》、《光明日报》、《求是》、《北京日报》和《前线》等权威报刊上发表，大量的研究成果在核心期刊上发表，产生了广泛的学术影响和社会影响。

2. 成果质量统计数据分析

（1）各类项目成果质量比较分析。

市社科规划项目包括年度项目、重大项目和研究基地项目、年度项目和研

究基地项目由重点项目、一般项目和青年项目组成。在项目鉴定结项中严格执行双向匿名和专家回避制度，鉴定专家认真负责，严格把关，确保了结项成果的质量。年度项目中，一般项目占大部分，申请结项数和实际结项数均最多；重点项目分量重、要求高，研究难度较大；青年项目则重在培养人才，给青年学者提供更多的学术锻炼机会（见表3—6、图3—12）。

表 3—6　2013 年度已结项目成果质量分类统计表

类别	申请结项数	结项数	优秀数（含免于鉴定）	良好数	优秀率（%）	优良率（%）
重大项目	14	10	7	3	70	100
重点项目	103	64	26	17	40.6	67.2
一般项目	97	97	54	27	55.7	83.5
青年项目	23	23	10	9	43.5	82.6
应用对策研究基地项目	13	5	2	2	40	80
合计	250	199	99	58	49.7	78.9

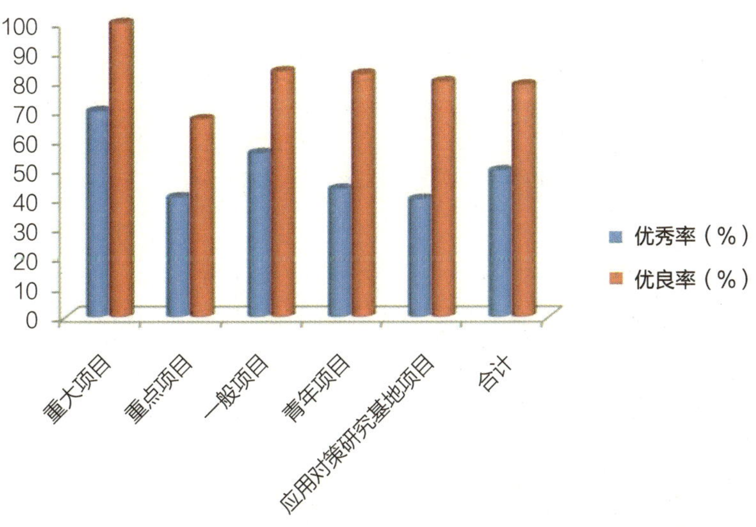

图 3—12　2013 年度已结项目成果质量分类统计图

(2) 年度项目各学科成果质量比较分析。

在市社科规划各类项目中，年度项目学科覆盖面最全、学术研究参与人数最多、设立时间最长、影响最广泛，因此它的成果质量在一定程度上最能反映市社科规划项目各学科的实际情况。从 2013 年结项的年度项目学科分布来看，十个学科中结项较多的学科分别是：经济 • 管理、综合、科社 • 党建 • 政治学、教育学、法学、社会学。但从项目优良率等指标来看，各学科成果质量与学科大小并无直接关系，而是与学科的属性有关。2013 年优秀率或优良率都居前列的学科有语言 • 文学 • 艺术、经济 • 管理、科社 • 党建 • 政治学、法学、社会学和语言 • 文学 • 艺术学科（见表 3—7、图 3—13）。

表 3—7　2013 年度项目结项情况分学科统计表

学科	结项数	优秀数（含免于鉴定）	良好数	优秀率（%）	优良率（%）
经济 • 管理	61	28	22	45.9	82
综合	29	17	5	58.6	75.9
科社 • 党建 • 政治学	21	10	7	47.6	81
教育学	18	8	5	44.4	72.2
法学	15	9	3	60	80
社会学	14	7	4	50	78.6
语言 • 文学 • 艺术	14	7	5	50	85.7
历史学	9	5	1	55.6	66.7
哲学	5	0	1	0	20
城市学	3	1	1	33.3	66.6

注：按各学科结项数由高到低排序

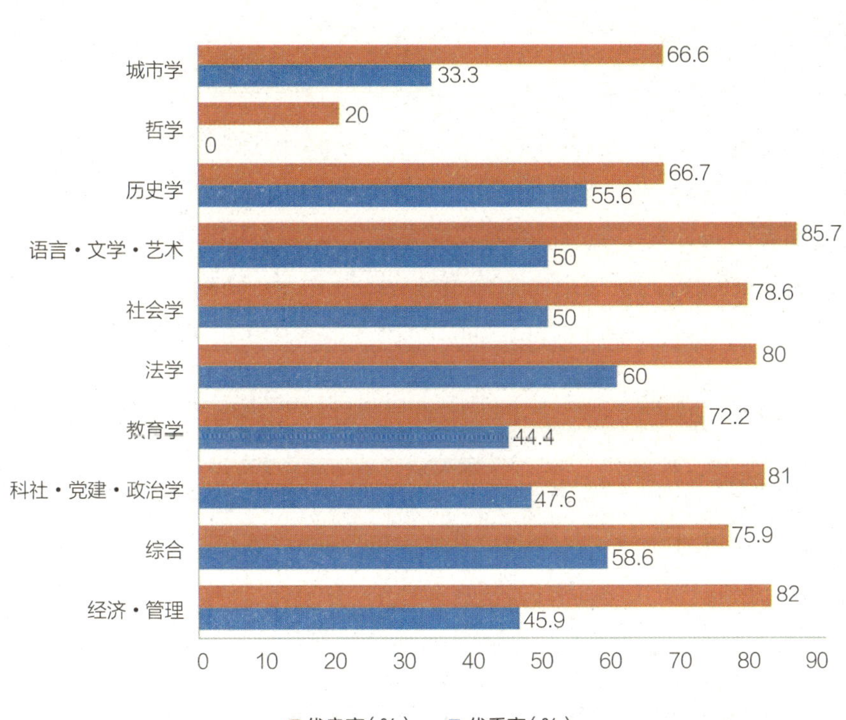

图 3—13 2013 年度项目结项情况分学科统计图

（3）重大项目成果分析。

2013 年，14 项第二批重大项目中有 13 个项目顺利完成研究任务，多数项目结项。总的来看，第二批重大项目研究顺利、成果丰硕、质量上乘、转化多样，取得了一批理论价值高、学术分量重、实践价值突出的研究成果。

一是项目按期完成率领先于各类项目。重大项目是目前市社科规划各类项目中级别最高、资助额度最大、分量最重的项目，项目所在单位科研管理部门、首席专家及课题组成员对重大项目的重视程度也相对较高，重大项目研究进展比较顺利。第二批 14 个重大项目中，有 13 个项目顺利完成研究任务，项目按期完成率达到近 93%（见表 3—8）。

二是项目成果质量较高。13项已完成的重大项目中，有4个项目因获奖或被北京社科规划项目《成果要报》采用并得到省部级以上领导批示，而获准免于鉴定结项；9项成果通过专家鉴定结项，其中，5项成果获“优秀”等级、3

项成果获“良好”等级、1项成果获“合格”等级（见表3—8、图3—14）。可见重大项目研究取得了良好的成效，研究成果达到较高的水平。

三是项目成果丰硕，成果转化形式多样。据不完全统计，13 项重大项目共形成研究报告 26 项，专著 14 部（已出版 10 部），发表论文 112 篇。从成果转化应用方面看，有 7 个项目的研究成果被北京社科规划项目《成果要报》采用 20 次，7 个项目的研究成果获得市领导的批示 15 人次，4 个项目的研究成果被实际部门采纳应用 13 次，2 个项目的研究成果获得省部级奖项。

表 3—8　第二批重大项目完成及结项形式统计表

立项数	完成数	未完成	结项形式					
			免于鉴定	专家鉴定				
				合计	优秀	良好	合格	不合格
14	13	1	4	9	5	3	1	0
占比（%）	93	7	31	69	39	23	7	0

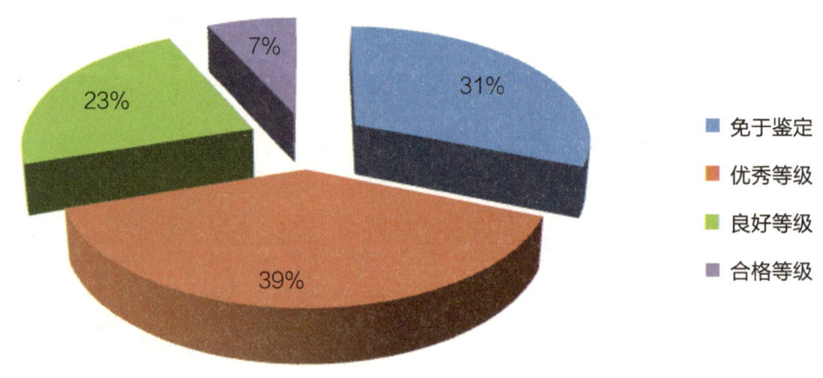

图 3—14　重大项目成果质量分布图

3. 成果验收存在的主要问题

在2013年验收的各类项目中，有17项年度项目成果因质量问题未能顺利结项，这些成果的主要问题大致有以下几类：一是研究内容偏题。主要表现为：任意缩小或扩大研究范围，成果无法全面表现立项主题、文不对题、偏离研究重点。二是概念范畴不清。主要表现为：对研究中的主要概念未作出清晰的界定；出现几个相近的概念或范畴时，相互混淆，或有偷换概念的现象。三是逻辑结构混乱。主要表现为：研究成果缺乏清晰的内在逻辑主线，层次混乱不清；各部分之间相互重复或无法衔接，拼凑痕迹明显。四是数据资料陈旧。主要表现为：在有最新数据的情况下，仍使用几年前的数据；只从他人成果中获取数据，没有掌握第一手的数据资料；数据来源与支撑模型不对称。五是调查研究不科学。主要表现为：调查问卷的设计不够科学，指标选择不准确；调查的样本量太少，远远不能支撑研究的需要；有调查情况但对调查结果缺乏分析。六是对策建议不实。主要表现为：应用对策研究没有根据研究结论或发现的问题提出有针对性的对策建议，有时是为了提建议而提建议；对策建议缺乏现实意义和可操作性。七是学术规范性差。主要表现为：成果内容、结构与任务书最初设计不相符；最终成果形式不符合《北京市社科规划项目成果规范》的要求；引用或参考文献失范。

以上问题反映出有的课题组对项目研究态度不够认真严谨，草率地拿出成果应付结项；有的课题组研究能力偏弱，无法发现并解决研究中出现的问题。对于在鉴定过程中发现的成果质量问题，市社科规划办要求相关管理单位及时将鉴定意见反馈给课题组，请课题组参考专家意见认真修改成果；对鉴定等级为“不合格”的成果实行项目负责人约谈制，这实际上也有利于项目负责人及其课题组成员端正治学态度、提高成果质量、提升学术水平。同时，市社科规划办尊重哲学社会科学研究的特点规律，既强调坚持正确政治方向，又鼓励不同学术观点的切磋、争鸣。当课题组与鉴定专家在某些学术观点上存在分歧时，课题组有充分辩解的机会并充分尊重其保留自己的观点，此举得到课题组和项目负责人的广泛认同。

四、项目成果

市社科规划项目旨在推出更多优秀成果，来进一步巩固马克思主义在哲学社会科学研究领域的指导地位，推动学科建设、学术创新，服务决策、服务社会，繁荣发展首都哲学社会科学。2013年，在广大专家学者和各单位科研管理部门的共同努力下，市社科规划项目取得了丰硕的研究成果。这些成果或是进行了新的探索和阐释，提出了新的理论观点和思路，具有重要的学术价值和理论价值；或是对相关资料进行了开创性的挖掘、收集、整理、汇编和研究，具有重要补白的作用，对弘扬历史文化、传承文明具有重要的历史意义。综观市社科规划各类项目研究成果，主要呈现出以下特点：

（一）注重基础理论研究，成果的导向性不断加强

在2013年结项的各类项目，研究马克思主义基本理论和马克思主义中国化大众化、研究中国特色社会主义理论体系、研究社会主义核心价值体系和核心价值观、研究基层党建理论的项目成果，在数量和质量上都有所提高，涌现出一批有影响力的优秀理论成果。如：由市委宣传部副部长崔耀中主持的重大项目成果《中国马克思主义大众化研究：历史进程和基本经验》，全面、系统地梳理和阐释了马克思主义在中国逐渐大众化的历史进程、基本经验，从社会发展的本身去寻找思想观念变化的根源，论证了马克思主义大众化是马克思主义中国化和时代化发展的表现和特征，体现了思想发展的历史与逻辑的统一，产生了良好的社会影响。由中国人民大学秦宣教授主持的《中国特色社会主义理论体系研究》，加强了中国特色社会主义基础理论的研究，探索了其中涉及的一些重大理论和现实问题，就如何开展马克思主义整体性研究，如何树立对马克思主义的信仰等提出了创新性建议。其阶段性成果《建议选编全党统一的共产主义信仰经典读本》和《深化对社会主义核心价值体系的研究》的研究观点，被中共中央办公厅采用，并分别在中办秘书局刊物《观点摘编》2011年第81期和138期上摘发；阶段成果《“中国模式”之概念辨析》，获中组部“2009年度重点课题理论研究论文二等奖”。由市委党校韩玉芳教授主持的重大项目成果《用社会主义核心价值体系引领首都精神文明建设研究》，提出了社会主义核心价值体系在首都精神文明建设中具有思想指导、利益整合、精神凝聚、道德规范的功能；北京

建设中国特色社会主义先进文化之都肩负着弘扬社会主义核心价值体系重大使命的观点，认为社会主义核心价值体系是“魂”，承载核心价值体系的文化之都是“体”，弘扬社会主义核心价值体系与建设国家文化中心不可分离，要强“魂”健“体”，形神兼备。其研究成果得到了刘淇等领导同志的批示；研究提出的“公共文明建设要制度化、规范化、法治化”的观点和建议，被采纳写入《北京市人大常委会关于推进全国文化中心建设的建议》中，对创新首都精神文明建设的工作理念、推动北京全国文化中心建设具有重要的参考意义。由中央财经大学党委副书记倪海东主持的重大项目成果《以创先争优为契机推进首都基层党组织建设研究》，从组织绩效角度对基层党组织创先争优的实践情况进行了全面调查研究，创造出一套评价指标和技术操作办法。鉴定专家认为，该研究对当前开展的群众路线教育实践活动也有一定的参考价值，对于推进基层党建工作科学化、规范化、制度化，乃至整个党建设工作的科学化都具有重要作用。这些研究成果的观点切合当前的实际，具有鲜明的导向作用。

（二）探索重大现实问题，成果的前瞻性、战略性凸显

有一批专家学者围绕国际关系和时代发展需求等重大现实问题，总结历史、立足当前、着眼长远，推出了有一定前瞻性、战略性的研究成果，在国内学术界产生了积极的影响。如外交学院党委书记秦亚青教授主编的《当代西方国际思潮》，全面分析了冷战以后，特别是进入21世纪以来，当代西方主要国际思潮的产生、发展、理论背景和社会影响，描述了与国际思潮相关的当代西方政治、经济、历史和现状，比较研究了西方思潮与东方文化的异同，也从不同的视角折射出中国和平发展的历史进程。该研究认为，中国在推进国际格

局变革的同时也成为牵动国际思潮走向的主要动力和诱因之一；面对国际社会对中国和平发展所持的不同态度，中国需要以一个大国的平常心态去应对各种各样的“中国论”、妥善回应“中国责任论”；中国应当明晰自身在当代的国际定位，制定相应的宏观国际战略，从容应对和化解和平发展进程中的各种困难和挑战，从而实现持久的和平发展。该书是近年来国内唯一一部关于西方国际思潮研究的专著，对于人们系统了解当代西方出现的各种政治新思潮具有积极的作用。中国人民大学贺耀敏教授主持的重大项目成果《北京数字出版传媒研究》，立足于数字出版技术的发展趋势和出版产业转型的现实需求，从我国数字出版业发展战略的角度，全面考察了北京数字出版传媒业的状况、优劣、得失、落差，借鉴美国、日本、英国、德国、法国和印度等世界主要数字出版大国的经验，提出“北京打造全国数字出版中心、版权之都”的对策建议。该研究认为，大力发展数字出版业是提升国家文化软实力和国际传播力的迫切需要，是将文化产业打造成首都国际经济支柱产业战略决策的重要举措；要建立数字出版产业合作联盟，推动跨行业、跨地区、跨媒介的产业融合与产业升级。鉴定专家认为，该研究立足于时代前沿，具有前瞻性，对北京数字传媒业、文化创意产业的起飞以及实现产业区域合作发展具有重要的引导作用。由首都经济社会发展研究所王鸿春研究员主持的重大项目《北京健康城市建设

研究》，面对21世纪城市化问题给人类健康带来挑战，以继承和弘扬北京奥运遗产、建设中国特色世界城市、全面推进北京健康城市建设为契机，从“大健康”的概念出发，提出在北京城市规划、建设、管理等各方面都应突出以人的健康为本，着眼于全方位地保障广大市民的工作和生活健康。鉴定专家认为该成果研究内容和研究方法都非常贴近政府工作的实际需要，研究思路和对策具有战略性、前瞻性和创新性。该项目的前期研究成果《继承奥运健康遗产　努力把北京建设成健康之都的建议》获得刘淇同志和郭金龙同志的批示；中期研究成果《“城市病”治理新趋势调查》再次获刘淇和郭金龙同志批示，并为起草《北京市国民经济和社会发展第十二个五年规划纲要》、市第十一次党代会报告以及制订《健康北京“十二五”发展建设规划》等重要文件提供了支撑。该成果2012年12月被译成英文版由人民出版社出版，由世界卫生组织代向全球其他国家卫生部门及健康城市建设机构发送。

（三）挖掘整理史料，成果的学术价值厚重

有一批专家学者执着于史料的整理与挖掘，不断追求学术创新，在自身关注的问题上潜心问学、深入研究，推出了一批具有重要史料价值和现实意义的成果。如，由北京市台湾同胞联谊会承担、台盟中央副主席汪毅夫主持的《台湾会馆与同乡会》，围绕历史上台湾在北京的两座会馆以及与之相关的人、物、事进行深入研究，对台湾会馆的建馆背景、历史沿革等进行了考证，对北京台湾青年会、北京台湾同乡会、台湾省旅平同乡会、台湾革新同志会等台胞社团在不同历史时期为救国图强、推动国家统一、促进两岸交流、凝聚乡情等作出的重要贡献进行了论证，澄清了一些曾长期被当作“定论”引用的误传，挖掘出一些珍贵的文物史料，汇集整理出一批重要的文献资料，是目前研究台湾会馆、台湾同乡会和台湾民

俗的研究论著。鉴定专家认为，该研究既具有补足和创新之学术价值，更对京台关系和两岸关系的发展具有不可多得的现实意义。首都师范大学郝春文教授主持的《英藏敦煌社会历史文献释录》（第八卷、第九卷），以英国国家图书馆收藏的全部汉文非佛教文献为资料来源，将这些数百年前或一千多年前的古代写本，全部按号释录成通行的繁体字，并对原件的错误加以校理。该研究自上世纪末启动研究，于 2001 年 8 月出版第一卷，目前已相继出版到第八卷、第九卷。鉴定专家认为，该成果不仅为敦煌学研究者提供了经过整理的研究资料，也为社会科学的其他学科利用敦煌文献开展研究奠定了基础，推进了敦煌学和相关学科的发展。北京联合大学赵连稳教授主持的《明清时期北京书院研究》，对明清时期北京书院的有关资料进行了深入挖掘和系统整理，探讨了明清时期北京书院的历史发展、改制与沿革、类型与特征、讲学与管理、经费与藏书，总结了书院的历史作用，并以史为鉴，阐述了北京明清书院对当今教育的启示，具有重要的学术价值和现实意义。

（四）注重调查研究，成果服务决策能力进一步提升

2013 年，涌现出一批贴近需求、关注热点、服务决策的应用对策类项目成果，这些成果或受到各级领导重视，或被党政部门采纳，或为大中型企业建言献策，体现出广泛的应用价值和实践价值。如首都经济贸易大学丁芸教授的《促进北京市文化创意产业发展的财税政策研究》，针对文化创意产业发展和财税政策方面存在的问题，提出了促进北京市文化创意产业发展的对策建议。该建议以中国侨联《侨情专报》的形式上报中央，引起了李源潮同志的重视，并批转市委市政府研究落实。郭金龙、王安顺等同志也作出批示，责成市国有文化资产监督管理办公室牵头，从“进一步加强财政专项资金监督管理”、“着力解决文化企业融资难题”等方面组织落实。北京师范大学肖永亮教授主持的“首都后奥运时期的文化创意产业研究”的阶段成果得到刘淇、郭金龙和蔡赴朝同志的批示。研究推导出的实现北京“双轮驱动”等目标的具体项目——申办“世界数字科学与艺术大会”国际品牌的建议被市委市政府采纳，写进《北京市国民经济和社会发展第十二个五年规划纲要》。由中央财经大学李涛教授主持的重大项目“北京依靠创新转变经济发展方式的思路与对策研究”，课题

组在开展走访调研时发现，北京的科技型中小企业普遍面临资金短缺、融资困难的问题，因此提出了“关于在中关村国家自主创新示范区内建立政策性‘中关村银行’的建议”，旨在推动北京市科技金融体系的完善，推动中关村国家自主创新示范区建设。该建议通过北京社科规划项目《成果要报》上报后，王安顺等领导同志分别作出肯定性批示。该建议在《中共北京市委北京市人民政府关于贯彻落实 < 国务院关于同意调整中关村国家自主创新示范区空间规模和布局的批复 > 的实施意见》中得到采纳，文件中明确提出“研究推动设立中关村银行”。北京市农村经济研究中心“土地流转过程中农民土地权益的保障机制研究”、“农民市民化的成本障碍与制度安排研究”等课题组，围绕深化农村产权制度改革、探索农村集体经济实现形式等问题，深入村镇实地调研，提出的“创新资产经营模式”等系列对策建议，得到了市委、市政府相关领导同志的批示。北京第二外国语学院计金标教授主持的重大项目“北京建设世界一流旅游城市研究”，提出了提升空间效益为核心的空间优化策略，以京沪合作、京津合作为代表的区域合作策略，以文化创意旅游为代表的业态更新策略，以北京精神传播为核心的大营销策略等。研究首次提出“构建京津亚太商务旅游黄金双子城”、“区域合作开发拒马河文化旅游带”、“京廊津商务度假旅游带”、“北京夜生活区发展规划”等构想和思路。其研究观点被《成果要报》编发 4 期，其中《促进北京市文化创意旅游发展的对策建议》得到市领导批示。

北京市文化创意产业促进中心主任梅松主持的“北京市文化创意产业发展体制机制创新研究”，提出“进一步推进文化管理体制创新，在北京率先成立文化资产管理机构”的建议，得到市委宣传部采纳，于 2012 年 6 月 18 日成立了北京市国有文化资产监督管理办公室，这是全国首家省级国有文化资产监督管理机构。北京市法学会环境与资源法学研究会副秘书长高桂林主持的“北京市 PM2.5 污染治理的政策与法律研究”，提出的有关 PM2.5 污染治理的基本原则和建立地区污染区域防治制度、环境标准制度以及大气污染限期治理制度等政策建议，已经被北京市环境保护局采纳，并写进《北京市大气污染防治条例(草案)》有关条文之中。首都师范大学范燕宁教授主持的《社区矫正的理论与实务——北京市社区矫正模式研究报告》，被首都综治委特殊人群专项组办公室采用，其中的《北京市社区服刑人员综合状态评估指标体系》(量表)，已在北京市 16 个区县试用。北京信息科技大学葛新权教授主持的重大项目“北京市生活垃圾减量化对策研究”，提出的“垃圾分类监测”、“与物业合作监控社区垃圾筒”、“厨余垃圾专项处理”等建议，被北京环卫集团一清分公司采用，并开展了探索性实践，取得了良好的应用效果。

（五）研究深入扎实，成果的社会影响力提高

2013年完成的项目中，涌现出一批学术水平高、研究深入扎实的成果，得到了学界和业界认可，有的获得各级各类奖项，有的被应用到实际工作中，成果的社会影响力得以体现。据不完全统计，有10项成果荣获省部级以上奖项。如北京师范大学肖永亮教授主持的“首都后奥运时期的文化创意产业研究”的阶段成果《数字媒体在创意产业发展中的地位》，北京师范大学教授黄会林主持完成的“影视文化对北京地区未成年人成长的影响与对策研究”的阶段成果《2008年度未成年人电视媒体收视行为调研报告》，北京信息科技大学葛新权教授主持的重大项目研究成果《城市生活垃圾减量化对策研究》等，分别荣获第十届、第十一届、第十二届北京市哲学社会科学优秀成果奖二等奖。北京市政府研究室孙进军同志主持的《北京建设国际一流旅游城市的比较研究》、首都医科大学王晓燕教授主持的重大项目成果《医改背景下的首都农村卫生人力资源配置研究》首都社会经济发展研究所王鸿春研究员主持的重大项目“北京健康城市建设研究”的阶段成果《继承奥运健康遗产 努力把北京建设成健康之都》和重点项目成果《治理PM2.5国际经验及对我市的启示》、北京青年政治学院党委书记楚国清主持的《统一战线服务社会管理专题研究报告》、首都经济贸易大学张强教授主持的重大项目成果《首都城市化进程中城乡一体化问题研究》等，分别荣获北京市优秀调查研究成果奖一等奖、二等奖和三等奖。中国人民大学秦宣教授主持的“中国特色社会主义理论体系研究”阶段成果《“中国模式”之概念辨析》，获中组部2009年度重点课题理论研究论文二等奖。中国社会科学院马克思主义研究院谭扬芳副研究员主持的“马克思主义发展思想的历史和理论研究”阶段成果《转轨后德国东部状况及反思——兼谈国际金融危机的影响》，获中国社会科学院2011年优秀对策信息情况报告类三等奖。

其中首都医科大学王晓燕教授主持的重大项目“医改背景下的首都农村人力资源配置研究”,课题组深入北京11个远郊区县154个乡镇的3 425个行政村，综合运用问卷调查、定性访谈、口述史研究、实地观察等方法，对北京偏远农村卫生人力资源的配置状况进行了深入的兜底调查，提出了强化政府在农村卫生事业发展中的主导职责 、结合“差序格局”的村落环境选拔村级卫生人力资源、合理确定乡村卫生人力的配置标准及动态调整机制、设立“订单”式培养和成人继续教育相结合的农村基层卫生人力培养教育模式等对策建议。该项研究推出了5部专著、2部文件汇编，发表论文40篇，其研究观点被《成果要报》采用并得到市领导的肯定性批示，出版的专著《北京市村级卫生人力资源配置标图信息兜底调查报告》，得到10个远郊区县卫生局的采纳。王晓燕教授及其研究团队以及研究成果也引起媒体关注,分别被《中国社会科学报》、《医学与哲学》等报刊宣传报道。

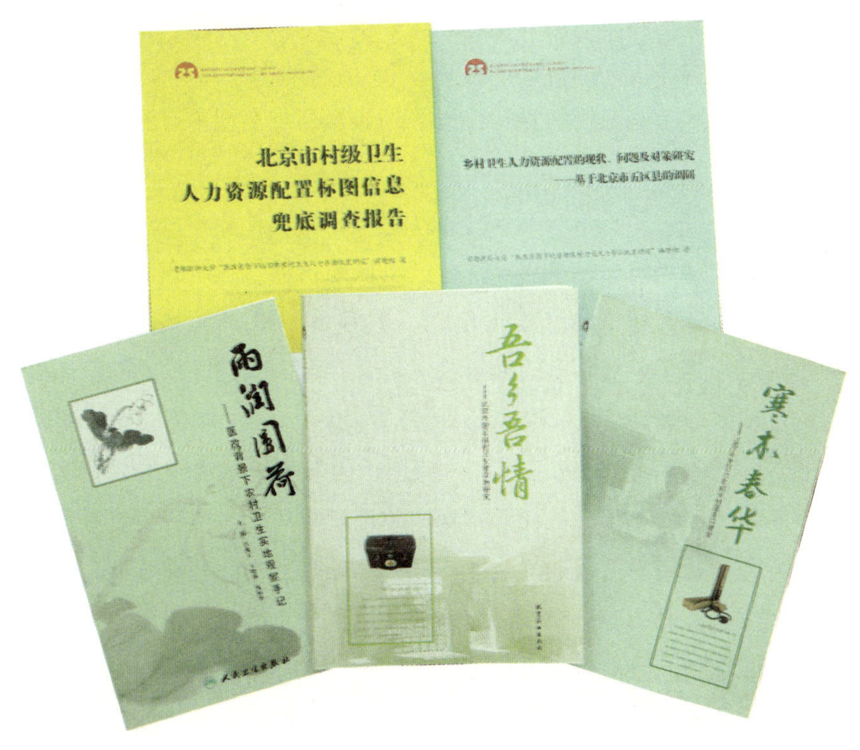

第四篇　研究基地

自 2004 年市社科规划办和市教委依托首都高等院校、科研院所建立第一批哲学社会科学研究基地以来，经过 10 年的建设，研究基地已成为北京市哲学社会科学研究领域的一批生力军和首都智库建设的一支重要力量，产出了大量优秀科研成果，一批科研成果得到转化应用，培养了众多优秀科研人才，在整合社科研究资源、为首都经济社会发展提供理论支持和智力支撑方面发挥了重要作用。

一、研究基地建设

研究基地建设工作始终坚持“科学规划、合理布局、突出优势、整合资源、严格考核、稳步推进”的原则。截至2013年底，在首都哲学社会科学研究的重点学科、优势领域和主要机构共建立了67个研究基地，涵盖了政治、经济、文化、社会、生态文明和党的建设等领域，初步实现了布局的科学化、合理化、规模化。

在建设机制上，市社科规划办通过专门设立研究基地项目对研究基地进行科研资助；市教委通过普通高等学校研究基地建设项目对研究基地实施经费投入；各研究基地依托单位通过提供财力、物力、人力对研究基地进行支持；各研究基地通过合作、共建等方式筹措社会资金，合力共建开放式的科研平台。

2013年，根据首都科学发展需要，经过申请—审核—考察—论证等规定程序，先后成立了7个新的研究基地，分别是：依托中国戏曲学院成立北京戏曲文化传承与发展研究基地、依托北京青年政治学院成立北京青少年教育与发展研究基地、依托北京财贸职业学院成立北京国际商贸中心研究基地、依托北京城市学院成立首都城市环境建设研究基地、依托北京联合大学成立京台文化交流研究中心、依托北京健康城市建设促进会和首都社会经济发展研究所成立北京健康城市建设研究中心、依托北京市国有文化资产监督管理办公室成立北京文化创意产业改革发展研究中心。

二、研究基地管理

（一）日常管理

探索实施分类管理和分工负责相结合的体制机制。为便于分类管理，从2013年起，由市社科规划办和市教委共同在高校建立的研究基地统一称为北京市哲学社会科学研究基地,简称为研究基地；由市社科规划办单独在高校、市属单位和区县建立的研究基地统一称为北京市哲学社会科学应用对策研究基地,简称为应用对策研究基地。按照这个分类口径，研究基地有46个（见表4—1），应用对策研究基地有21个（见表4—2）。

对于46个研究基地，由市教委和市社科规划办共同进行总的指导和管理，同时，市教委主要负责研究基地建设项目的经费投入与管理，市社科规划办主要负责研究基地项目的设立与管理。各依托单位负责支持保障、督促管理研究基地各项工作，并承担信誉保证；研究基地负责落实完成研究基地的建设任务和建设目标，以及研究基地建设项目和研究项目的组织实施与日常工作。

对于21个应用对策研究基地，由市社科规划办负责统筹指导和管理，各依托单位负责支持保障、督促管理研究基地各项工作，并承担信誉保证。应用对策研究基地落实完成研究基地的建设任务和建设目标，以及负责组织项目研究工作与日常工作。

研究基地实行基地负责人负责制，负责人由依托单位的相关领导担任，对研究基地的全面建设负总责。同时设首席专家（区县基地设专家组），由本领域内的知名专家或学科带头人担任，对项目研究工作负总责。研究基地成立学术委员会，每年至少召开一次全体会议，主要围绕研究基地的科研发展规划、研究项目的设置等开展工作。

2013年10月24日，召开了2013年北京市哲学社会科学研究基地工作会议。会议梳理了研究基地建设情况，进一步明确了发展思路，部署了下一阶段重点工作。会上还进行了经验交流，并对第二批验收工作中获评优秀的7个研究基地进行了表彰。

表 4—1 北京市哲学社会科学研究基地名单

序号	研究基地名称	依托单位
1	中国都市经济研究基地	北京大学
2	人文北京研究基地	中国人民大学
3	应急管理研究基地	清华大学
4	北京现代制造业发展研究基地	北京工业大学
5	首都服饰文化与服装产业研究基地	北京服装学院
6	北京文化发展研究基地	北京师范大学
7	北京基础教育研究基地	首都师范大学
8	北京体育赛事管理与营销研究基地	首都体育学院
9	北京旅游发展研究基地	北京第二外国语学院
10	首都传媒经济研究基地	中国传媒大学
11	北京财经研究基地	中央财经大学
12	北京企业国际化经营研究基地	对外经济贸易大学
13	北京现代物流研究基地	北京物资学院
14	CBD 发展研究基地	首都经济贸易大学
15	首都社会安全研究基地	中国人民公安大学
16	北京影视艺术研究基地	北京电影学院
17	北京学研究基地	北京联合大学
18	北京交通发展研究基地	北京交通大学
19	首都高等教育发展研究基地	北京航空航天大学
20	首都流通业研究基地	北京工商大学
21	北京出版产业与文化研究基地	北京印刷学院
22	首都卫生管理与政策研究基地	首都医科大学
23	北京对外交流与外事管理研究基地	外交学院
24	法治政府研究基地	中国政法大学
25	马克思主义研究基地	中国人民大学
26	北京能源发展研究基地	华北电力大学

续前表

序号	研究基地名称	依托单位
27	北京新农村建设研究基地	北京农学院
28	北京市知识管理研究基地	北京信息科技大学
29	北京社会建设研究基地	中国人民大学
30	首都国际文化研究基地	北京语言大学
31	北京知识产权研究基地	北京化工大学
32	首都高校党建研究基地	北京航空航天大学
33	首都大学生思想政治教育研究基地	北京交通大学
34	北京产业安全与发展研究基地	北京交通大学
35	北京民族音乐研究与传播基地	中国音乐学院
36	北京建筑文化研究基地	北京建筑大学
37	北京中医药文化研究基地	北京中医药大学
38	北京企业低碳运营战略研究基地	北京科技大学
39	北京社会管理研究基地	北京工业大学
40	首都教育经济研究基地	北京师范大学
41	北京对外文化交流与世界文化研究基地	北京外国语大学
42	北京现代产业新区发展研究基地	北京石油化工学院
43	北京戏曲文化传承与发展研究基地	中国戏曲学院
44	北京青少年教育与发展研究基地	北京青年政治学院
45	北京国际商贸中心研究基地	北京财贸职业学院
46	首都城市环境建设研究基地	北京城市学院

表 4—2 北京市哲学社会科学应用对策研究基地名单

序号	研究基地名称	依托单位
1	北京党建研究基地	中共北京市委党校
2	北京社区研究基地	北京市社会科学院
3	北京市基层思想文化建设研究基地	北京市思想政治工作研究会
4	北京决策研究基地	首都社会经济发展研究所
5	北京人口发展研究中心	中共北京市委党校
6	北京市政治文明建设研究中心	北京联合大学
7	北京马克思主义理论研究与传播基地	北京市社会科学院
8	北京市经济社会数据分析与监测评价研究基地	北京市统计局、国家统计局北京调查总队
9	北京市经济社会发展政策研究基地	首都经济贸易大学
10	北京世界城市研究基地	北京市社会科学院
11	马克思主义大众化研究基地	中共北京市委干部理论教育讲师团
12	京台文化交流研究中心	北京联合大学
13	北京健康城市建设研究中心	北京健康城市建设促进会、首都社会经济发展研究所
14	北京文化创意产业改革发展研究中心	北京市国有文化资产监督管理办公室
15	北京市哲学社会科学应用对策研究东城区基地	中共东城区委宣传部
16	北京市哲学社会科学应用对策研究西城区基地	中共西城区委宣传部
17	北京市哲学社会科学应用对策研究海淀区基地	中共海淀区委宣传部
18	北京市哲学社会科学应用对策研究昌平区基地	中共昌平区委宣传部
19	北京市哲学社会科学应用对策研究延庆县基地	中共延庆县委宣传部
20	北京市哲学社会科学应用对策研究顺义区基地	中共顺义区委宣传部
21	北京市哲学社会科学应用对策研究平谷区基地	中共平谷区委宣传部

（二）考核验收

研究基地的每个建设周期为3年。从2007年开始，市社科规划办和市教委每年组织专家，分别对结束上一建设期工作的研究基地进行考核验收。验收的主要内容是研究基地建设目标和任务的完成情况，包括科研条件、科研活动、科研成果、队伍建设、人才培养、学术交流以及经费使用等方面的情况。验收结果分为优秀、合格、基本合格和不合格四个等级。验收结果为优秀、合格的列入下一个建设周期；验收结果为基本合格的要限期整改，暂缓列入下一个建设周期；验收结果为不合格的，取消研究基地资格。

2012年底至2013年初，对第三批11个研究基地二期建设情况进行了考核验收。验收结果表明，这些研究基地经过第二期三年建设，整体质量和水平得到巩固提升，服务经济社会发展的能力显著增强。主要表现在以下几个方面：一是科研条件进一步改善。办公面积、图书数量和办公设备大幅增加。二是科研经费大幅增长，经费来源模式实现了积极转变。到位科研经费累计5 496万元，增长了92%，其中自筹经费增长最快，增幅达到214%，占总经费比例超过84%，这主要源于研究基地服务首都经济社会发展能力的增强，有关单位愿意合作并提供研究经费。三是各类科研项目数明显增长。共承担各类科研项目1 083项，增加了33%，尤其是横向课题在总项目数中占到1/2，是各类项目中增长最快的。四是取得了大量优秀科研成果。期间共出版专著172部，在全国核心期刊发表论文740篇，撰写咨询报告654部，获得省部级以上奖励64项，均较一期建设有不同程度的增长。五是成果转化应用实现突破。期间研究成果被引用610项，向有关单位提交351项，被各级领导给予肯定性批示的成倍增加。六是队伍建设和人才培养稳步推进。11个研究基地汇聚正高级职称专家138人、副高级职称专家152人，培养毕业博士193人、硕士747人。七是国内外学术交往十分活跃。期间，举办全国性学术会议66次，国际性学术会议36次，派出访问167人次，接待来华人员106人次，拓展了研究队伍的视野，推动了中国元素与国际前沿的对接，提高了研究基地的学术影响力和传播力。在认真审读各研究基地提交的《总结报告》和《自评报告》基础上，经过专家组实地考察和综合评议，7个研究基地被评为优秀，4个研究基地被评为合格（见表4—3）。

汇编第三批研究基地二期建设验收调研的总报告和11个研究基地的自评报告，出版《北京市哲学社会科学研究基地建设报告集》(已经连续五年出版)，全面梳理了11个研究基地三年建设的基本情况、成绩与经验，分析存在的问题，进一步提出下一阶段建设的思路与目标。

表 4—3　2012 年研究基地验收结果

研究基地名称	依托单位	验收等级
首都大学生思想政治教育研究基地	北京交通大学	优秀
北京知识产权研究基地	北京化工大学	优秀
北京新农村建设研究基地	北京农学院	优秀
北京能源发展研究基地	华北电力大学	优秀
北京市知识管理研究基地	北京信息科技大学	优秀
北京马克思主义理论研究与传播基地	北京市社会科学院	优秀
北京市经济社会发展政策研究基地	首都经济贸易大学	优秀
马克思主义研究基地	中国人民大学	合格
首都高校党建研究基地	北京航空航天大学	合格
北京市政治文明建设研究中心	北京联合大学	合格
北京市经济社会数据分析与监测评价研究基地	北京市统计局、国家统计局北京调查总队	合格

三、研究基地项目

研究基地项目设立于2004年，是面向北京市哲学社会科学研究基地专门设立的市社科规划项目，包括特别委托项目、重点项目、一般项目、青年项目四类，采取每年定期申报和根据需要随时增补相结合的立项方式。

（一）项目申报情况

1. 申报组织工作

2013年3月21日，在“北京社科规划”网站上发布了《关于组织申报2013年度北京市哲学社会科学规划项目的通知》，并向各研究基地依托单位科研管理部门下发，开始受理2013年度课题申请，截止日期为4月26日。

本年度申报工作有以下几个突出特点：一是单独组织项目申报立项。此前，研究基地项目一直是与年度项目一起进行申报立项。自2013年起，为加大扶持力度，以项目带动研究基地的建设与发展，特别是为了体现各研究基地的研究方向和项目的特点，单独组织实施研究基地项目申报与立项评审工作。二是要求项目申请人须结合本研究基地的总体功能定位，根据研究基地的主要研究领域、研究方向和建设目标确定研究选题，不受理研究基地自身研究领域以外的申报材料。三是申报项目材料须经学术委员会初评把关、择优报送。四是增加了每个研究基地的限额申报指标，每个研究基地由以往的2项提高到4项，在历届考核验收中被评定为优秀的研究基地可申报5项，且不受青年项目申报比例限制，以提高研究基地项目申报的积极性和主动性，更好地做到好中选优。五是设立特别委托项目，鼓励研究基地整合研究资源，围绕本研究领域内的重大理论和现实问题开展集体攻关研究，出重大标志性成果，提升研究基地在专业研究领域内的话语权和影响力。对于特别委托项目，要求每个研究基地限报1项，必须由研究基地学术带头人承担，并严格设定立项指标，在评审时严格把关，从严控制。

2. 申报基本数据

2013年，共受理67家研究基地报送的274项申报材料。其中，特别委托项目32项，占11.7%；重点项目103项， 占37.6%；一般项目89项，占32.5%；青年项目50项，占18.2%。申报材料涉及全部10个学科，其中，经济·管理111项，占40.5%；科社·党建·政治学36项，占13.1%；语言·文学·艺术26项，占9.5%；社会学23项，占8.4%；城市学22项，占8. 0 %；综合19项，占 6 . 9 %；法学13项，占4.7%；教育学13项，占4.7%；哲学6项，占2.2%；历史学5项，占1.8%（见图4—1）。按研究基地依托单位所属系统分类统计，高校系统 216项,占78.8%；党校、社科院 19项,占6.9%；各级党政机关及其他单位 39项，占14. 2 %。

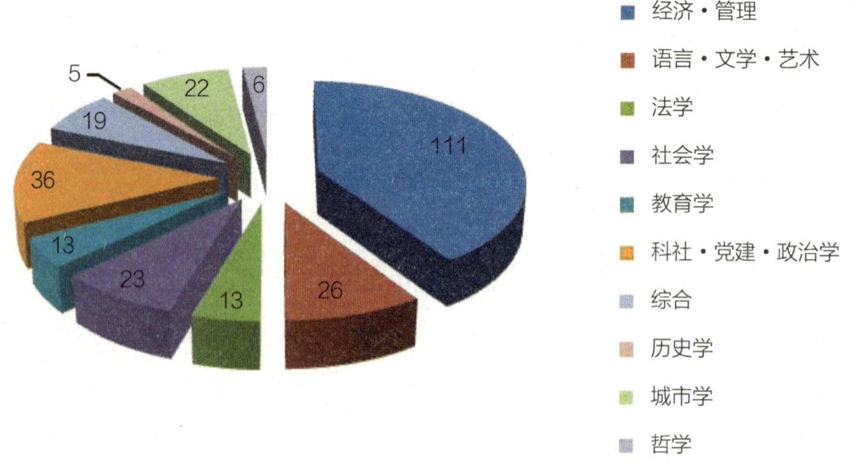

图 4—1 2013 年研究基地项目各学科申报数据

（二）项目评审立项情况

本年度研究基地项目分两批进行了会议评审：2013年6月5—6日，对42家研究基地和12家应用对策研究基地报送的236项申报材料进行了会议评审；2013年12月16—17日，对6个2013年新成立的研究基地和6个区县应用对策研究基地报送的38项申报材料进行了会议评审。

按照各学科申报数量和选题相关度,将评审专家分成7个学科组，经专家独

立评审、小组讨论推荐投票、大会评议确认、学科组长签署立项意见等规定评审程序，认真筛选,充分讨论，民主投票，确定建议立项名单。6月底，立项名单在“北京社科规划”网站上公示一周后，向各单位下达立项名单及立项通知书。

开展2013年度研究基地项目评审工作，较好地把握住了以下几个方面的原则要求，使得研究基地项目评审工作在突出创新机制的同时，促进了项目申报立项质量的提升：一是在坚持正确政治方向的前提下，突出基地特色。项目的选题必须符合研究基地的研究领域和研究方向，同时，鼓励和支持研究基地整合研究资源，开展联合攻关，加强对本领域内重大问题的研究。二是坚持以质量和创新为导向的评价标准，坚持“质量第一、宁缺毋滥”的评审原则，课题首先必须具有较高的理论意义、实践价值和学术水准，同时，要结合北京市的经济社会发展实际，注重理论与实践的对接，突出北京的地方特色。从评审结果看，大多研究基地的学术带头人，包括一些知名学者都积极申报并获准立项，有效提升了课题申报层次和立项质量。三是坚持统筹兼顾、综合平衡。鉴于各研究基地处于不同的建设阶段、发展还不平衡的现实,在坚持质量标准的前提下,注意向新成立的研究基地倾斜。从评审结果看，申报的66家研究基地均有项目获得立项。四是坚持公平公正，严肃评审纪律。对市社科规划办相关部门及其工作人员、学科评审组专家提出工作要求，认真执行评审纪律、保密要求和回避原则，强化主审专家责任，自觉抵制不正之风。会议评审采取封闭式管理和严格的保密措施，制定并执行了严格的评审程序，所有建议立项课题均须由各学科评审组专家集体讨论后投票决定。对于未能评审通过的项目，学科评审组针对申请书中存在的缺陷和不足说明原因，并提出具体的、切实可行的改进意见和建议。

1. 立项数量和资助金额

共有172项获批立项（附录六：2013年市社科规划研究基地项目立项名单），其中特别委托项目30项、重点项目65项、一般项目50项、青年项目27项(见图4—2)，资助金额共计1 436万元。

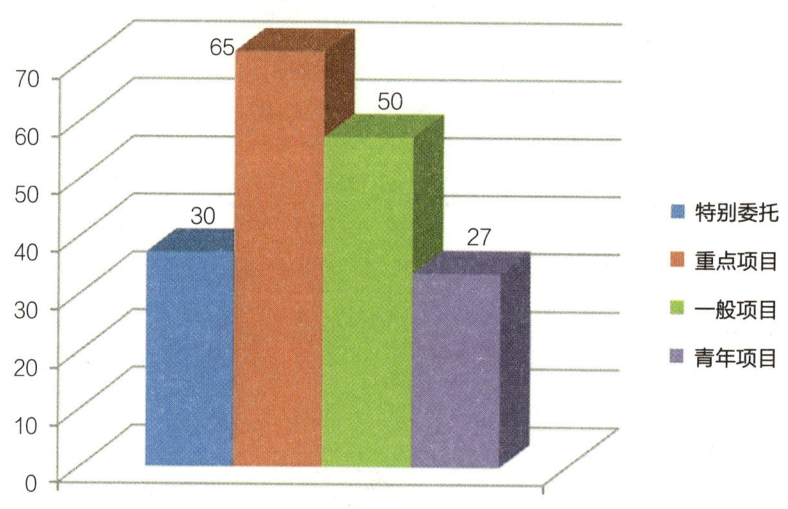

图 4—2 2013 年研究基地项目立项情况

2. 立项数据分析

(1) 按照学科分类的立项数据分析。

各学科立项数量和立项率综合考虑了学科申报总数、课题的数量和质量、综合平衡等因素确定，其中经济・管理67项、科社・党建・政治学23项、语言・文学・艺术17项、城市学17项、社会学14项、综合13项、法学7项、教育学7项、哲学4项、历史学3项（见表4—4）。

表 4—4 2013 年研究基地项目各学科立项数量统计表

学科＼类别	特别委托项目	重点项目	一般项目	青年项目	合计
经济・管理	13	25	18	11	67
科社・党建・政治学	3	9	7	4	23
语言・文学・艺术	2	11	3	1	17
城市学	6	6	4	1	17
社会学	2	5	4	3	14
综合	2	5	4	2	13

续前表

类别 学科	特别委托项目	重点项目	一般项目	青年项目	合计
法学	1	0	5	1	7
教育学	1	0	3	3	7
哲学	0	1	2	1	4
历史学	0	3	0	0	3
合计	30	65	50	27	172

(2) 按照依托单位性质的立项数据分析。

隶属于高校系统的研究基地共计立项 133项,占77.3%；隶属于党校、社科院的研究基地共计立项8项，占4.7%；隶属于各级党政机关及其他单位的研究基地共计立项31项，占18.0%(见图 4—3)。

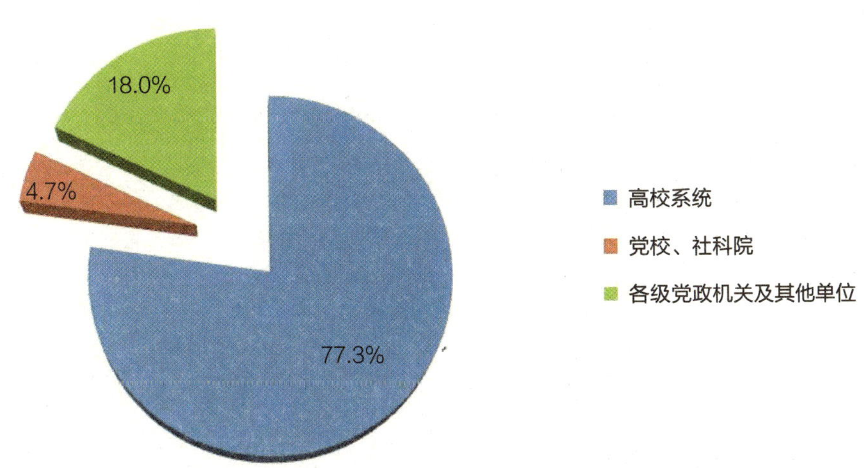

图 4—3 各系统 2013 年研究基地项目立项情况

四、资助出版《研究基地年度报告》

为了促进研究基地交流展示优秀研究成果，增强研究基地在本专业领域的学术地位和影响力，从 2005 年开始，市社科规划办和市教委连续三年组织编辑出版《研究基地年度报告》，由各研究基地对本专业领域内的发展情况进行系统梳理，集成最新数据材料和学术成果。2008 年后，市社科规划办和市教委不再集中组织出版，改为由研究基地自行编辑出版。

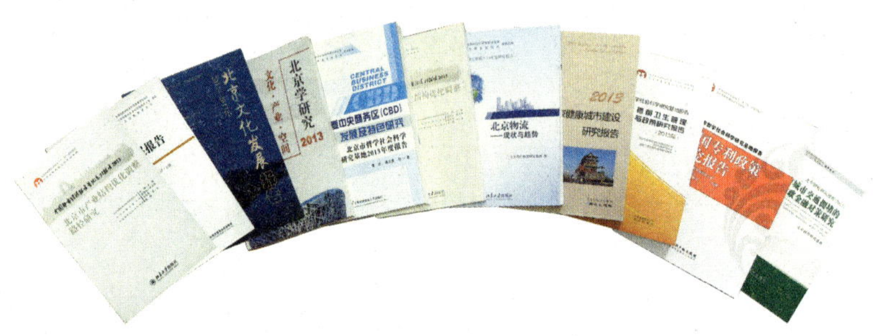

从 2013 年开始，市社科规划办和市教委对研究基地出版《研究基地年度报告》给予专项出版资助，每个出版项目资助 3 万元。经过专家评审，资助出版了《中国企业海外发展报告（2013）》、《法治政府研究报告（2013）》、《首都卫生管理与政策研究报告（2013）》等 30 家研究基地的年度报告（2013 年《研究基地年度报告》出版资助名单见表 4—5）。

表 4—5　2013 年《研究基地年度报告》出版资助名单

序号	年度报告名称	基地名称	依托单位
1	北京学研究报告（2013）	北京学研究基地	北京联合大学
2	北京政治文明建设研究报告（2013）	北京市政治文明建设研究中心	北京联合大学
3	北京物流——现状与趋势	北京现代物流研究基地	北京物资学院
4	中国主要中央商务区（CBD）发展及特色研究	CBD 发展研究基地	首都经济贸易大学
5	北京出版产业与文化研究报告（2013）——首都出版与文化产业融合	北京出版产业与文化研究基地	北京印刷学院
6	高校思想政治教育热点问题研究	首都大学生思想政治教育研究基地	北京交通大学
7	北京交通发展研究报告（2013）	北京交通发展研究基地	北京交通大学

续前表

序号	年度报告名称	基地名称	依托单位
8	北京新农村建设研究报告（2013）	北京新农村建设研究基地	北京农学院
9	中国企业海外发展报告（2013）	北京企业国际化经营研究基地	对外经济贸易大学
10	北京人口发展研究报告（2013）	北京人口发展研究中心	中共北京市委党校
11	研究基地年度报告（2010—2012）	北京市经济社会发展政策研究基地	首都经济贸易大学
12	北京市经济社会数据分析与监测评价研究报告（2008—2013）	北京市经济社会数据分析与监测评价研究基地	北京市统计局、国家统计局北京调查总队
13	首都社会安全研究年度报告	首都社会安全研究基地	中国人民公安大学
14	北京能源发展研究年度报告	北京能源发展研究基地	华北电力大学
15	中国社区发展报告（2013）	北京社区研究基地	北京市社会科学院
16	北京文化国际传播研究	北京对外文化交流与世界文化研究基地	北京外国语大学
17	中国城市可持续发展研究报告（2013）	首都城市环境建设研究基地	北京城市学院
18	北京旅游发展研究报告（2013）	北京旅游发展研究基地	北京第二外国语学院
19	首都卫生管理与政策研究报告（2013）	首都卫生管理与政策研究基地	首都医科大学
20	顺义区基地研究成果汇编（2013）	北京市哲学社会科学应用对策研究顺义区基地	中共顺义区委党校
21	法治政府研究报告（2013）	法治政府研究基地	中国政法大学
22	首都高校党建研究报告（2012—2013）	首都高校党建研究基地	北京航空航天大学
23	中国专利政策研究报告	北京知识产权研究基地	北京化工大学
24	北京知识管理研究报告（2013）	北京市知识管理研究基地	北京信息科技大学
25	应急管理研究报告（2013）：应急准备文化建设	应急管理研究基地	清华大学
26	体育赛事管理知识报告	北京体育赛事管理与营销研究基地	首都体育学院
27	北京市教育财政拨款和增长考核机制改革研究	北京财经研究基地	中央财经大学
28	论党的建设科学化	北京党建研究基地	中共北京市委党校

续前表

序号	年度报告名称	基地名称	依托单位
29	北京市产业结构优化调整路径研究	中国都市经济研究基地	北京大学
30	北京农村能源研究报告	北京现代产业新区发展研究基地	北京石油化工学院

五、编辑出版《北京市哲学社会科学研究基地成果选编》

从2008年起，每年面向各研究基地征集最新研究成果，编辑出版《北京市哲学社会科学研究基地成果选编》,加强对研究基地优秀成果的宣传推介。截至2013年底，已连续编辑出版了6册。共收录研究成果434篇，共计 639万字。2013年出版的《北京市哲学社会科学研究基地成果选编（2013）》共收录了50个研究基地的82篇研究成果。其中包括研究基地承担的国家级项目15篇，省部级项目43篇（其中市社科规划项目37篇），横向课题2篇，基地自设项目22篇。有的成果已经发表于核心期刊，引起了政府和决策部门的重视；有的研究成果获得了不同层级的奖励，产生了良好的社会影响。

第五篇　宣传推介

市社科规划办多年来不断完善和创新宣传推介手段，努力构建科研成果宣传平台和社科规划管理信息交流平台，大力推介优秀社科研究成果，推动社科理论研究为北京的经济社会发展服务。2013年，市社科规划办进一步加大宣传力度。一方面，充分发挥北京社科规划项目《成果要报》（简称《成果要报》）、《北京社科规划工作简报》（简称《简报》）、《北京社科规划》内刊、“北京社科规划”网站以及编辑出版的《优秀成果选编》、《阶段成果选编》、《研究基地成果选编》等自有平台的宣传作用，做到既突出重点，又彼此互补、发挥合力，全年共宣传推介成果450余篇。另一方面，加强与社会媒体的合作，努力拓展宣传渠道，为成果推广创造有利条件。向《北京日报》、《中国社会科学报》、《人民论坛》、《前线》等报刊推荐并发表规划项目优秀成果70余篇，推介优秀项目负责人、研究基地首席专家20余人。同时，《光明日报》、《中国教育报》、《北京日报》、人民网、光明网、新华网、千龙网、全国社科规划网等媒体先后刊发北京市社科规划工作相关报道30余篇，并有多家网站转载。《北京工作》、《宣传系统工作简报》、《宣传系统快报》等内部刊物、简报也相继刊发多篇优秀规划项目成果及规划管理工作相关情况。

一、《成果要报》

《成果要报》是一份致力于服务北京市党和政府决策的内部参阅简报，主要围绕北京市经济建设、政治建设、文化建设、社会建设以及生态文明建设和党的建设中的重大问题，重点反映对决策有重要参考价值、对实践有重要指导意义的社科理论研究成果，旨在搭建市社科规划项目成果为北京市经济社会健康发展提供学理支持的平台，为专家学者和决策者之间建起通畅的建言渠道。自 2011 年 3 月创办至 2013 年底，共编发 100 期。目前，《成果要报》已成为

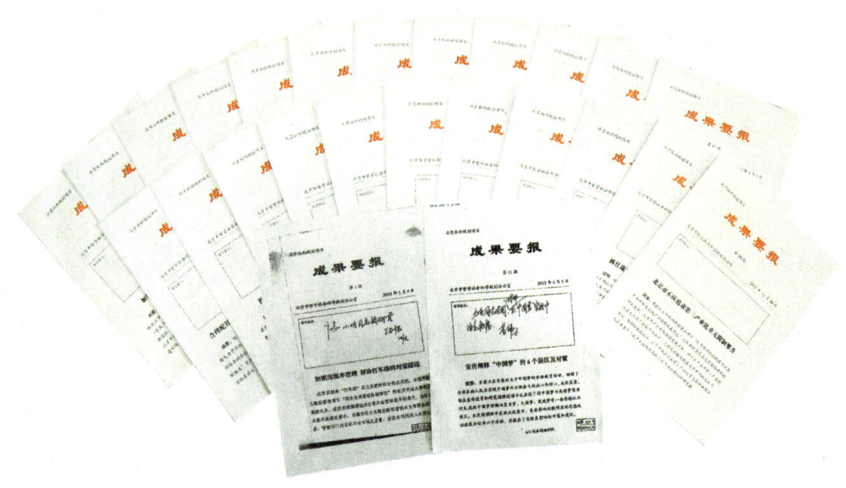

市社科规划项目成果服务决策的重要途径和主要抓手之一。《成果要报》的特点主要有以下两个方面：

（1）围绕中心、服务大局，紧扣热点难点组织选题。

2013年，结合贯彻党的十八大精神、中国梦的宣传、群众路线教育活动以及出租车管理、新农合、中关村发展、北京核心功能区人口调控、农村土地问题等社会热点和城市管理难点问题编发《成果要报》30期（见表5—1），有11 期获领导批示，批示率为37%。其中，多项建议在实际工作中得到落实和采用。如王安顺同志在《成果要报》第1期《加强出租车管理　解决打车难的对策建议》上作出批示，请有关部门领导参考。之后“建立出租车呼叫与调度公共服务平台，减少空驶率”的建议在实践中得到应用采纳；市委常委、宣传部长李伟同志在《成果要报》第11期《宣传阐释“中国梦”的 6 个误区及对策》上作出批示，指示各媒体在“中国梦”的宣传中注意把握。

表 5—1　2013 年《成果要报》编报情况统计表

期别	题目	作者	作者单位
1	加强出租车管理　解决打车难的对策建议	赵　坚	北京交通大学
2	营销北京　传递北京正能量	李　凡	北京第二外国语学院
3	提升北京服装服饰老字号品牌竞争力的对策建议	宁　俊	北京服装学院

续前表

期别	题目	作者	作者单位
4	出台行业标准，保障司机权益，推动“打车难”问题的解决	叶龙	北京交通大学
5	促进北京种业整合与发展的几点建议	侯军岐	北京信息科技大学
6	发挥大中型沼气工程作用　减少大气污染	刘卫国	北京石油化工学院
7	完善北京城市应急机制的对策建议	马怀德	中国政法大学
8	以绿色建筑规模化推进北京生态文明建设	刘玉明	北京交通大学
9	提高电子废弃物资源化利用水平的建议	葛新权	北京信息科技大学
10	提升政府公信力的突破口——进一步推进行政处罚信息公开	王淑芹	首都师范大学
11	宣传阐释“中国梦”的6个误区及对策	韩振峰	北京交通大学
12	合理配置资源　扎牢农村卫生服务“网底”	王晓燕	首都医科大学
13	控制新农合医疗费用的“深度发酵”	张　柠	首都医科大学
14	加强社区流动人口管理的几点建议	黄恒学	北京大学
15	转移重心　搭建平台　促进动画产业发展	陈淑姣	北京电子科技职业学院
16	防止群众路线教育实践活动中的“抛物线”现象	姚　桓 左宪民	中共北京市委党校
17	延续首都人口红利的三点建议	尹德挺	中共北京市委党校
18	促进农村集体建设用地有序流转和高效集约利用的几点建议	刘睿文	北京市农村经济研究中心
19	多管齐下　降低“失独”群体的养老风险	尹志刚	中共北京市委党校
20	建设节水型产业体系　以虚拟水战略缓解北京水危机	文　魁 祝尔娟 叶堂林	首都经济贸易大学
21	促进北京市企业国际化发展的几点建议	龙晓柏 洪俊杰	对外经济贸易大学
22	转变生活方式是转变经济增长方式新引擎	魏　翔	北京第二外国语学院
23	关于建立中关村国家创新特区的建议（专报）	冯　华	北京交通大学
24	加快推进农民整建制转居的政策建议	陈雪原	北京市农村经济研究中心

续前表

期别	题目	作者	作者单位
25	关于在查办腐败案件中依法保护涉案民营企业合法权益的建议（专报）	马怀德	中国政法大学
26	加强网络舆论工作主导权的核心策略	黄　河	中国人民大学
27	疏解核心区人口　实现北京人口结构优化的建议	尹志刚	中共北京市委党校
28	土地征收制度限缩与集体建设用地有序流转的制度对接	邓海峰	清华大学
29	抓住战略机遇　找准京津冀合作的突破口	祝尔娟 叶堂林	首都经济贸易大学
30	北京市不应追求第三产业比重无限制攀升	邹昭晞	首都经济贸易大学

（2）通过多种途径做好动员组织工作，鼓励和引导专家学者服务决策。

一方面，制定并不断完善《成果要报奖励办法》，除实行《成果要报》的采用和市社科规划项目的立项与结项相关联的鼓励政策外，还推广了部分科研单位把《成果要报》的采用和批示情况与单位内部科研考核挂钩的经验和做法，从多角度调动专家学者撰写《成果要报》的积极性。另一方面，通过组织召开“2013年规划项目成果宣传工作会”等途径，加强与科研管理人员的沟通，创造媒体与项目负责人面对面交流的机会，同时，对部分项目负责人进行成果推介培训。通过上述多项措施，鼓励和引导更多的专家学者通过撰写《成果要报》，发挥社会科学研究成果推动社会进步的作用。2013年，共有16家单位、32位专家学者的研究成果被采用（见表5—2）。

表5—2　2013年《成果要报》稿件来源及批示情况表

单位	期数	有领导批示期数
北京交通大学	5期	3期
中共北京市委党校	4期	1期
首都经济贸易大学	3期	1期
中国政法大学	2期	1期
北京信息科技大学	2期	1期
北京第二外国语学院	2期	1期

续前表

单 位	期数	有领导批示期数
首都医科大学	2 期	2 期
北京市农村经济研究中心	2 期	
北京大学	1 期	
清华大学	1 期	
中国人民大学	1 期	
对外经济贸易大学	1 期	
首都师范大学	1 期	
北京服装学院	1 期	1 期
北京石油化工学院	1 期	
北京电子科技职业学院	1 期	
总计	30 期	11 期

二、重大项目成果集中宣传

为促进重大项目研究成果服务首都科学发展，市社科规划办不断创新重大项目管理机制，对于按期完成研究任务申请结项的研究成果，采取通讯鉴定与会议鉴定相结合、成果鉴定与成果推介相结合的方式进行结项验收。主要形式是在会议鉴定结束后，召开成果鉴定暨宣传推介会，请获得优秀等级的项目负责人面对媒体、实际部门有关领导、各项目组成员和鉴定专家进行课题研究结论和核心观点的推介陈述，并由鉴定专家代表进行现场点评。这是一种融成果鉴定、宣传推介为一体的成果管理方式，其优势在于：其一，采取通讯鉴定与会议鉴定相结合的方式，确保了鉴定结果的科学公正；其二，搭建了鉴定专家与课题组之间相互交流与沟通的平台，有助于成果质量的进一步提升；其三，开辟了成果宣传的新途径，更广泛地推介了研究成果和主要观点，有利于推动研究成果的转化应用；其四，节省了时间和成本，有效提高了规划管理工作的效率。

在第二批重大项目成果鉴定暨宣传推介会后，《北京日报》理论周刊以整版篇幅对本批次获得优秀等级和免于鉴定的 9 项重大项目作了核心观点展示，并附专家点评。人民网、新华网、光明网、千龙网、中国社会科学在线等媒体也以不同形式对此次会议和重大项目成果进行了宣传报道（见第九篇）。

三、项目成果专题推介

2013年，市社科规划办根据首都经济社会发展的需要和社会关注热点，通过组织召开相关规划项目负责人座谈研讨的形式，集中专家观点进行推介宣传。2013年12月，为贯彻落实党的十八届三中全会精神和市委市政府领导关于要从首都经济圈、京津冀、环渤海经济区的更大区域来考虑北京的规划和发展问题的指示要求，市社科规划办组织部分市社科规划项目负责人召开“京津冀区域合作专题座谈会”。会后汇集与会专家观点以《成果要报》特刊形式上报市领导，同时将会议综述推荐给有关媒体，将专家学者基于长期研究而形成的独到观点尽可能广泛地传播出去。这种把相近主题项目负责人召集到一起，共同探讨相关问题的做法得到了与会专家的充分认同，认为这是各课题组之间相互学习、相互借鉴、共享资源的一种很好的工作方式，有利于促进优秀成果的产出。

北京社科规划项目

成果要报

第 29 期

北京市哲学社会科学规划办公室　　2013 年 12 月 19 日

领导批示：

抓住战略机遇　找准京津冀合作的突破口

说明：近日，为贯彻落实党的十八届三中全会精神和市领导关于要从首都经济圈、京津冀、环渤海经济区的更大区域来考虑北京的规划和发展问题的指示要求，市社科规划办组织部分规划项目负责人召开了“京津冀区域合作专题座谈会”。北京大学李国平教授、中国人民大学孙久文教授、首都经贸大学祝尔娟教授、叶堂林副教授等十余位专家学者参加了座谈。现将专家的主要观点以《成果要报》（特刊）形式报市领导参阅。

1

北京日報

北京市社科基金项目成果

加快形成首都经济圈协调机制

——“京津冀区域合作专题座谈会”观点摘要

四、其他自有平台宣传

（一）编发《北京社科规划工作简报》

《简报》主要承担通报北京社科规划工作动态和各类信息的上传下达功能。自 2002 年 11 月至 2013 年底，市社科规划办共编发《简报》176 期。2013 年编发 16 期，分别通报了市社科规划项目的立项和结项工作情况、国家社科基金项目的各项工作进展情况、研究基地各项工作进展情况、市社科规划项目年度检查情况和项目结项鉴定以及成果应用转化情况等，其中，有 10 期内容被全国社科规划办网站转载。此外，《简报》也是各相关单位了解市社科规划项目成果信息的重要窗口，市委研究室、市委宣传部、有关实际部门及北京日报社等单位都经常通过《简报》上发布的项目结项信息发现具有参考价值的成果。如《北京日报》理论周刊通过《简报》第 6 期获取了相关项目成果信息，于 2013 年 6 月 8 日刊登了北京联合大学赵连稳教授主持的市社科规划项目“明清时期北京书院研究”研究成果《北京的古代书院》（见第九篇）。

（二）编发《北京社科规划》内刊

2011年1月，市社科规划办将原内刊《北京社科》更名为《北京社科规划》，更精准地定位于服务北京市社科规划管理工作。《北京社科规划》设有热点关注、成果展示、对策建议、交流借鉴、基地建设、规划管理等栏目，以关注社会热点问题、展示优秀成果、为实际部门提供对策建议以及加强规划管理工作的经验与信息交流为主。至2013年底，共出刊18期，刊发文章290篇。

为了加大对国家社科基金项目的宣传与推广，2013年新增“国家社科基金”专栏，主要报道市属高校承担的国家社科基金项目的相关情况，包括成果推介和立项、结项等信息。《北京社科规划》也是推介市社科规划项目成果的重要载体之一，如 2013年第5期刊登的由中共北京市委党校张玲副教授承担的市社科规划项目成果《北京市政务微博的现状分析及发展建议》得到了市委研究室的重视，并被市委办公厅有关内部简报转发。

（三）编辑出版成果汇编

编辑出版《北京市哲学社会科学规划项目优秀成果选编（第三辑）》。为加大对优秀成果的宣传力度，促进成果的应用转化，从2011年起，市社科规划办以规划项目最终成果转化应用情况为依据，向课题组征集最终成果摘要或简介，组织编辑出版《优秀成果选编》，向社会广泛宣传和推介优秀成果。具体来讲，是在上年度结项的项目中，对符合下列情况的项目进行遴选：第一，成果获得省部级以上奖项的；第二，成果获省部级以上领导批示或被厅局级以上党政机关参考采纳的；第三，集中鉴定等级为优秀的重点项目成果；第四，被北京社科规划项目《成果要报》采用的；第五，紧密结合北京市经济社会建设与发展实际，对决策和实践具有重要参考价值与指导意义的成果。截至2013年，已连续编辑出版3辑，共收录最终成果摘要或简介166篇，共计170余万字。这些研究成果的内容基本涵盖了北京市经济、政治、文化、社会、生态文明和党的建设等主要领域，既有理论性，又有实践性，其中有的成果已经发表于核心期刊，引起了政府和决策部门的重视；有的研究成果获得了不同层级的奖励。

编辑出版《2013北京市哲学社会科学规划项目阶段成果选编》。市社科规划办自2002年开始，每年编辑出版《阶段成果选编》，截至2013年，共编印《阶段成果选编》9部，收录规划项目阶段性研究成果1 016篇，总字数近1 000万字。从2011年开始，《阶段成果选编》由内部资料改为正式出版物出版发行。2013年，结合当年的中期检查工作，市社科规划办向各在研规划项目课题组广泛征集，共收到129篇阶段成果。在按学科分组请有关专家筛选后，最终将其中的87篇成果收录到选编中。

（四）资助优秀成果出版

为促进项目研究成果的转化和应用，市社科规划办对经专家鉴定为“优秀”等级，且出版经费有困难的专著类研究成果给予出版资助。2013年度共资助11项专著类项目的最终研究成果出版，资助总额为46.5万元，其中包括2项重大项目成果、4项重点项目成果和5项一般项目成果。例如，中国人民大学贺耀敏教授主编的《北京数字出版传媒研究》、北京市文物局陈晓苏编审主编的《1949年以来北京城区寺观变迁研究》等，这些著作均有较高的理论价值和学术价值，资料丰富扎实、论证严密，尤其是一些关于重要史料的发掘很有意义，同时又具有较强的应用价值，是集学术性、前瞻性、资料性为一体的优秀研究成果。

五、社会媒体宣传

2013 年，为了更多更好地宣传推介市社科规划项目成果，市社科规划办针对各媒体的不同特点，主动为其提供不同形式的宣传素材，以多种途径和方法推介优秀成果、展示社科工作者的风采。如与《北京日报》签订合作协议，定期刊发；市社科规划项目成果在《中国社会科学报》上先后以整版篇幅或较大篇幅对法治政府研究基地首席专家马怀德教授、北京知识管理研究基地首席专家葛新权教授等发表专访。《人民论坛》、《北京日报》、《前线》、《北京工作》等报刊先后推介市社科规划项目成果 40 余篇。此外，还通过预立项方式的创新尝试，在报刊上发表项目成果 31 篇。通过上述一系列措施，使市社科规划项目成果的社会影响力和决策影响力得到逐步提升，同时也介绍了一批在学术研究过程中一贯保持扎实、严谨作风的专家学者，树立了秉持优良学风的典范。(部分媒体对北京社科规划工作及市社科规划项目成果的宣传情况见第九篇。)

第六篇 “北京社科规划”网站

市社科规划办高度重视信息化建设，在运用现代化、网络化手段开展规划管理工作方面进行了有益探索。自1999年2月正式开通网站至今，市社科规划办信息化建设已走过十余年历程，“北京社科规划”网站经过多次改版，内容和功能不断完善，在广大社科工作者中的影响力日益增强，为北京社科规划工作和广大社科工作者的科研工作发挥了积极的作用。

一、网络宣传报道

2013年，根据北京社科规划工作快速发展的需要，以及对社科规划工作在繁荣发展首都哲学社会科学大格局中的重要地位和作用的认识，市社科规划办进一步明确了“北京社科规划”网站的宗旨和定位，即要努力建设成为：首都哲学社会科学研究的宣传窗口、广大社科工作者科研工作的服务平台、正面宣传报道的网络阵地。

在发挥网站宣传窗口作用方面：全年共发布各类信息600余条，对项目研究成果、研究基地建设情况、科研管理工作开展情况、首都社科领域前沿热点问题和各类学术活动开展情况等进行宣传报道，及时反映北京社科规划各项工作的进展情况，以及首都哲学社会科学的繁荣发展情况。

在发挥网站服务平台作用方面：先后对网站的“资料下载”、“项目总汇”等栏目进行梳理、整合和完善，进一步提高了网站内容的完整性与阅读的便捷性，更加便于广大社科工作者查询和使用。同时，发挥网站受众面广、影响力大的特点，通过网站这一平台为部分科研单位发布课题招标、学术活动、评奖征文等工作信息，为科研管理工作提供便利。

在发挥网站网络阵地作用方面：先后开设了“社会主义500年”、“党的群众路线教育实践活动”、“学习宣传贯彻党的十八届三中全会精神”网上专栏，精心策划、集中报道，及时传达中央和市委的最新精神和部署安排，全面报道首都各界在学习贯彻过程中的新成效、新进展，面向广大社科工作者加强正面宣传报道。

在通过“北京社科规划”网站进行网络宣传报道工作中，市社科规划办始终严把政治关，把确保信息安全放在第一位。执行严格的上网信息二级审核机制，凡需上网的信息，一律经过两道严格审核把关。一些涉及单位工作的重要信息，需经分级审核同意后才能上网。除对政治观点进行严格把关外，还加强了对信息质量的把关，内容上更加贴合北京社科规划工作实际。

二、信息系统建设

“北京社科规划”网站的主体部分是在2002—2006年期间研发完成的，采用的是当时的技术和设计理念。近年来，北京社科规划工作呈现快速发展态势，项目的种类和管理方式较以往均发生了较大变化。与之相比，原有网站无论在技术上还是功能上都存在不能适应事业发展需要的问题。面对这种状况，在进行充分调研和论证的基础上，市社科规划办于2013年开始网站升级改造工作，目标是通过升级改造，运用当前主流的计算机信息技术和设计理念，与北京社科规划各项业务更加紧密结合，使新建成的网站在全国同行单位中处于领先水平，并能够满足未来较长一段时期内北京社科规划工作的发展需要。网站升级改造工作坚持两个原则：一是注重学习借鉴。通过对全国社科规划办和部分兄弟省市社科规划办网站、市社科联网站、首都之窗等网站的风格特点和设计思路进行观摩学习，汲取了很多成功经验。如首都之窗网站专题栏目的设置方式灵活、美观，新网站的设计方案中借鉴采用了这种方式。二是强调与业务工作紧密结合。网站升级改造工作自启动开始，就吸纳相关处室工作人员参与其中，为意见征集、需求分析、方案设计等环节工作提供意见建议。升级改造的主要内容包括：

对网站栏目进行重新优化。随着社科规划工作的发展，网站原有的部分栏目内容需要进行调整，对内容上存在交叉重合的栏目进行合并，对内容界限不清的栏目进行重新设定等。通过实施升级改造，新网站将开设“大政方针”、“规划工作”、“基地建设”、“成果推介”、“社科动态”、“学术前沿”六大栏目版块。其中，“大政方针”主要宣传报道中央和市委的最新指示精神、重要会议精神、重大决策部署等；“规划工作”主要反映北京社科规划各项工作的开展情况和市社科规划办的发展建设等情况；“基地建设”重点报道北京市哲学社会科学研究基地和应用对策研究基地积极开展科研活动、努力发挥智库作用等建设发展情况；“成果推介”通过介绍市社科规划各类项目取得的优秀研究成果，扩大成果的影响力，推动成果转化应用；“社科动态”主要报道首都社科界各类学术活动、学科建设、人才队伍建设、创新体系建设等的开展情况，以及在科研管理方面取得的成就经验等；“学术前沿”主要刊登哲学社会科学研究的前沿、热点问题。新网站在栏目设置方面以反映北京社科规划工作为主，同时兼顾首都哲学社会科学的繁荣发展情况，并注重正面宣传报道。除栏目内容外，升级改造还将重点提高网站的美观度和操作的便捷性，如“图片新闻”、“滚动专栏”等的引入将有效提升网站的可视、可读、可感，“公告通知”、“资料下载”等功能的强化将大幅提高用户操作的便捷性。

对数据库系统进行整合。随着社科规划工作的发展，规划项目的种类和管理方式均发生了变化，需要对原有网站的数据库系统进行整合，并结合业务工作发展情况新建部分数据库系统，以提高数据库系统的管理效率和完整性。通过实施升级改造，新网站将建设“项目管理系统”、“专家管理系统”、“研究基地管理系统”、“社科机构管理系统”四个数据库系统。其中，“项目管理系统”将全面记录重大项目、年度项目、研究基地项目、增补项目等各类市社科规划项目在申报评审、中期管理、鉴定结项过程中产生的相关资料、数据、成果等，成为规划项目的“电子档案”；“专家管理系统”将与规划管理各项工作紧密结合，为编制指南、评审立项、鉴定结项等工作提供服务和支撑；“研究基地管理系统”将全面收录北京市哲学社会科学研究基地和应用对策研究基地的基本情况、科研工作开展情况、考核验收情况等，集中反映研究基地建设取得的成就，并为总结研究基地发展规律、提升研究基地管理水平提供数据依据和支撑；“社科机构管理系统”将收录北京地区部分社科研究机构和管理机构的基本信息，为开展社科规划各项业务工作提供便利。

研发项目流程管理系统。项目流程管理系统主要包括项目申报、中期管理、鉴定结项三大功能模块，此次升级改造工作主要完成其中的项目申报模块。项目网上申报系统严格依据项目申报流程设计，专家学者可通过系统实现网上申报项目、填写回执，科研处、研究基地可通过系统实现网上审核把关，市社科规划办用户可通过系统实现网上审核、网上编号、统计分析、发送回执、打印证书等。网上申报系统在功能上具有以下特点：一是根据不同类型项目的具体要求和程序，为重大项目、年度项目、研究基地项目分别设计符合自身特点的网上申报通道，以便于专家学者进行申报和科研管理人员进行管理。二是强调项目申报的规范性，由系统对一些不规范申报行为进行第一道把关。如各单位的申报数量不能超过规定限额，在研项目的负责人不得再次进行申报，经费预算不得超出规定标准等。三是强调操作的便捷性。如科研管理用户可便捷地为专家创建账号、审核本单位项目，并对部分误操作进行修正，市社科规划办用户可以快捷地为项目编号、选择评审专家、生成统计表格等。

三、规划项目档案电子化

北京市哲学社会科学规划项目为省部级科研项目，自1983年起设立，其项目档案的妥善保存与合理利用具有十分重要的意义。其中，“六五”至“十五”期间形成的项目档案均为纸质形式，占用空间大，易受存储环境影响，不利于保存，且存在查询和使用不便的问题。为此，市社科规划办从2011年开始实施项目档案电子化工作，并陆续完成“六五”、“七五”项目档案的电子化工作。2013年，市社科规划办继续实施“八五”、“九五”项目纸质档案电子化工作，将“八五”期间的143个项目、“九五”期间的279个项目形成的纸质档案转化为电子格式。

在项目档案电子化工作中，形成并坚持了一系列做法和经验：一是把“六五”至“十五”期间的纸质档案分为4～5批，按计划、分批次实施电子化。由于纸质档案电子化工作任务量大，所需周期长，且早期档案中存在大量手写、油墨印刷、印刷质量差的情况，通过按计划、分批次实施电子化工作，能够不断总结经验、及时发现问题，从而确保工作的质量。二是采取多项措施，确保档案安全。在实施档案电子化工作前，对纸质档案进行详细的整理和统计，形成包含档案号、案卷题名、负责人、档案总件数、卷宗件数、卷宗页数、成果件数、成果页数、成果名称等内容的档案清单。在完成电子化工作后，对电子数据通过光盘、硬盘以及计算机存储的方式进行三重备份，最大限度防止数据损坏、遗失。三是实施严格、精细的管理，确保工作质量。采用逐一审查与抽查相结合的方式，从完整度、准确率两个方面对形成的电子档案进行验收。所有电子档案均包括双层PDF文件、JPG图像两种格式，以适应不同情况下的管理和使用需要。

第七篇　经费管理

北京社科规划工作经费来源于北京市财政拨款，主要用于资助哲学社会科学研究和培养社会科学人才。北京社科规划工作经费的预算、决算以及使用与管理，依法接受市财政、审计部门的管理和监督。市社科规划办严格依照国家、北京市相关财务管理法规和《北京市社会科学基金项目经费管理办法》，履行经费预算执行、决算审核、日常监管等职责。自 1983 年市社科规划项目设立以来，特别是党的十六大以来，市财政投入社科规划工作的经费不断增加。2013 年，年度预算收入规模大幅增长，首次超过了 5 000 万元（见图 7—1）。

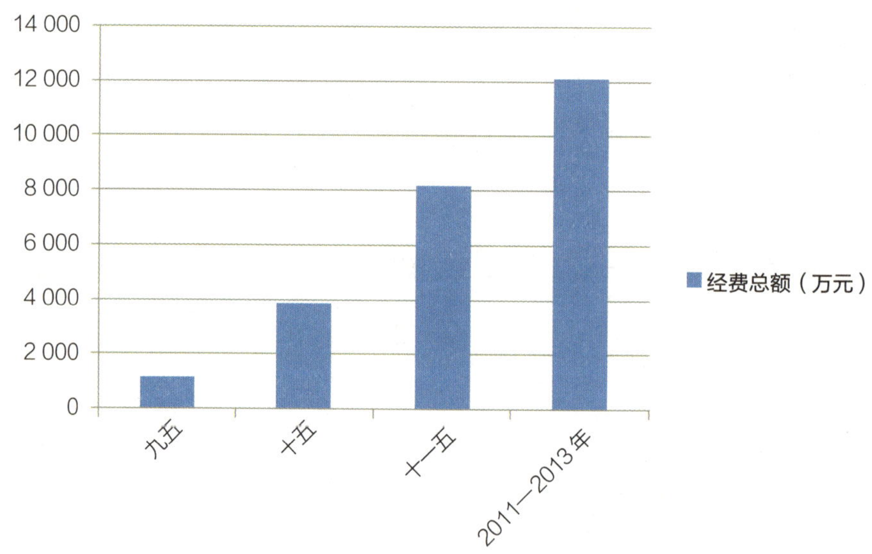

图7—1　“九五”规划期以来市社科规划工作经费统计图

一、2013 年预算与决算的基本情况

（一）预算收入情况

2013 年预算总收入 5 151.96 万元，比 2012 年的 3 987.59 万元增加了 1 164.37

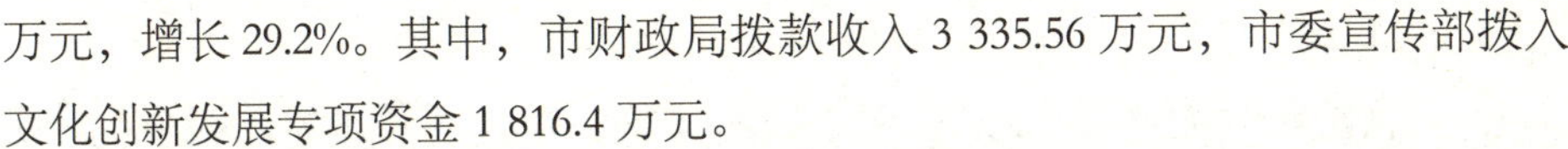

万元，增长 29.2%。其中，市财政局拨款收入 3 335.56 万元，市委宣传部拨入文化创新发展专项资金 1 816.4 万元。

预算项目的经费主要用于社会科学课题立项评审与结项鉴定的组织、项目研究资助、成果出版资助、研究成果宣传推介、信息化建设工作等方面支出。经费预算来源有两部分，一是直接申请的财政拨款项目，共计26个，主要有：2011年、2012年立项课题未拨经费共计2 258.99万元，年度立项评审工作费用77.29万元，项目鉴定、结项工作费用69.81万元，北京社科规划资源管理系统升级改造费用46.74万元，“北京社科规划”网站及网上项目申报系统升级改造费用49.5万元，等等。二是从市委宣传部申请的文化创新发展专项资金项目，共计2个，分别是：第四批北京市哲学社会科学规划重大项目经费976.3万元，北京市哲学社会科学研究基地工作经费840.1万元。

（二）决算基本情况

2013年度决算总支出5 759.08万元，比2012年度决算支出增加3 491.95万元，增长154.03%。其中，当年预算支出4 036.33万元，占总支出的70.09%；上年结余支出1 722.75万元，占总支出的29.91%。

二、使用和管理情况述评

（一）规划项目经费资助情况简要分析

2013年，在市社科规划项目（课题）研究经费的资助配置上有四个特点：一是重点加强了对研究阐释习近平总书记系列重要讲话精神相关课题的立项资助；二是加强对研究阐释党的十八大、十八届三中全会精神以及市委市政府重要决策中提出的重大理论和现实问题的相关课题的立项资助；三是进一步加强了对青年项目的立项资助；四是显著提高了研究基地项目的立项资助总额。总体上看，2013年市社科规划项目研究总的经费资助规模比2012年又显著上了一个台阶，对各类项目资金的具体配置情况见表7—1。

表 7—1 2013 年与 2012 年市社科规划项目经费分类对比统计表

序号	项目级别	2012 年立项数	资助金额（万元）	2013 年立项数	资助金额（万元）	增长额（万元）	增幅（%）
1	重大项目			14	406	406	
2	特别委托项目	2	40	38	733	693	
3	重点项目	53	395	106	845	450	114
4	一般项目	252	1 001	340	1 383	382	38
5	青年项目	130	354	178	510	156	44
	合计	437	1 790	676	3 877	2 087	117

（二）经费管理情况述评

第一，管理制度健全规范。对7项财务制度规定进行了修订，初步形成了项目经费管理制度体系。同时，建立了相应的内部控制制度，在财务管理方面，认真履行事业单位会计制度，并建立了《北京市哲学社会科学规划办公室内部会计控制规范》，做到相关财务人员的不相容职务分离控制；在资产管理方面，认真执行《北京市哲学社会科学规划办公室固定资产管理办法实施细则》，并且固定资产的采购、审批、验收等环节的负责人员相互分离；在内部审计方面，认真执行《北京市哲学社会科学规划办公室内部审计实施细则》，设置内部审计岗位，发挥内部审计在加强基础管理、建立各类风险预警系统的积极作用。

第二，加强项目经费预算管理，优化项目支出结构，合理高效使用经费。编制项目预算时，合理制定支出预算，细化预算编制，使预算既适应研究工作的需要，又符合财务的各项规章制度，在保证预算严肃性的同时，增强可操作性。对于预算不合理、不科学的项目，一律不予立项。

第三，严格项目经费预算执行。当年的预算批复后，及时拨付项目经费，保证年度预算支出任务的完成。对批准的项目预算内容，做好账务设置和账务管理，随时做好原始记录，掌握项目开支进度，按具体用途进行分账核算，专户存储、专款专用。在资金拨付过程中，严把监督审核关，建立规范的审批程序和手续。做到资金性质不改变、拨付渠道不变通，程序规范，开支合理，专项资金使用安全规范。

第四，构建资金监管体系，加大项目资金的监督检查力度。一是实行全过

程监督检查，主要加强对项目资金在申报、立项、评审、结项等整个管理过程中使用情况的监督检查，参与项目事前、事中、事后的管理工作，做到日常监督与定期检查相结合，监督好项目实施单位，确保资金及时、足额到位和按项目实施方案使用，确保项目的完成。二是开展项目经费中期检查。全面检查项目实施单位在贯彻项目资金管理制度、建立内部监管机制、执行项目预算等方面的情况。三是接受相关方面的管理与监督。接受人大对预决算以及重点项目投入的监督，接受财政、审计部门的检查监督和社会舆论监督。

第五，全面为科研工作与科研工作者服务。在经费管理中，牢固树立管理就是服务的观念，既按规章制度严格执行，又努力提供优质服务，为科研人员完成科研任务、多出精品创造条件。

第六，着力推进经费预算、决算管理信息公开。严格按照市财政局等主管部门的要求，完成了2013年度预算及决算草案编报工作。按照全市统一部署，实施了本单位预决算以及“三公经费”网上公开，推进各类项目立项论证、资金安排、工作进度和项目成果等项目信息公开，以公开促监管，逐步形成全员参与、互相监督、互相制约的监管机制。

第七，加强内部审计工作。针对自身业务特点建立了较为完善的内部控制制度。通过加强内部审计工作，深入分析财务工作及相关业务工作存在的薄弱环节，改进管理，增加效益。通过内部控制规范、完善自我约束机制，强化了预算执行效果，提高了资金管理水平和使用绩效。2010 年、2011 年、2012 年，市社科规划办连续 3 年接受市审计局和市委宣传部委托的会计师事务所专项审计，审计项目分别为 10 个、23 个、50 个，审计领域和项目数逐年扩大。各次专项审计结果表明，市社科规划办预算收支符合国家有关预算和财经法规的规定，会计处理符合会计法以及相关会计准则和会计制度的规定。

第八篇　2013 年北京社科规划工作大事记

1 月

2012 年底至 2013 年初，市社科规划办联合市教委聘请专家组对第三批 11 个研究基地二期建设任务完成情况进行了实地验收。

1 月 28 日，组织市属单位征集推荐 2013 年度国家社科基金重大项目研究选题 29 个。

1 月 31 日，召开市社科规划办主任办公扩大会，学习贯彻市委《关于深入推进首都哲学社会科学繁荣发展的意见》，研究有关工作。

1 月，《北京市哲学社会科学规划项目优秀成果选编（第二辑）》由首都师范大学出版社出版发行。全书 40 余万字，收录了 65 篇 2011 年 6 月至 2012 年 5 月结项的优秀规划项目最终成果摘要。

2 月

2 月 20 日，在“北京社科规划”网站和《北京日报》发布《北京市哲学社会科学规划重大项目招标公告》。

2 月 27 日，召开市社科规划办主任办公会，讨论本单位关于切实改进工作作风密切联系群众的措施。

2 月 25—28 日，组织市属单位国家社科基金年度项目申报，共受理项目申报材料 682 项。

3 月

3 月 5—6 日，组织专家对市属单位申报的 682 项国家社科基金年度项目进行初筛，将 44 家单位的 524 项申报材料报送全国社科规划办参加评审，其中重点项目 21 项、一般项目 211 项、青年项目 179 项、一般自选项目 60 项、青年自选项目 53 项。

3 月 13 日，召开北京市社科规划年度项目研究选题编审会。

3 月 13 日，组织市属单位申报国家社科基金后期资助项目和中华学术外译项目。全年共计申报国家社科基金后期资助项目 21 项，最终获准立项 8 项。

3 月中旬，北京市第十二届哲学社会科学优秀成果奖评奖结果公布，共有 17 项市社科规划项目成果、7 项市属单位承担的国家社科基金项目成果获奖。其中，一等奖 2 项，二等奖 22 项。

3 月 21 日，发布《关于组织申报 2013 年度北京市哲学社会科学规划项目的通知》。

3 月 21 日，召开 2013 年北京市哲学社会科学规划工作会。会上对 22 个 2012 年度优秀二级管理单位、14 名先进个人进行了表彰。并向先进个人所在单位党委发出表扬函。

3 月 29 日，共受理 19 个单位报送的 49 项第三批市社科规划重大项目申报材料。

3 月，组织 12 个市属单位的 112 位专家，协助全国社科规划办完成了 3 160 份国家社科基金年度项目申报材料匿名通讯初评工作。

3 月，《2012 北京市哲学社会科学规划项目阶段成果选编》由首都师范大学出版社出版发行。全书 47 万余字，收录了 2012 年规划项目中期检查征集的 84 篇阶段成果。

4 月

4 月 2 日，组织市属单位申报《国家哲学社会科学成果文库》，推荐报送 8 项，最终有 2 项成果入选。

4 月 19 日，组织市属单位申报 2013 年国家社科基金重大招标项目（第一批），受理报送 3 个单位申报的 5 个项目。

4 月 22—26 日，集中受理 2013 年市社科规划年度项目申报材料 1 088 项，研究基地项目申报材料 236 项。

4月25—26日，召开市社科规划重点项目成果集中鉴定会，对35项成果进行了鉴定。30项成果通过了专家鉴定，准予结项，通过率为85.7%。其中，6项成果被评为优秀等级，优秀率为17.1%；11项成果被评为良好等级；13项成果被评为合格等级。2项成果暂缓结项，3项成果未通过鉴定。

1—4 月，完成电子政务内网和视频会议设备的接入、安装、调试等工作。

5 月

5 月 24 日，召开第三批市社科规划重大项目答辩评审会。15 位专家对通过通讯初评的 18 个项目进行了答辩评审，其中 7 个项目获专家建议立项。

5 月，组织完成 2013 年市社科规划年度项目双向匿名通讯评审。按照同行评审原则，共聘请 135 位专家对所有申报材料进行了通讯初评。

6 月

6 月 5—6 日，召开研究基地项目立项评审会。共受理 42 家研究基地和 12 家应用对策研究基地报送的 236 项申报材料。通过评审，共确立研究基地项目 138 项。其中，特别委托项目 28 项，重点项目 41 项，一般项目 43 项，青年项目 26 项。

6 月 19—20 日，召开北京市哲学社会科学规划项目立项评审会，45 位专家参加会议评审。专家建议立项 329 项，其中重点项目 29 项，一般项目 177 项，青年项目 123 项。

7 月

7 月 1 日，正式下达第三批 14 项市社科规划重大项目。其中，通过招投标确立 7 项，特别委托 4 项，委托北京市社科联招标确立 3 项。

7 月 3 日上午，市委常委、宣传部长李伟同志到市社科规划办调研，听取工作汇报。

7 月 4 日，召开 2013 年市属单位国家社科基金项目立项下达会。市属高校、相关单位科研管理部门负责人、项目负责人共计 120 余人参加。市属单位国家社科基金年度项目立项数、资助额均创历史新高。

7 月 4—5 日，市社科规划办与市委教育工委、市教委召开联合立项评审会。聘请 34 位专家对当年申请立项的市教委社科计划重点项目和市委教育工委首都大学生思想政治教育战略重点课题进行答辩评审，25 项市教委社科计划重点项目、13 项市委教育工委战略重点课题获专家推荐，纳入市社科规划项目管理。

6—7 月，对 79 个单位的 419 项市社科规划项目进行了年度检查，项目实际参检率为 90.7%。

8 月

8 月下旬，按照全国社科规划办要求，市社科规划办对市属高校、市社科院、市委党校、党政机关研究部门以及部分民办社科研究机构社科规划管理工作整体情况进行了调研。

9 月

9 月 18 日，召开市社科规划增补项目选题研讨会。围绕习近平总书记一系列重要讲话精神、全国宣传思想工作会议精神，精选研究选题进行了研讨。

9 月 20 日，组织市属单位申报 2013 年国家社科基金重大招标项目（第二批），共受理报送 4 个单位申报的 8 份申报材料。最终获准立项 3 项，其中首都师范大学 2 项，北京联合大学 1 项。

9 月，组织完成国家社科基金项目年度检查。对市属单位 2012 年承担的 82 项年度项目和 2011 年度承担的 2 个重大项目进行了中期检查。同时，对逾期未完成的国家社科基金项目进行了清理。

10 月

10 月 10 日，召开增补项目专家评审会。主要围绕习近平总书记系列重要讲话以及首都发展面临的社会经济问题，评审确立了 30 个增补项目。其中，特别委托项目 8 项、重点项目 6 项、一般项目 10 项、青年项目 6 项。

10 月 15 日，召开第二批北京市哲学社会科学规划重大项目结项评审暨成果推介会。13 个项目按时完成了研究任务，准予结项。其中 4 项获准免于鉴定，5 项被评为优秀等级，3 项被评为良好等级，1 项为合格等级。第二批、第三批重大项目负责人和鉴定专家，部分市党政机关研究室负责同志，各相关单位的科研管理人员及媒体记者约 90 人参加了会议。10 月 21 日，《北京日报》理论周刊以整版篇幅对第二批重大项目优秀成果进行推介。人民网、光明网等也进行了相关宣传报道。

10 月 24 日，召开 2013 年北京市哲学社会科学研究基地工作会议。各研究基地负责人或首席专家及科研管理部门负责人共 150 余人参会。对新成立的 4 个研究基地、3 个应用对策研究基地授牌，并对第三批研究基地二期建设中获得优秀的 7 个研究基地进行了表彰。

10 月，《2013 北京市哲学社会科学研究基地建设报告集》文稿交由首都师范大学出版社编辑，对 11 个研究基地的二期建设情况进行了全面回顾、总结和展望。

10 月，《北京市哲学社会科学研究基地成果选编（2013）》由首都师范大学出版社出版发行。共收录了 50 个研究基地的 82 篇研究成果，共 107 万字。

11 月

11 月 6—8 日，召开市社科规划增补项目评审会，对入围会议评审的 134 项围绕研究阐释习近平总书记系列重要讲话精神的项目申报材料进行评审，62 项获专家建议立项。

11 月 26—27 日，召开下半年市社科规划重点项目成果集中鉴定会，16 位专家学者对 27 项成果进行了鉴定。23 项成果通过了鉴定，准予结项。其中，4 项成果被评为优秀等级，优秀率为 15%；11 项成果被评为良好等级 8 项成果被评为合格等级。1 项成果暂缓结项，3 项成果未通过专家鉴定。

12 月

12 月 6 日，面向市领导和各部、委、办、局、高校、科研机构征集 2014

年北京市社会科学基金项目研究选题。

12月16—17日，召开下半年研究基地项目立项评审会。对6个新成立研究基地和6个应用对策研究基地报送的38项申报材料进行评审，共确立研究基地项目34项。同时，经专家审读并同意对30个研究基地的年度报告给予出版资助。

12月20日，召开市属单位申报国家社科基金项目动员和培训会，市属单位科研管理部门负责人和社科研究人员代表共170余人参加会议。

12月23日，召开2013年度北京市社科规划项目成果宣传工作会。媒体代表、规划项目负责人和科研管理工作者代表共50余人参加了会议。

12月24日，召开第四批市社科规划重大项目选题研讨会。

第九篇 2013年北京社科规划工作部分宣传报道

责编｜李庆英 版式｜田凤 E-mail:llzkgybjrb@163.com 电话:85202859 2013年 北京日报 18

理论周刊 学习与答疑

破解经济社会发展中的重大现实问题

编者按 近日，市社科规划办召开了第二批北京市哲学社会科学规划重大项目结项评审暨成果推介会。本批次14个项目，紧紧围绕首都经济社会发展过程中亟须破解的交通、人口、医疗、社区公共服务、垃圾减量化等重大社会问题和城市管理问题，以及马克思主义大众化、基层党组织建设等重大理论和现实问题开展研究，并及时通过多种渠道提出解决问题的对策与建议，旨在为首都科学发展提供智力支持，为首都文化大发展大繁荣和学术之都建设做出贡献。本版特编发有关项目成果要点，以飨读者。

推进马克思主义大众化要把握五个要点

崔耀中

核心观点

推进马克思主义大众化，是我们党思想理论建设的重要内容，是党领导人民不断开创事业发展新局面的重要保障。我们党在推进马克思主义大众化的历史进程中取得了丰富经验。

第一，坚持和发展马克思主义，解决“化”的内容。推进马克思主义大众化，首先要科学对待并完整准确地理解马克思主义，搞清楚什么是马克思主义、怎样对待马克思主义，实现马克思主义同中国实际和时代特征的有机结合，在坚持和发展马克思主义中推进大众化。

第二，坚持理论联系实际，体现“化”的要求。紧密结合时代特征和历史中心任务，在回答社会热点难点问题、批判和抵御各种错误思潮和观点中学习宣传马克思主义，推进中国马克思主义大众化。社会热点难点问题，更贴近社会现实和人民生活，联系这方面问题推进马克思主义大众化，更具有现实性，也更具直接效果。

第三，服务和依靠人民群众，明确“化”的主体。推进马克思主义大众化，必须坚持人民主体地位，树立群众观点、贯彻群众路线，服务和依靠人民群众，积极鼓励和支持群众进行自我教育，也就是采取人民群众喜闻乐见的形式，把理论传播寓于群众精神文化活动中，让群众参与进来，在互动中接受教育。

首席专家：中共北京市委宣传部副部长崔耀中

第四，遵循理论传播规律，掌握“化”的方法。马克思主义大众化要取得实效，就必须立足实际、遵循规律，以科学的方法加以推进。在新形势下推进马克思主义大众化，应当重视传播形式和手段的多样化、理论的通俗化，实现载体和渠道的不断创新，要重视理论通俗化工作，将“基本原理”转换成“常识道理”。

第五，抓好党内理论学习，打牢“化”的基础。马克思主义的学习教育越是在党内得到重视和加强，马克思主义在社会上的影响力也就越能不断扩大。在新形势下，全党同志必须大力弘扬理论联系实际的马克思主义学风。

（项目名称：“马克思主义大众化研究：理论、历程和经验”）

建设健康城市是城市发展的内在要求

王鸿春

核心观点

建设健康城市是城市发展的内在要求，也是城市发展的世界趋势。建设健康城市是1986年以来世界卫生组织为摒弃源于西方国家的高消耗、高污染、高浪费、低经济效益、低生态效益、低社会效益的传统工业生产方式带来的“城市病”对人类生存发展造成的严重危机而提出的一项新的生存战略。它是根治人口膨胀、环境污染、交通拥堵、住房紧张、资源短缺等“城市病”蔓延和发展的最佳途径，是提升人类健康水平的根本出路。

建设健康城市是当前北京发展的客观要求。目前北京的人均GDP已超过了1万美元，这大致是西方发达国家建设健康城市的起点。借鉴国外城市发展规律，北京将建设健康城市纳入城市发展战略是适宜的。

建设健康城市的核心是指从城市的规划、建设、运行到管理全面贯彻“以人的健康为中心”的原则，把城市建设成为健康环境、健康社会、健康产业和健康人群的有机整体。它是包括城市规划、建设、运行到管理等各个部门的共同职责。它要求在应对人的健康问题上，要从被动和末端处理转向以预防为主的源头治理，从单纯依靠医疗技术手段转向运用经济、社会、环境等综合思维手段，从依靠单一的卫生部门力量转向依靠城市的规划、建设、管理等方方面面的力量，从政府的独自治理转向社会的共同参与。

首席专家：首都社会经济发展研究所所长王鸿春

北京健康城市建设呈现出鲜明的特点：一是逐步形成了以政府为主导、社会组织推动、广大群众参与、媒体舆论宣传的运作机制，形成了由各级政府、社会组织、企业、社区以及公民个人等多种主体共同组成的健康城市参与体系；二是形成了市委市政府各部委办局及16个区县共同参与的多部门协调合作机制；三是形成了从城市的规划、建设、运行到管理各个环节，从人的身体健康、心理健康到城市的自然环境和社会环境各个方面在内的全面建设健康城市的模式；四是形成了以研究促实践，以实践带研究的互相促进经验。

（项目名称：“北京健康城市建设研究”）

数字传媒与数字出版发展的新趋势

贺耀敏

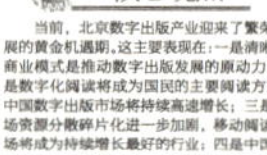

核心观点

当前，北京数字出版产业迎来了繁荣发展的黄金机遇期。这主要表现在：一是清晰的商业模式是推动数字出版发展的原动力；二是数字化阅读将成为国民的主要阅读方式，中国数字出版市场将持续高速增长；三是市场资源分散碎片化进一步加剧，移动阅读市场将成为持续增长最好的行业；四是中国电子图书产业将进入个人消费的市场拉动阶段，电子书市场将从机构市场向个人市场过渡；五是“三网融合”带来电子图书产业升级的最大利好，为电子图书的未来发展打开无限的想象空间。

鉴于数字出版面临的新形势，应充分发挥首都区位优势、资源优势、科技优势和文化优势，采取多种措施支持北京数字出版产业发展，构建北京特色数字出版基地，将北京打造成全国数字出版中心。第一，做好北京数字出版的产业规划与政策设计，打造具有北京特色的国家数字出版产业基地。第二，解决北京数字出版产业发展的共性基础性问题，建立数字出版产业合作联盟。第三，加强北京数字出版的市场引导和产业管理，推动跨行业、跨地区、跨媒介的产业融合与产业升级。第四，完善北京数字出版产业链条与产业布局，抓好内容资源与技术集成优化集合。第五，创新数字出版的适销产品和分销渠道，探索北京数字出版产业差异化赢利模式。第六，鼓励具有良好数字出版资源的传统出版单位进行体制创新与机制转换，政府引导并扶持传统出版单位与数字技术企业的战略联盟。

首席专家：中国人民大学教授贺耀敏

（项目名称：“北京数字传媒与数字出版研究”）

专家点评

[illegible]

产业结构优化是转变发展方式的重要抓手

李涛

核心观点

产业发展是经济发展的核心内容，产业结构调整则是经济发展方式转变的重要抓手和中心环节。产业结构调整要以培育与改善民生紧密相关的重点产业为着力点，以产业创新战略主导的创新体系为驱动力。只有立足于北京市的实际情况，从改善民生出发，创新才能切实转化为推动产业结构调整、转变经济发展方式的强大动力。

一是围绕企业自主创新的实际需求，提供高质量、高效率的政府公共服务，推动“政产学研”一体联动。要充分利用中关村国家自主创新示范区平台，发挥政府在自主创新中的推动作用。

二是从民生角度出发，大力发展公共与轨道交通，改善教育资源分配，推进医疗卫生体制改革，建设面向老龄化社会的“银色产业”。同时，积极鼓励、引导和规范中小型居民服务类企业的发展，切实提高居民生活质量。另外，构建多层次、高效率、包容性的金融体系，大力发展文化产业，服务实体经济发展。

三是科技创新和文化创新应共同成为北京创新驱动的双重动力。科技创新是创新驱动的重要内容。北京市作为我国科技资源最为丰富的地区，理应在科技创新推动发展方面做出表率。文化创新是创新驱动的重要内涵。文化产品和文化产业具有低能耗、低污染、高附加值等特点，符合北京市对未来产业发展方向的选择。

首席专家：中央财经大学教授李涛

目前，科技型中小企业由于缺乏抵押物等条件限制，融资方面仍然存在很大困难。建立政策性“中关村银行”既能对科技创新进行政策引导，又能为科技型中小企业开辟新的融资渠道。

（项目名称：“北京依靠创新转变经济发展方式的思路与对策研究”）

以“全域旅游”理念促进一流旅游城市建设

计金标

核心观点

北京建设世界一流旅游城市的目的，实际就是推动北京成为“世界城市”，旅游将在其中发挥重要的引领、促进和催化作用。世界一流旅游城市的概念内涵应继承世界城市概念，其要义也在于“超越地理界限的影响力”。这种所谓超越地理界限的影响力，总体上可以分为集聚性影响力和扩散性影响力。

北京建设世界一流旅游城市存在两方面的制约：第一方面是客观条件，包括：一是发展基础差，体现在经济和城市发展水平相对伦敦、纽约等差距十分显著；二是资源环境压力大等。第二方面是人为因素的影响，包括发展理念、管理水平、经验、政策等方面的问题。

北京建设世界一流旅游城市需要有“全域旅游”的发展理念。其核心思维在于真正从城市整体发展来看待旅游，也真正利用城市整体资源来发展旅游。所谓“全域旅游”就是指：各行业积极融入其中，各部门齐抓共管，全城居民共同参与，充分利用目的地全部的吸引物要素，为前来旅游的游客提供全过程、全时空的体验产品，从而全面地满足游客的全方位体验需求。

北京建设世界一流旅游城市，关键在于转变旅游目的地发展的传统思维，着重强化区域旅游枢纽性质，构建“目的地+枢纽”的复合型功能。作为一个国际旅游枢纽，相应的各类旅游资源会聚集并辐射到周边。北京要建设世界一流旅游城市，不仅要成为国际旅游目的地，也必须成为区域旅游枢纽（中国的门户、东北亚的枢纽），即要建设成一个具有枢纽功能的旅游目的地。为了强化枢纽功能，北京应加强客流中心、国际交通中心以及国际旅游企业的总部基地等方面的建设。

首席专家：北京第二外国语学院教授计金标

推动北京建设世界一流旅游城市：一要实现理念创新，包括“全域旅游”发展理念以及向枢纽型目的地发展模式转变的理念；二是策略创新，包括以提升空间效益为核心的空间优化策略、以京沪合作和京津合作为代表的区域合作策略、以文化创意旅游为代表的业态更新策略、以北京精神传播为核心的大营销策略等。

（项目名称：“北京建设世界一流旅游城市研究”）

用机制创新破解交通治理中的难题

刘延平

核心观点

北京市交通拥堵的有效治理，需要制度和机制的创新，需要制度安排作保障。这种制度安排应既包括中长期制度选择，如交通规划、城市定位和交通发展战略等；也包括短期制度选择，如早晚高峰交通治理、特定节假日拥堵治理、特定点源拥堵治理、意外性拥堵治理等。同时，还应进一步完善相关制度和管理机制：如建立和完善协调委员会、建立信息公开制度、成立社区综合整治管理的临时机构、全面整合城市管理的执法机构、建立监督管制者制度、建立志愿者服务机构和相关组织等。

研究针对交通拥堵的现实，建议以发展公共交通为主线，从构建城市综合交通体系、实行有效交通需求管理、促进交通与经济社会环境协调发展等层面综合考虑，实现北京城市交通的可持续发展。如：为解决公共交通最后“一公里”问题，可将自行车租赁纳入公共交通服务范畴；将城市铁路纳入到长距离大运量的城市公共交通系统之中；以通勤率作为公共交通服务覆盖范围的指标，灵活界定跨功能区或跨行政区的公共交通服务空间；将轨道交通枢纽作为城市交通-经济社会综合体进行开发和建设；在城市空间结构与交通结构匹配的问题上，以公共资源重新配置来引导城市空间结构变化等。

首席专家：北京交通大学教授刘延平

解决北京交通拥堵，必须加强交通需求管理，而且要从额度管理转向经济、环境和法律管理，多管齐下。通过调整产业布局，优化城市空间结构，建立产业和基础设施相配套的“多中心”新城等措施，解决交通拥堵的根本，促进交通和城市可持续发展。

（项目名称：“北京城市交通可持续发展研究”）

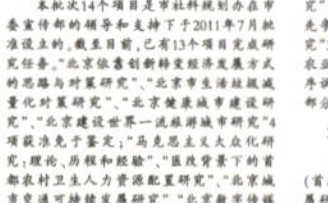

第二批重大项目鉴定结果及部分优秀成果专家点评

本批次14个项目是市社科规划办在市委宣传部的领导和支持下于2011年7月批准设立的。截至目前，已有13个项目完成研究任务。“北京依靠创新转变经济发展方式的思路与对策研究”、“北京市生活垃圾减量化对策研究”、“北京健康城市建设研究”、“北京建设世界一流旅游城市研究”4项获准免于鉴定；“马克思主义大众化研究：理论、历程和经验”、“医改背景下的首都农村卫生人力资源配置研究”、“北京城市交通可持续发展研究”、“北京数字传媒与数字出版研究”、“北京社区公共服务建设研究”、“以创先争优为契机推进首都基层党组织建设研究”3项被评为良好等级；“北京都市型现代农业发展研究”为合格等级；“首都人口有序调控思路及对策研究”即将完成。其中，部分优秀项目专家点评如下。

文化遗产保护应与城市发展相融合

“北京历史文化遗产传承与保护研究”（首席专家：金良浚；承担单位：北京城市发展研究院），从北京世界名城的层面，研究 [illegible]

重视基层卫生人员本土化的培养思路

[illegible]

为制定垃圾减量化规划提供科学依据

[illegible]

19 | 北京日报 2013年6月8日 星期六 责编/李庆英 刘立志 版式/吴千千 Email:llz@bjd.com.cn 电话:85202853

说起书院，很多人马上就会想到白鹿洞书院、岳麓书院等四大书院，而对北京地区的书院却知之甚少——

北京的古代书院

赵连稳

书院是我国古代介于官学和私学之间的一种特殊的教育机构，书院之名始见于唐代，发展于宋代，清代达到鼎盛。说起书院，人们马上就会想到白鹿洞书院、岳麓书院等，由于研究的不足，宣传的不够，人们对北京地区的古代书院知之甚少。其实，作为我国历史文化名城的北京，书院在文化发展史上占据重要地位。北京的书院主要存在于元明清三个朝代，著名的如太极书院、首善书院和金台书院等，它们在历史上产生过重要影响。金台书院校舍存在至今，即现金台书院小学所在地。

北京古代书院的兴衰与文教政策以及党争、政争密切相关

元朝忽必烈时期，实行“汉化”政策，对于汉地早已存在的书院采取保护、支持的政策，北京地区先后出现了太极书院、谏议书院、文靖书院和韩祥书院。

到了明中后期，官学衰落，王阳明心学兴起，成为思想界一大变局，随之而来的是书院的勃兴。和全国一样，北京地区的书院也迎来了快速发展时期。明朝北京的书院有通惠书院、杨行中书院、白檀书院、闻道书院、双鹤书院、叠翠书院、后卫书院和首善书院等。明朝天启初年创办的首善书院（位置在现在的南堂），是由在朝廷做官的东林党人发起创办的，名噪一时，遐迩闻名，从其艰难沉浮的兴衰历史中可窥见政治对书院的影响。

时值内忧外患，在朝廷中掌权的邹元标和冯从吾等东林党人认为重塑封建伦理纲常，培养为朝廷、为国家效力的人才，是当前首要的“政治”，只有如此，才能挽救国家危亡，因此他们创办了首善书院。首善书院的讲学内容并没有抨击时政，而是不谈时政，不谈私事，不谈仙佛，只谈父子有亲、君臣有义、夫妇有别、长幼有序、朋友有信等封建伦理道德。首善书院被封杀是因为不久以后再次兴起的党争，而并非书院本身讲学的原因。魏忠贤等人为了控制朝政，必须打压东林党人，于是便无中生有，上疏诋毁首善书院，指斥邹元标、冯从吾讲学是为批判国政，污蔑二人身为朝廷重臣，高居朝堂，而别创书院讲学，意在收拢人心，另有所图。随着以魏忠贤为首的阉党的形成，叶向高、邹元标、冯从吾、高攀龙和赵南星等人相继被罢官，书院讲学活动停止。天启四年(1624)六月，朝廷下令取缔首善书院，阉党把书院中所有的书籍全部焚毁。天启五年正月，阉党人士、兵科给事中李鲁生以“假道学不如真节义”为由，请毁首善书院，改为祭祀辽东战死将士的“忠臣祠”。天启皇帝准奏。之后，撤去首善书院匾额。七月，御史倪文焕上疏说在首善书院讲学的东林党人，聚不三不四之人，说不痛不痒之话，作不深不浅之揖，啖不冷不热之饼。皇帝诏令将首善书院碑文砸碎，孔子的牌位也被阉党丢弃在大路边。

清朝初期对书院采取了禁止政策，经过康熙朝的调整，到雍正时期转而对书院实行积极扶持的政策，天子脚下的北京，书院得到较快发展，是北京书院的鼎盛时期，主要书院有：金台书院、云峰书院、燕平书院、卓秀书院、潞河书院、蒙泉书院、近光书院、温阳书院、白檀书院、冠山书院和缙山书院。由于清代政府对书院采取大力支持的态度，地方官员往往成为书院创建的发起者、组织者，大都带头捐俸捐廉，并且劝捐，为书院筹集资金。例如光绪五年金台书院大修时，顺天府尹周家楣广泛发动，大小官员纷纷捐献，竟然筹措到14631两银子。位于通州的潞河书院多次修缮，都是当地官员自捐清俸，再约诸君各捐清俸，鸠集工匠，悉加修葺。又如道光十三年(1833)十二月至十四年二月，密云县令李宣范发动当地绅士捐廉几千两白银，对白檀书院进行了重建。

清末政局对书院改制产生了重大影响。戊戌变法和清末“新政”使书院改制的过程一波三折。1898年6月11日，光绪皇帝颁布“明定国是诏”，宣布变法，而在光绪帝正式宣布变法前，北京已经是变法的大潮在涌动。五月二十二日，光绪帝发布上谕，要求各地两个月内把书院全部改制为学堂，金台书院是光绪二十四年(1898)八月改制为学堂的，虽然没有在皇帝规定的时间内完成改制，但和其他地区相比较，还是在变法期间比较早地完成了改制。然而，由于光绪帝的政令不出北京城，故而北京郊区的书院并没有进行改制，其余的书院都是在清政府“新政”后进行改制的。光绪二十七年(1901)，慈禧太后牢牢控制了朝政，推行“新政”，又下令书院改制，光绪二十九年，朝廷废除科举，官员们看到中央政府改制的决心，北京的书院改制才迅速推开。

北京古代书院对人才的培育有自己的独特性

由于理学盛行，北京书院主要讲授已经理学化的儒家经典。明朝中后期北京书院的大发展主要是王学传播的结果。清朝由于统治者的大力提倡，程朱理学大行其道，北京书院无疑承担了“首善之区”的教化重任，加上书院教育的科举化，北京书院讲学内容主要固定在“四书”“五经”及其注疏上，外加二十四史。相对于其他书院，北京书院在传播理学和保存文化典籍等方面发挥了独特而重要作用。

总的来说，北京书院有着自己的特征：一是由于北京是国家的政治中心，所以明清的北京书院兴衰受政治因素的制约更大，无论是明朝的首善书院兴衰，还是清末书院改制过程，无不受到政治因素的强大制约，无不受到党争和政争的强大影响，这一点比任何地方政治因素对书院的制约作用都要大得多。二是书院经费来源中，官府拨付和官员捐献的比例较大，上至皇帝、直隶总督，下到各县的知县、教谕，都对北京书院大发展从经费上予以支持，显示出官方力量在书院发展中的重大作用。三是北京的书院院长、教师和生徒来自全国四面八方。清朝时期的北京汇集了全国有名的学者，使得官员在选拔院长时，标准更高，视野更宽，而且会试和殿试都在北京举行，那些遥居外地的落榜举人，往往选择在北京的书院、主要是金台书院复读，以备再考，可以说北京书院是全国招生，因此北京书院在文化传播方面有着重要意义，影响波及全国。

北京的书院对人才的养育有自己独特的贡献。元明时期的北京书院和科举联系不甚密切，士大夫创办书院是为了传播文化，并非为了输送举人、进士。太极书院以著名理学家赵复为主讲，选拔俊秀有才识者为学生，当时在书院听他讲课的有一百多人，其中一些人后来成了理学大家，许衡、郝经、姚枢、窦默、刘因等人都对赵复执弟子礼。太极书院师生缝合了辽金时期北方的儒学断层，有力地推动了理学在北方的传播。清朝时期，北京的书院成为士子科举的主要场所，生徒数量创历史新高，特别是金台书院，京外各省士子在这里为参加科举考试做准备。在历届会试中，该院生徒均有数十人中进士，众多士子由这里荣登龙门，或者成为官吏，或者成为学者。有时会试中进士的多达百人。同治十三年(1874)，金台书院爆出重大新闻，应试学子陆润庠金榜题名，成为清王朝第101名状元。陆润庠后来历任礼部侍郎、协办大学士、体仁阁大学士，转东阁大学士，屡典科试，晚年担任宣统帝的师傅。光绪三年(1877)时，顺天府乡试，陆润庠充会试副总裁，昔日的学生现今成了副总考官，兴致勃发，题写“状元”匾额赠母校金台书院，后来此匾高悬在金台书院的垂花门里，故京师人俗称金台书院为“状元府”。

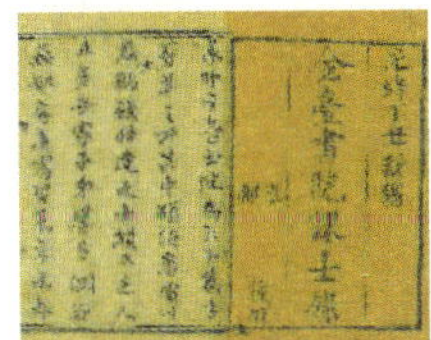

《金台书院课士录》，（清）张集馨选。金台书院，清乾隆十五年(1750年)建立，其前身为“首善义学”，为北京著名书院之一。

北京古代书院的管理方式和教学方法

北京书院的管理方式和教学方法可以总结为以下几点。

一是以德育为首。北京地区的书院始终把德育放在首位，希望能够为国家和社会培养出道德楷模、谦谦君子，其讲学主要向学生传授封建伦理道德，培养学生的“恻隐之心”、“羞恶之心”、“是非之心”、“辞让之心”。这和官学以培养官吏为直接目的不同。另外，在考课题目、书院章程、条规、课规、学训、祭祀等活动中，甚至书院的对联、匾额中都贯穿着品德的“教化”。

二是书院兴衰与官府对书院的管理方式密切相关。从北京书院发展历程中，我们清楚地看到，官府支持书院，各级官员就会闻风而动，采取各种具体的措施来发展书院教育，或捐资，或倡建，或拨款拨地，或物色山长，甚至亲自到书院讲学。反之，他们就会设置重重障碍，阻止、破坏书院的发展。北京书院在明朝中后期和清朝乾隆以后几次发展的高潮，无不和政府对书院的支持密切相关。

三是独特的教学方法。书院教学的特点是以自学为主，优游读书，实行启发式教学方式；师生之间提倡争鸣，盛行自由民主的讲会；教学与学术研究相结合；尊师爱生，师生关系水乳交融。

四是精简高效的管理。古代书院管理大都“精简高效”，院长和师生共同管理学校，书院仅有少量的管理机构，配备少量的管理人员。

（作者为北京联合大学北京文化史所研究员、北京大学明清史研究中心研究员）

北京日报

《北京专史集成》的几大看点

王 岗

学术之林

最近，《北京专史集成》（北京市哲学社会科学规划重点项目）由人民出版社陆续出版。这些著作中很多对北京历史文化进行分科研究的内容都属首次，是对地域历史文化研究进行的一次新尝试，其中有许多看点。

看点1：从12个领域对北京历史的发展脉络进行了初步梳理，凸显了地域特色

这套专史集成从政治史、建置沿革史、风俗史、教育史等12个领域对北京历史的发展脉络进行了初步的梳理，凸显出了一些新角度和特色。

例如，关于北京政治史的研究，一般来说，应该包括重大政治事件、重要历史人物和政治制度等内容。但是，从撰写体例而言，这三者之间又有着极为密切的联系。因此，北京政治史的研究工作注重从重大政治事件入手。抓住这个核心内容，就可以把北京政治史的主脉把握住。另外，在北京成为全国的政治中心之前，许多重大的历史事件是发生在长安和洛阳等地的。而北京在成为全国政治中心之后，许多重大历史事件才发生在这里。第一个要解决的难题，是对重大历史事件的重新评价，如何才能够更加准确、客观。目前史学界对许多重大政治事件，如戊戌变法、义和团运动、辛亥革命等都在重新加以审视和研究。第二个要解决的难题，是对这些历史事件进行研究的角度如何加以把握，才能够体现出地域的特色。

又如，早在先秦时期，北京地区就形成了独具特色的民间风俗，被称为“燕赵悲歌”，豪侠之气远扬海内。此后，一直到辽金时期，这种崇尚侠义的风俗特点仍然十分突出。但自元代以后，北京成为全国的政治和文化中心，民间风俗也为之一变，开始从崇尚侠义转变为崇尚奢华，即俗话所说的“死要面子活受罪”，这种风气一直延续到今天。从金元时期开始形成的京师文化，对此地风俗的发展变化产生了至关重要的影响。从宫廷里面流行的贵族风俗（以皇家礼仪文化为代表），到深宅大院的士大夫风俗（以琉璃厂文化为代表），再到坊里大杂院的民众风俗（以天桥文化为代表），都有着京师文化的印记。由此可见，对文化内涵极为丰富的北京风俗史进行研究，难度是很大的。

看点2：突破时空局限，拓展了不同历史时期相关重要历史问题研究的空间

就其空间范围而言，专史以今天北京市的行政区范围为基本区域，同时又兼顾到不同历史时期行政区的变化情况。在古代历史上，北京行政区的变化是很大的，如先秦时期的古燕国，行政区范围远涉辽东等地。每个朝代的变更都会带来北京所在地的行政区变化。就总体的行政区变化而言，一个现象是，时代越近，北京的行政区范围越小。如辽南京道大于金中都路，金中都路大于元大都路，而元大都路又大于明清顺天府。而另一个现象是，区域范围在不断缩小的同时，行政区的级别却在不断提高，从而显示出行政区地位的愈益重要。

就其时间范围而言，从先秦时期开始，到中华人民共和国成立为止。这个时间跨度的限定是经过研究者认真思考的。但是，也有一些专史，如果缺少了新中国成立以后的内容，就会变得不够完整，如《北京建置沿革史》，在编写过程中，必须把新中国成立之后北京行政区的巨大变化展示出来（包括各个区县的重新划分），才能够给读者一个较为完整的面貌。这就不得不打破时间跨度，将这部分内容涵盖进来。

看点3：澄清了许多后人对端午节等古代知识的误解，并对一些历史问题进行了新思考

专史澄清了很多后人对古代知识的误解。比如，对重阳节和端午节的认识。《北京风俗史》指出，古代很多传统的日子并非吉日，对于有些大凶的日子，古人就要采取趋吉避凶的活动。按照历史文献记载，在古代，重阳节实际上并不是个吉日，古人认为这一天家中会有灾祸，所以登高饮酒遍插茱萸以避祸。而端午节则是一年中最凶的日子，在古代，五月被认为是一年中最不好的月份，五日则是五月中最不好的日子，所以端午节也就是五月初五被认为是一年中最凶的日子，各地的民俗活动也是为了趋吉避凶。

专史对于一些历史问题也进行了认真思考。例如，《北京教育史》深刻揭示了近代社会西方教育体系对中国传统教育的严重冲击，以及这种冲击所带来的巨大社会影响。西学传入之前，在几千年的文明历史进程中，我国的教育自成体系，并且逐渐与人才选拔机制融为一体。这种教育体系的主要功能，是把育人（即今天所说的德育）放在第一位，而把传授知识（即智育）放在第二位。而西方教育模式传入中国以后，大多数采用这种模式的学校开始把传授知识放在第一位，把育人放在第二位。这种情况有利也有弊。这种模式不断发展，取代了传统的教育模式，历经百余年而未变，今天的中小学仍然把政治、历史等重要的育人科目放在“小副科”的位置上，从而造成整个社会道德缺失的现象越来越严重。

（作者为北京市社会科学院历史研究所所长、研究员）

B04 专版
2013年8月19日　星期一

中国社会科学报

本版编辑：陈静　美术编辑：余佳玲　责任校对：蓝云翔　电话：010-85885847　E-mail:zhuanban_sscp@163.com

■马怀德

基地自2006年1月成立以来，以推动我国法治进步为己任，以建设我国宪法和行政法学学术研究中心、高素质公法学人才培养中心、法治政府理论与实务研究的信息资料与数据中心、政府科学决策咨询服务中心为目标，努力建成国内一流、国际知名的宪法和行政法学研究中心。

努力打造中国一流的公法学术研究重镇

——马怀德教授谈北京市法治政府研究基地建设

◎马献忠　陈勇　何会强

2010年10月，国务院发布《关于加强法治政府建设的意见》，意见要求各级行政机关要建立健全专家咨询论证制度，充分发挥专家学者在政府立法中的作用。当前，在新的发展形势下，如何贯彻依法治国方略，推进依法行政，建设法治政府，成为各级党委、政府重视的主要问题之一。党的十八大胜利闭幕不久，中共中央政治局常委、中央纪律检查委员会书记王岐山同志召集专家座谈，征询反腐倡廉意见和建议。在这些专家中就有中国政法大学副校长、法治政府研究院院长，北京市法治政府研究基地首席专家马怀德教授。

近日，马怀德教授向笔者介绍了北京市法治政府研究基地（中国政法大学法治政府研究院）的建设情况。

马怀德现为中国政法大学副校长、法治政府研究院院长，北京市法治政府研究基地首席专家，中国政法大学学术委员会副主席，《行政法学研究》主编，中国法学会行政法研究会会长，中国监察学会常务理事，国务院应急专家组成员，担任最高人民法院、最高人民检察院、国家发展和改革委员会等单位以及山东省、福建省、湖南省、云南省、青海省人民政府顾问或专家咨询委员。

1 引领时代发展　助推法治建设

2004年4月，国务院颁布《全面推进依法行政实施纲要》，确立建设法治政府的目标，明确规定今后十年全面推进依法行政的指导思想和具体目标、基本原则和要求、主要任务和措施。2008年5月，国务院颁布《国务院关于加强市县政府依法行政的决定》，针对法治政府建设的重点和难点，就市、县两级政府的依法行政与法治政府建设工作作出专门部署。2010年10月，《关于加强法治政府建设的意见》就新形势下进一步贯彻落实依法治国基本方略，提出了推进依法行政、建设法治政府的总体要求和具体措施，丰富了法治政府建设的认识与实践。

当前，我国经济社会发展进入新阶段，面临着转变经济发展方式和社会转型发展的艰巨任务。为保障社会主义市场经济与社会主义和谐社会建设的顺利进行，我国的依法行政与法治政府建设工作正在不断往纵深方向推进。

近年来，各地在推进法治政府建设方面取得了较大成效，在实践中积累了丰富经验。法学专家应对这些经验进行研究总结，进一步从理论上指导我国的法治政府建设。“北京市法治政府研究基地是适应我国法治政府建设需要应时而生的。该研究基地自2006年1月成立以来，以推动我国法治进步为己任，以建设我国宪法和行政法学学术研究中心、高素质公法学人才培养中心、法治政府理论与实务研究的信息资料与数据中心、政府科学决策咨询服务中心为目标。”马怀德介绍，基地是中国政法大学直属、与院(部)平行的实体性研究机构。内设学术委员会，负责对学术研究事项进行评议决定；下设教育法研究中心、应急法研究中心、卫生法研究中心等3个研究中心。基地主要研究方向包括转变政府职能与建设诚信、透明、法治、服务型政府研究；法治背景下的社会预警和应急机制研究；北京市法治政府专题研究；比较行政法研究；部门行政法研究。

基地聚集了国内宪法和行政法学领域的知名学者。其中，既有新中国宪法和行政法学的奠基者和中青年学术领军人物，也有学术后起之秀。基地现有专职研究人员8名、兼职研究人员50余名，其中教授18人、博士生导师16人、硕士生导师25人，获得博士学位的有15人，在读博士和硕士研究生300余名。基地领军人物马怀德教授1988年毕业于北京大学法律系，获法学学士学位；1993年毕业于中国政法大学，获法学博士学位，系我国首位行政诉讼法博士，曾赴美国耶鲁大学、波士顿大学、澳大利亚悉尼大学、墨尔本大学作访问学者；出版的学术专著有《行政法制度建构与判例研究》、《国家赔偿法的理论与实务》、《行政许可》；在《中国法学》、《法学研究》等学术期刊发表论文百余篇；承担多项国家社科基金规划项目，教育部、司法部及北京市科研课题；直接参与《国家赔偿法》、《行政处罚法》、《立法法》、《行政许可法》等多部法律的起草工作。此外，他还是“新世纪百千万人才工程”国家级人选，获得第四届“中国十大杰出青年法学家奖”和霍英东教育基金会优秀青年教师奖、2006年首都劳动奖章、北京市哲学社会科学优秀成果奖等多项奖励。

“所做工作之所以得到肯定，首先归功于新的历史机遇下中国法治建设突飞猛进，法学成为显学，行政法学备受重视。”谈及自己的学术道路和基地的发展，马怀德认为，除了难得的历史机遇外，还离不开王名扬、应松年等老一辈行政法学家的教益和同行们的共同努力，也与各级政府、社会各界的大力支持分不开。

2 致力于公法研究　硕果累累满枝头

在马怀德的带领下，基地紧紧围绕国家和北京市法治政府建设实际，整合学术研究资源、调整学术研究方向、平衡学术研究与社会服务，在学术成果、科研项目、人才培养、学术交流、社会服务等方面取得显著成绩。

马怀德说，“基地成立至今共出版专著147部，在核心期刊发表论文284篇，并且有多篇文章被《新华文摘》等转载。其中，由我牵头撰写的《法治政府丛书》整合了中国政法大学宪法与行政法学的学科力量，关注行政法学领域前沿、热点和难点问题，尝试构建适合我国国情的法治政府理论体系，在全国宪法与行政法学领域产生一定的学术影响。基地主办的《行政法学研究》是我国首家部门法学术期刊，也是迄今为止行政法学领域唯一的专业核心期刊。”基地专职研究人员共承担了百余项科研项目。其中，国家社科基金重大项目3项、国家自然科学基金重大研究计划培育项目1项、教育部哲学社会科学研究重大课题攻关项目1项、马克思主义理论研究和建设工程项目1项、中国法学会十大专项研究规划项目1项、国家社科基金特别委托项目2项、教育部人文社科规划项目2项，留学回国人员基金项目4项，司法部项目4项。

作为依托中国政法大学建立的实体性研究基地，培养高素质的法学专业人才是基地的重要任务之一。为了培养高素质法学人才，基地专家学者为本科生和研究生开设了“行政法与行政诉讼法学”（国家级精品课程）、“国家赔偿法”（北京市精品课程）等10余门专业课程。基地积极吸收研究生参加课题研究，100%的博士研究生、50%以上的硕士研究生有过参加专项课题研究的经历。通过吸纳研究生参与课题研究，大大提高了研究生的法学素养和学术能力。基地还设立了“应松年行政法学奖学金”，这是以我国行政法学家、基地学术委员会主任应松年教授命名的奖学金”，也是目前国内唯一的行政法学专项奖学金，现已颁发5届，旨在奖励优秀学生，推动学术发展，促进行政法学理论研究的繁荣。

在学术交流方面，基地成立至今共主办9次大型国际学术研讨会。如2009年3月的信息公开与透明政府建设国际学术研讨会、2009年5月的中法行政诉讼国际研讨会、2010年10月的公众参与法律问题国际研讨会、2012年10月的高校信息公开国际研讨会等。此外，基地还主办了数十次国内学术会议，其中规模较大的有2006年的和谐社会与法治政府研讨会、2008年的抗震救灾中的公共应急法制研讨会、2008年的改革开放30年与我国公法学的发展等学术会议。基地现已成功举办70场“法治政府论坛”，该论坛成为中国政法大学乃至北京地区较有活力的学术性论坛之一。论坛主讲人既有法国巴黎政治学院、美国耶鲁大学法学院等国际知名院校的学者，也有中国社会科学院、北京大学等国内科研机构和高校的学者以及最高人民法院等实务部门的专家。论坛的举办既宣传了法治政府的理念与制度，也促进了法院等实务部门与科研机构间的交流，有力推动了基地学术会议的纵深延展，实现了学术资源的整合，成为中国传播宪法与行政法学思想、推进学术交流的重要平台。

在社会服务方面，基地专家学者积极参与立法活动，包括《食品安全法》、《义务教育法》、《反垄断法》、《保守国家秘密法》、《护照法》、《国家赔偿法》、《行政强制法》、《行政诉讼法》(修改)、《行政复议法》、《高等教育法》、《北京市实施突发事件应对法办法》、《福建省行政执法条例》等30余部法律、法规、规章在内的起草或修改论证，基地专家均参与并提交了具体意见和建议。此外，基地专家学者积极投身法治宣传教育活动，为国家发展和改革委员会、教育部、国土资源部、住房和城乡建设部、民政部等单位，山东省、北京市、厦门市、南宁市、济南市、长沙市等省市作依法行政讲座，积极宣传依法行政的理念。应松年教授多年坚持参加百名法学家百场报告会活动，被评为“2006年度十大法治人物”。马怀德教授多次参加中共中央宣传部、司法部等部门组织的全国法制宣传日活动，并受聘担任北京市法制宣传教育领导小组专家顾问。基地还接受国务院法制办、北京市法制办、北京市教委、南宁市政府、郑州市政府等单位的委托，为从事相关工作的公务员提供专门的法制培训等。

■马怀德（右排左数第三）在广东省佛山市调研。

3 中国法治政府奖和法治政府指数的开创者

为贯彻落实《全面推进依法行政实施纲要》、《国务院关于加强市县政府依法行政的决定》、《国务院关于加强法治政府建设的意见》，总结推进依法行政、建设法治政府的有益经验，客观评价、推广法治政府建设的重要成果，提高行政机关依法行政的能力和水平，基地2010年发起设立“中国法治政府奖”。这是中国第一个由学术机构发起设立，依据科学的评选标准和公开的评选程序对各级行政机关在依法行政、建设法治政府方面的制度和措施进行评价的奖项。日前，基地又启动了中国49个较大城市法治政府指数调查评估工作，指数指标设计和调查研究工作业已全面铺开，我国第一个由学术机构推出的“法治政府指数”不久将向社会公布。“我们决不是为了评奖而去评奖，也不是为了排名而去排名，我们推出的中国法治政府奖和法治政府指数，作为一种民间奖项和学术研究成果，目的在于通过科学的指标设计，在法治政府建设方面发挥积极的正向引导作用。我们期待评奖和其他研究成果能够从社会角度，推动各级政府及其职能部门的依法行政与法治政府建设工作。”马怀德着重指出，基地推出中国法治政府奖和法治政府指数的目的，在于总结各级政府及其职能部门推进依法行政、建设法治政府的有益经验，客观公正地评价、推广各级政府在建设法治政府方面取得的重要成果，传播法治理念、推动我国法制建设的进程，为我国法治政府建设提供学术智慧。

“自2010年3月中国法治政府奖启动以来，各地、各部门以及社会各界对该奖项给予了充分关注和大力支持。在收到参评单位提交的26项申报项目后，中国法治政府奖组委会组织来自全国人大常委会法制工作委员会、国务院法制办、最高人民法院、中国行政管理学会、北京大学、中国人民大学、中国社会科学院、中国政法大学等单位的专家和学者组成全国初评委员会，于2010年8月28日对申报项目进行初评，依据严格程序和标准评出15个入围项目。随后组委会对这些入围项目在法治政府网进行公示，接受社会各界的监督。公示结束后，组委会又派出若干调研组赴各地、各部门对入围项目进行实地调查核实，重点对项目的发起背景，项目对推进依法行政、建设法治政府的意义，项目在全国范围内的创新程度，项目实施情况和社会效果，项目的推广情况和推广价值以及项目存在的不足进行独立调查和评估。”谈到首届中国法治政府奖产生的过程，马怀德介绍说，经过初评、公示、核查等程序，首届中国法治政府奖于2011年1月15日举行了最终评选暨颁奖典礼，全国终评委员会评选产生8个中国法治政府奖和7个中国法治政府奖提名奖。首届中国法治政府奖评选活动取得圆满成功并在社会上产生广泛而积极的影响。全国人大常委会法制工作委员会原副主任张春生在首届中国法治政府奖颁奖典礼上，对该奖项给予了较高评价。他说：“我参加今天这个典礼最大的感受是两个字，就是创新。第一个创新属于中国政法大学，说中国政法大学创新有两重含义：一是开启了一个先例，由社会公众奖励政府；二是建立了一个法治政府研究院，并且开展了项目研究，包括这个项目，我觉得是一个很重大的标志，我们的法理研究、法律制度的研究开始大跨步地走向社会，面向实际，体现了理论与实际的结合，法学研究工作者和实务工作的结合，这是应该大力提倡的。”

“组织中国法治政府奖的评选活动是一件十分有意义的事情，中国政法大学法治政府研究院发起设立的中国法治政府奖是一个有创意、有远见，已经得到社会各界广泛支持的举措。”中国法学会副会长周成奎认为，组织中国法治政府奖的评选是一个外部推力，它可以推进我国法治政府的建设。“今后，中国法治政府奖组委会将坚定奉行非营利、独立、公正和公开的原则，坚持以创新程度、科学价值、推广范围、法治意义作为评选标准，恪守公正科学的评选程序，努力将中国法治政府奖打造成为具有良好社会声誉与巨大社会影响的奖项。”马怀德表示，愿意接受社会各界的监督与批评，不断促进中国法治政府奖的发展与完善，愿与社会各界通力合作，共同为推进中国法治政府建设事业和中国公法文明进步贡献绵薄力量。

4 建设国内一流、国际知名的公法研究基地

中国政法大学是我国最早建立宪法学与行政法学学科的高校之一，经过几代学人的不懈努力，宪法和行政法学科已经成为该校主要优势学科之一。“2005年底，北京市哲学社会科学研究基地法治政府研究院的成立，为我们提供了整合校内外学术资源，沟通学术界与实务界，融理论研究、人才培养、社会服务于一体的宝贵平台。”马怀德告诉笔者，在社会转型时期政府职能转变的大背景下，如何建设透明、诚信、高效、亲民的现代服务型政府，促进政府善治，实现法治进步，是我国各级政府和公法理论界所面临的共同任务。中国政法大学法治政府研究院以推动上述目标的实现为己任，将秉持求真务实、与时俱进、开拓创新的精神，以凝聚学术力量、提高学术质量为根本，致力于建成我国宪法与行政法学的学术研究中心、高素质公法学人才的培养中心、法治政府理论与实务研究的信息资料与数据中心、政府科学决策的咨询服务中心。

基地学者注重理论研究的应用性，积极参与法治建设实践，与众多立法、司法和行政机关形成了密切合作关系。基地广泛开展国际合作，与英、美、德、法、日等国的研究机构建立了广泛的学术交流渠道，编辑出版的《法治政府丛书》已近20部，荟萃了法治政府理论和实践的成果及国内外学术动态，开设的两门课程被批准为北京市和国家级精品课程，行政法学教学团队被评为北京市优秀教学团队，创办的“法治政府网”已经成为法治政府领域学术研究和对外交流的平台。

谈到今后的工作打算，马怀德表示，基地将在以下三个方面作出努力：一是将继续发挥学术平台的学科组织和协调作用，努力建成国内一流、国际上有影响的宪法和行政法学的学术研究和交流中心。通过学术研究与人才培养，为社会提供法律服务和法律咨询，为立法、司法和行政机关提供高水平的决策咨询服务，培养和造就高素质的宪法和行政法人才，发挥宪法和行政法学科思想库与人才库的作用。努力建设本学科领域种类齐全、设备先进的现代化图书资料库，建成全国宪法和行政法学研究的信息交流中心。二是始终坚持理论与实践相结合的原则，将基地日常的理论研究和国家、北京市的法治政府建设实践需求紧密结合起来，围绕现实重大课题积极开展理论研究与政策咨询。不断运用理论研究成果服务于政府管理，通过实践发现理论研究的热点和难点问题，深化理论研究的深度。继续深化与相关政府部门及其职能部门之间建立起的长期合作关系，促进理论和实践的结合，发挥为实践和社会服务的作用。三是进一步扩大对外交流渠道，创造条件，吸引国内外学者到基地参加科研联合攻关，拿出更多具有原创性的科研成果；继续开展多种形式的社会咨询服务，积极开拓社会咨询服务的渠道，扩大咨询中心的社会影响；建立科研成果转化机制，促进科研成果向教学的转化；加强科研管理信息化、自动化建设，提高工作效率和科研服务的质量和水平；进一步整合学科优势，调动各方面的资源，开拓进取，努力把基地建设成为国内一流、国际知名的宪法和行政法学研究中心。

本版图片由中国政法大学法治政府研究院提供

中国社会科学报

本版编辑：刘鹏 美术编辑：金佳玲 责任校对：张峥 电话：010-85885446 E-mail:zhuanban_sscp@163.com

专版 

2013 年 10 月 30 日 星期三

实现全程减量控制 破解垃圾围城难题

——访北京知识管理研究基地首席专家葛新权教授

◎马献忠

伴随着我国城市化进程的不断加快，城市生活垃圾数量也在迅速增长，由垃圾引起的环境污染问题日益严重，不但威胁到人们的身体健康，更成为制约我国经济和社会可持续发展的核心问题。北京作为首都，随着城市经济建设的飞速发展、人口的迅速增长及人口流动性的增大，城市生活垃圾的管理问题尤为严重。2011 年，北京市日产生活垃圾 1.8 万吨，每年增长 8%，预计到 2015 年，年产生活垃圾总量将达到近 1200 万吨，业已出现"垃圾围城"的趋势。

为解决制约北京发展的城市生活垃圾管理难题，北京市哲学社会科学规划办公室于 2011 年 7 月批准设立北京社科规划重大项目——北京市生活垃圾减量化对策研究。北京信息科技大学经济管理学院院长葛新权教授带领他的学术团队经过激烈竞争成功中标这一重大课题。经过两年多的艰苦攻关，该项目被顺利批准结项。该项目研究成果《城市生活垃圾减量化对策研究》获北京市哲学社会科学优秀成果二等奖。虽然该研究成果解决的是首都北京的垃圾难题，但无疑对全国其他城市的垃圾治理有着重大的借鉴意义。为了解葛新权教授及其学术团队在生活垃圾减量化对策研究方面取得的重大成果，近日笔者采访了该研究项目首席专家葛新权教授。

葛新权，经济学博士，教授，享受国务院政府特殊津贴，北京市有突出贡献专家，北京交通大学兼职博士生导师，现任北京信息科技大学经济管理学院院长、循环经济研究中心主任、北京知识管理研究基地首席专家，兼任教育部经济学专业教学指导委员会委员、中国数量经济学会副理事长、全国博弈论与实验经济学研究会副理事长、《数量经济技术经济研究》编委。1986 年起师从中国社会科学院数量经济与技术经济研究所张守一教授学习数量经济学，长期从事经济模型理论及其在知识管理和循环经济应用中的研究与教学工作，组建了知识管理、实验经济学实验室，任实验经济学研究中心主任，开展研究工作，为政府、企业决策服务，曾获国家科技进步二等奖、北京市科学技术奖、北京市哲学社会科学优秀成果奖、北京市教育教学成果（高等教育）奖等。

城市生活垃圾从产生到处理需经过多个环节，在这一系列环节中涉及的各个主体（政府、企业、环保部门、居民、废品再生体系等）都发挥着重要作用。要解决城市生活垃圾减量过程中面临的问题，必须充分调动各主体生活垃圾减量化的积极性，建立生活垃圾全过程减量体系。

1 三方面因素制约城市生活垃圾减量

马献忠：*城市生活垃圾生产和处理有哪些关键环节？*

葛新权：生活垃圾生命周期包括从原材料加工到最终末端处理的全部过程，按照生活垃圾的物流方向可以具体划分成生产、流通、消费、回收使用、收集转运和末端处理 6 个环节。

"生产"环节是指生产企业将原材料加工成产品的过程。生产环节不直接产生生活垃圾，在生产环节，企业产生的大量工业垃圾不属于生活垃圾。"流通"环节是指产品从生产企业转移到最终消费者的过程。在产品的批发和零售过程中出现的包装物最终都会成为生活垃圾，同时运输、销售过程中的产品损耗也会产生垃圾。"消费"环节是指产品的使用过程。居民和使用单位购买产品后，开始发挥产品的使用价值。当产品对于居民或者使用单位来说没有保存和利用价值时便成为生活垃圾。失去作用的产品包装在此时也变为生活垃圾。"回收使用"环节是指对生活垃圾中可回收的部分进行循环使用的过程，包括生活垃圾的回收、运输、加工使用等。"收集转运"环节是指生活垃圾从居民家庭和使用单位到达垃圾末端处理场所之前的过程，包括生活垃圾的收集、分拣、转运等。"末端处理"环节是指对进入末端处理设施的生活垃圾进行最终处理的过程。在这一环节中，环卫部门对分拣后的垃圾进行综合利用，将其中可以利用的部分转换成工业原材料和电能、热能等，然后将转换后的残渣进行焚烧、堆肥和卫生填埋。

马献忠：*课题组成员对北京市生活垃圾处理现状进行了深入考察，对北京市垃圾处理企业、环保部门以及社区居民进行了大规模访谈和调研，在此过程中你们发现城市生活垃圾管理存在哪些问题？*

葛新权：虽然北京市在生活垃圾分类、生活垃圾无害化处理、可回收垃圾综合利用等方面已经走在全国前列，但其生活垃圾减量化工作仍是涉及多个主体的艰巨的系统工程。具体而言，北京市生活垃圾减量所面临的问题主要集中在以下三个方面。

第一个方面，现有的生活垃圾减量化方式主要集中在生活垃圾中间和末端减量上，缺乏生活垃圾减量化全过程管理的理念。目前政府颁布的生活垃圾管理法规，如《城市市容和环境卫生管理条例》、《城市生活固体废物管理办法》、《汽车回收管理办法》等，主要是出于控制生活垃圾污染的目的，在生产者责任延伸、绿色包装等源头减量问题上存在立法缺失。

第二个方面，生活垃圾减量化过程中各主体减量化动力不足。生活垃圾减量化涉及企业、居民、环卫部门等多个主体，由于法律、经济、体制等因素的影响，各主体对于生活垃圾减量化缺乏足够的动力。

第三个方面，生活垃圾减量化面临着诸多困难，在短时间内难以实现大规模的生活垃圾减量。目前，北京市人口密度达到 11150 人/平方公里，北京市已经被《福布斯》杂志评为"世界最拥挤的 20 座城市"之一。庞大的人口密度以及大量的流动人口，给北京的生活垃圾减量化工作带来了极大的困难。另外，居民素质、居住结构、生活习惯等都会成为生活垃圾减量化的阻力。

马献忠：*城市生活垃圾治理要抓住哪些关键环节？*

葛新权：城市生活垃圾从产生到处理需经过多个环节，在这一系列环节中涉及的各个主体（政府、企业、环保部门、居民、废品再生体系等）都发挥着重要作用。要解决城市生活垃圾减量过程中面临的问题，必须充分调动各主体生活垃圾减量化的积极性，建立生活垃圾全过程减量体系。生活垃圾减量化涉及生活垃圾生命周期的全过程，根据减量化活动涉及环节不同，可以将减量化活动划分为源头减量、中间减量、末端减量等关键环节。

源头减量是指产品在变成垃圾之前进行的控制和管理，其涵盖了生活垃圾生命周期的生产环节、流通环节和消费环节。很多发达国家多年的垃圾管理经验表明，在这些环节中对生活垃圾的数量和种类进行控制，可以大大减轻末端处理过程中的压力，同时也可以减少资源的浪费。中间减量是指对已经产生的垃圾进行回收使用和收集转运的过程。生活垃圾中废旧电器、纸张等可回收物被回收后，经过加工变为生产原料。那些无法直接使用的生活垃圾、砖瓦渣土等经过收集转运进入末端处理环节。在收集转运环节中，对生活垃圾进行有效的分类，是提高生活垃圾中间减量化水平的关键。末端减量涵盖了生活垃圾的末端处理环节，环卫部门通过对生活垃圾的分拣和加工，从中提取能够作为工业原料的物质，并将处理后的生活垃圾进行焚烧、填埋和堆肥。

2 城市生活垃圾减量要抓住三个关键环节

马献忠：*如何抓住关键环节治理城市生活垃圾？*

葛新权：结合国内外城市生活垃圾减量化的先进经验和北京市自身特点，垃圾减量化应采取全过程减量的方式，特别是要加强生活垃圾的源头减量和中间减量工作。源头减量可以从根本上减少对资源的使用量，最符合生活垃圾"减量化"的目标；中间减量能够提高资源的再利用效率，实现生活垃圾的"资源化"。

源头减量和中间减量更符合生活垃圾减量化、资源化和无害化的管理目标。因此，生活垃圾管理政策的重心应集中在源头减量和中间减量上。末端减量虽然是被动的垃圾减量行为，但仍是城市生活垃圾处理的重要手段。城市生活垃圾的形成和处理是系统性、连续性的问题，需要从各个环节入手采用全过程的生活垃圾减量方式，针对全过程生活垃圾减量化的建立，课题组提出具体建议如下。

第一，建立北京市生活垃圾源头减量体系。一是加强生产企业产品的管理，推广绿色包装，抵制过度包装行为；二是在流通企业实行"商场大件商品与包装物分离、包装物单独收费"制度，鼓励顾客将包装物留在商店；三是加强农贸集市生活垃圾管理，鼓励农贸集市为消费者提供净菜服务，要求大型农贸集市就地设立废菜烂叶处理设施；四是根据《北京市生活垃圾"零废弃"管理办法（施行）》，出台"党政机关、学校、宾馆饭店、度假村生活垃圾源头削减行动计划"，逐年实施，提倡资源节约。

第二，开展无害生活垃圾"源头处理"试点。结合北京市生活垃圾分类试点，在试点街道和居住区开展无害生活垃圾源头就地处理试点。完善装修垃圾、餐厨垃圾、枯枝落叶专项管理系统。将厨房垃圾分为生厨房垃圾和熟厨余（煮熟、含盐分的食品），进行分类处理。开展街道和社区枯枝落叶、生厨房垃圾等无害生活垃圾就地处理的探索，减轻垃圾清运和末端处理压力。

第三，加强可回收垃圾管理。一方面，配合北京市"回收站进社区"，强化社区回收站的规范管理，构建社区废旧物资回收和垃圾清运的社区物业监管制度。另一方面，建立社区废旧物资"零存放"制度。实施社区废旧物资"定时回收清运"，保证社区废旧物资"零存放"，净化社区环境。

第四，建立生活垃圾"分仓填埋"综合循环利用新模式。"分仓填埋"是将各个不同时期入场的垃圾单独储存在封闭的垃圾仓中进行熟化、脱水、氧化等工业化处理，多个垃圾仓位可以循环使用，极大地节约了土地成本。生活垃圾在经过分仓填埋过程中由于经过氧化和脱水处理，体积缩小，重量减轻，便于进行工业化分选。经过熟化后的有机垃圾热值远高于原生垃圾，甚至可以在不加入助燃剂的条件下直接焚烧，极大地提高了垃圾焚烧效率。由于分仓填埋采用封闭式的处理方式，其对大气、地下水的污染也远小于普通的填埋处理方式。

3 循序渐进建设城市生活垃圾减量体系

马献忠：*城市生活垃圾减量化涉及多个主体，如何通过有效的措施提升各个主体生活垃圾减量的积极性？*

葛新权：生活垃圾减量化的主体包括政府、企业、居民、环卫部门和废品再生体系，和"木桶原理"相似，生活垃圾的减量离不开任何一个主体的努力。虽然北京市政府近年来一直积极从事生活垃圾减量化的促进工作，但是受制度、法律、经济等因素的影响，企业、居民、环卫部门和废品再生体系的生活垃圾减量化积极性仍有待提升，针对这一问题，课题组提出如下建议措施。

第一，规范企业生产和销售行为。由于市场的激烈竞争以及企业控制成本的压力，我国企业在生产和销售产品过程中对垃圾减量化问题并未形成足够的重视。虽然《中华人民共和国循环经济促进法》包含了包装物回收和无害化处理的条款，但仍缺乏具体的操作性规定。为了规范企业生产和销售行为，从源头上减少生活垃圾的数量，政府应从以下两个方面着手展开工作：一是在《废弃电器电子产品处理基金征收使用管理办法》的基础上，将生产者"生产者责任延伸制度"扩大到其他产品中。二是加强生产和流通企业的产品包装立法，防止过度包装。

第二，调动居民减量化积极性。城市居民既是生活垃圾的制造者又是生活垃圾减量化的实施者，其在整个生活垃圾减量化体系中发挥着极其重要的作用。政府应通过以下几个方面调动居民减量化的积极性：一是改变以往以鼓励和倡导为主的垃圾分类制度，引进垃圾分类收费、垃圾费随袋征收等制度；二是加强垃圾分类设施的管理，提高居民垃圾分类的便利性；三是在全市发起"周五下午大扫除"倡议，引导和鼓励居民下午参与本单位及所在辖区内的垃圾大扫除活动，集中清理垃圾，减少垃圾的产生；四是开展以社区为立足点的生活垃圾减量志愿服务，吸引物业、居委会、居民、退休人员、在校学生等志愿者参与，推动生活垃圾减量。

第三，提升环卫部门工作效率。环卫部门是北京市生活垃圾收集转运和末端处理的主要负责者，日益增多的生活垃圾，对环卫部门的工作效率提出了更高的要求。为了提升环卫部门的工作效率，一方面，政府要不断加大环卫部门的科技创新投入，提升其生活垃圾处理的技术水平；另一方面，政府要建立环卫部门公众监督制度，动用全社会的力量推进环卫部门工作效率的提升。

第四，促进废品再生体系发展。废品再生体系是指可回收垃圾的回收、分解、运输以及再生产品制造和销售的整个环节。这一体系的建立与发展，是实现生活垃圾资源化的重要推动力量，同时大量再生产品的出现也节约了宝贵的自然资源。为了推动废品再生体系的发展，政府要加大对废品再生体系中各企业的补贴力度，促进其扩大生产规模。同时还要规范这些企业的生产行为，通过一些操作性强的法律规范，如《废旧轮胎回收利用管理办法》等，将垃圾资源化逐步纳入法制化管理轨道。

马献忠：*如何推进城市生活垃圾减量化工作的平稳发展？*

葛新权：应分阶段逐步实施，采用以点带面、循序渐进的方式逐步提升城市生活垃圾减量化水平。以北京为例，北京市在生活垃圾管理上虽然具备资金、技术和基础设施方面的优势，但也面临着人口密度大、人口流动性强、居民居住集中等问题，这些因素给生活垃圾减量化工作的开展带来困难。在这样的条件下，北京市生活垃圾的减量化工作是一项长期艰巨的任务，必须采用以点带面、循序渐进的方式进行。

政府有关部门可以从以下两方面展开工作，推进生活垃圾减量化水平的提升。首先，开展"生活垃圾不落地"试点。在全市选择有代表性的街道和社区，开展生活垃圾"定时定点清运"试点，做到"垃圾不落地"。市政市容管委统一规划垃圾回收线路，市环卫集团组织定线、定点、定时的垃圾回收班车，沿线商家和居民在停车收集点准时将垃圾放到垃圾车及资源回收车上直接运走，实现"垃圾不落地"。其次，构建生活垃圾监测与统计体系。市政市容管委与市统计局应组织力量，开展生活垃圾统计与监测研究，厘清"垃圾产生量"、"废旧物资回收量"、"垃圾清运量"和"垃圾处理量"之间的关系，构建数据收集容易、连续、科学的分类统计指标，设立监测点，建立生活垃圾全程监测体系，为北京市生活垃圾减量化决策提供科学的数据支撑。

4 为制定垃圾减量化规划提供科学依据

马献忠：*北京市生活垃圾减量化对策研究作为北京社科规划重大项目，刚刚通过北京社科规划办组织的专家组的评审验收，专家评审组是如何评价该课题研究成果的？该课题研究成果有哪些创新之处？转化应用情况如何？*

葛新权：今年 10 月 15 日，北京社科规划办组织召开了第二批北京市哲学社会科学规划重大项目结项评审暨成果推介会，我主持的北京社科规划重大项目——北京市生活垃圾减量化对策研究免予验收。原因在于该项目研究成果《城市生活垃圾减量化对策研究》获北京市哲学社会科学优秀成果二等奖。北京节能环保中心副书记、副主任郑检虎作为点评专家在评审会上发言时指出，北京市生活垃圾减量化对策研究是一项着眼于生活垃圾产生和处理全过程的实证性对策研究，课题组在充分调研并借鉴国内外城市生活垃圾管理先进经验、运用系统动力学原理的基础上，对北京市生活垃圾管理现状问题的把握比较准确，提出的减量化路径与政策建议，为政府相关部门加强城市生活垃圾管理、制定垃圾减量化规划和政策提供了可供参考的科学依据。研究成果总体上思路清晰、方法科学，技术路线选择合理，有比较扎实的理论基础和翔实的数据支撑。垃圾减量化方案与建议针对性强，有一定可操作性，有助于逐步提升北京市生活垃圾减量化水平。

谈到该研究项目的创新之处，我认为体现在以下四个方面：一是创建北京市生活垃圾减量化行为理论模型。二是首创城市生活垃圾形成与减量系统动力学模型。三是构建北京市生活垃圾减量化的相关主体利益博弈模型。在对北京市生活垃圾减量化主体特征进行分析的基础上，建立博弈模型对各主体间的关系进行分析，这是在理论界第一次提出生活垃圾减量化的相关主体利益模型。四是在研究方法上创新，基于循环经济跨学科研究，突出把调研、系统动力学模型、计量模型与博弈论、实验经济学实验方法结合，不仅丰富了生活垃圾减量化的理论体系，也为城市生活垃圾减量化建设提供了实践参考。

该研究项目的转化应用情况，主要体现在该成果为北京市城市生活垃圾减量化研究提供了资源共享平台，为今后开展北京市生活垃圾减量化深入研究提供了数据资料。研究报告中提出的垃圾分类监测、与物业合作监控社区垃圾箱、厨余垃圾专项处理等建议，在北京环卫集团一清分公司予以实践，取得了良好的应用效果。目前，研究团队得到国家自然基金项目资助，开展大都市生活垃圾减量化的差别责任分析与路径研究，我们期待着取得进一步的成果。

中国社会科学报
本版编辑：杨怡　美术编辑：王林芝　责任校对：张婷　电话：010-85885174　E-mail:zixun_sscp@163.com
资讯 A03　2013年3月11日　星期一

成果，只能用脚跑出来
——访首都经济贸易大学教授张强

◎本报记者　马献忠

"1969年3月至1978年9月，我在内蒙古农村'上山下乡'，这段经历使我对农民产生了深厚的感情，对农村、农业有着深深的情结，大学毕业后数十年的研究工作几乎都是围绕着'三农'问题展开的。"谈起基层工作的经历与感悟，首都经济贸易大学教授张强告诉记者，创新是社会科学研究的灵魂，创新的真正源泉在人民群众的伟大实践中。

带着对农民的真情深入基层

"没有真情实感，可能就不太愿意到农村去，即使去了农村你也理解不了农民和农业。"张强告诉记者，研究"三农"问题，最重要的是深入农村了解真实情况，从大处着眼、小处着手来解决事关农民切身利益的问题。

2003年抗击"非典"过程中，张强看到了重大疫情对北京农业和农民的影响，他向有关部门提出了应建立北京农业保险制度的建议。这个建议得到了北京市委主要领导的重视，北京在全国较早地建立了农业保险制度。

近年来，随着北京市周边煤窑的陆续关闭，许多原先依靠挖煤为生的农民，不但失去了原来的工作和收入，而且连冬季取暖用煤都成了问题。为此，2009—2012年，张强带领首经贸大学的研究团队深入北京市门头沟山区进行调查研究，对雁翅、斋堂、清水等镇的村干部、村民、林业站专业人员进行访问和座谈。经过深入的调查研究，研究团队向北京市有关部门提出了两项建议：一是要促进山区生态林管护实现"三个转型"，即实现生态林业向基础产业和公益事业转变、生态林养护从兼业向专业转变、生态林养护人员收入和政府投入从对兼业的"补偿"向职业的"工薪"转变，形成生态林业"护"与"管"的基本制度性投入；二是要从改变能源结构入手安排解决农村家庭取暖问题，选准适合农村、易于被农民接受的节电型采暖设备作为推荐农户使用的产品，促进农民家庭取暖从煤柴向电热的转型，解决山区农民的实际问题。

■张强（右一）在北京市门头沟区雁翅镇碣石村同村民座谈。　张强/供图

致力于城乡一体化研究

作为研究"三农"问题的学者，张强一直关注城乡一体化发展问题，致力于农村经济条件的改善和农民生活水平的提高。

张强告诉记者，研究"三农"问题，如果仅停留在文献当中，尤其是停留在那些过时的低水平文献当中，就很难真正地认识到存在的问题，也很难从前人的经典研究成果中发现其局限性，很难怀疑它、批判它、突破它，社会科学的创新也就无从谈起。所以，社会科学研究者要注重实践、扎根基层，尤其要认真研究中国的实践，这样才能从一系列阶段性变化中发现实质性的问题，从而发挥理论引领实践的作用。

20世纪90年代中期，张强开始研究北京城市化和城乡一体化。虽然遇到过一些批评，甚至有些刊物把他发表文章标题中的"城乡一体化"字样给删掉，但张强仍坚持城乡一体化研究，并随着认识的深化不断提出研究成果与建议。2006年，张强对北京城乡一体化的研究成果出版。随后，张强欣喜地看到，在2007年党的十七大报告中提出了"形成城乡经济社会发展一体化新格局"的战略任务。现在，城乡一体化已经成为北京市着力实现的目标之一。

2007年初，张强到北京市昌平区菩萨鹿村调研，就该村老年人的养老问题与村党支部书记陈建文进行了深入交谈，同时征求了村里一些干部和老年人的看法。随后，张强根据调研成果写了"奥运会之前农村有三件'急事'要办"的建议，提出应尽快为没有享受到任何社会保障的农村老年人发放养老金的建议。随后，北京市委、市政府出台了相关政策，于2008年1月1日起实施。这项政策惠及北京市60岁以上的老年人共70万，其中农村老年人约56万，成为北京市第一个城乡享受一样待遇的福利政策。

成绩源于对实践的跟踪和学习

十几年前，北京市城乡结合部的农民出租房屋被贬低为"吃瓦片"。张强通过对北京近郊一些乡村的调研发现：在中国，大量外来人口进入大城市后，市区没有出现国外大城市常见的贫民窟，并非欠缺贫困人口，而是他们被大量地"消化"在城乡结合部的农民出租的平房院落之中；农民以牺牲自己的居住环境为代价，对城市发展作出了重大贡献。对此，张强较早地呼吁：农民的"瓦片经济"是合情、合理、合法的，不应受到蔑视。他把这种经济现象称为"农村租赁经济"。通过进一步研究，张强认为，租赁经济已经成为城乡结合部农村经济的产业支柱和农民收入的重要来源；租赁经济的兴起，体现了农村企业经营模式的转变和农村工业化方式的进步。

"我的这些观点和成果，在书斋里是想不出来的，只能用脚跑出来。我之所以能够在解决城乡关系和'三农'问题方面形成一些思想和观点，只能归功于对农民实践的不停步的跟踪和学习。"谈起自己的研究成果，张强认为，进行创新性研究不仅需要知识和技能，而且更需要胆略和智慧，社会科学研究者需要一种执着的精神。

走基层感言：

社会科学研究的理想境界，是将理论应用于社会实践中，尤其是重要的社会实践活动中。社会科学研究的活力在于深入社会的实践调查，这样才能够把握住变化的规律性，也只有这样，社会科学研究才能解决现实问题。

——张强

观点

"中国梦"是科技创新梦

◎全国政协委员、中国科学院院士、吉林大学教授　冯守华

我认为"中国梦"是非常现实的问题，"中国梦"归根结底是国家的富强、民族的复兴和人民的幸福。

从全国政协委员的身份来讲，如何发挥政治协商、民主监督、参政议政三大职能，为构建"中国梦"添砖加瓦是我所思考的问题。同时，作为一名大学教授，我更加关注的是"科技创新梦"和"教育梦"。"中国梦"覆盖的范围十分广阔，核心竞争力是其重要组成部分。核心竞争力不高，"中国梦"将很难实现。无论是到2020年还是到本世纪中叶，我国对政治、经济、生态、社会等各方面都已经有了很好的规划，实现这一规划首先应把经济搞上去，经济发展靠创新推动。从自然科学出发，我认为"中国梦"是科技的创新梦。我国的科技创新与较发达国家相比，还相差较远，真实现科技"中国梦"还有距离，我们自主研发的东西还不多，原创性研究成果相对较少。实现"中国梦"必须在科技创新上有所突破，进行真正符合中国国情的应用研究和超前的基础研究。所以我期望在自然科学方面发扬创新精神和理念，从年轻研究人员抓起，进行原创性的突破，实现"中国梦"在自然科学领域里的编织。

"教育梦"是"中国梦"的另一重要组成部分。"梦"对于孩子来讲，除了指他们的美好心愿，还包括孩子与生俱来的好奇心，好奇心是做梦的基本，也是发明创造、科技创新的基础。为此，要改造我们的教育方式，特别是从事自然科学的人更要培养好奇心，为梦想打基础，将由好奇心引发的发明创造付诸实践，转化成生产力，进而提升国家综合竞争力，最终实现中华民族伟大复兴这个"中国梦"。

（本报记者郝欣、曾江　采访/整理）

唱响多彩川剧　促进文化复兴
——访全国人大代表、四川省川剧院院长陈智林

◎本报记者　郭潇雅　实习记者　吴运亮

"中国梦"是我们民族的信仰与寄托，是我们的精神家园，"中国梦"的实现，离不开先进文化建设，优秀的传统文化、民族文化为中华民族的伟大复兴提供着重要的支撑。全国人大代表、四川省川剧院院长陈智林认为，现在正是优秀传统文化、民族文化复兴的时代。

川剧具有深厚的民族文化传统和鲜明的地方特色，在巴蜀文化中具有独特而广泛的代表性，在传统文化传承中占有重要的地位。陈智林介绍说，四川省川剧院自1960年成立以来，创作表演了一大批优秀剧目，造就了一大批具有代表性和传承性的艺术人才。创作演出的经典川剧《变脸》、《易胆大》、《巴山秀才》等剧目获得业界和观众肯定，并多次荣获国家大奖。四川省川剧院演出团队以丰富多彩的川剧综艺节目为手段推出形式、不间断地组织"川剧三下乡"活动，得到了当地百姓的好评。

陈智林表示，倡导与引领优秀传统文化、民族文化的复兴，对于国家的发展和繁荣发挥着重要的作用。在"中国梦"的实现过程之中，怎样做好自己的本职工作，使文化更好地为民众服务，对文化工作者提出了新的要求。

谈到川剧的发展，陈智林告诉记者，川剧最重要的不是没有"观众"，而是有"众"无"观"。虽然观看需求存在，但是目前剧场的建设还远远落后于需求，川剧的发展需要载体，需要公共平台。陈智林说，目前四川很多地、市、县没有剧场，使川剧的发展面临着较大阻碍。各地、市、县除了建设图书馆、博物馆等公共服务平台之外，也应顺应时代和社会发展，适当搭建一些剧场。

文化的大发展、大繁荣离不开人才队伍的建设。陈智林认为，只要川剧人才层出不穷，川剧事业就会不断发展繁荣。此外，陈智林还提到，对于戏剧的研究不能只是"在博物馆里"，而是要追求其本质，在有生机的环境中推动其发展。陈智林表示，四川省川剧院将继续为繁荣文化、服务百姓而努力，用中华民族优秀的传统文化唱响美丽的"中国梦"。

动态

《大舜文化与夏、商文化》将出版

本报山东讯（记者张杰）3月7日，记者从山东省大舜文化研究会二届四次理事会上获悉，经过多年筹划、准备，《大舜文化与夏、商文化》等著作将于今年出版。

舜文化在我国传统文化史和中国文明探源中占有重要地位，是齐鲁文化的源头，有必要对其进行历史学、考古学等多学科的深入研究。山东省大舜文化研究会会长谢玉堂在会上介绍说，"大舜文化与夏、商文化"研究课题由山东大学文史哲研究院教授孟祥才主持，侧重于考察大舜创立的虞国制度对夏、商两代的政治影响，从而论证大舜开创的政治制度是如何延伸到中国奴隶社会的。

舜文化的核心是孝德文化，司马迁在《史记》中称，"天下明德皆自虞帝始"。山东省社科联副主席周志高在会上表示，大舜文化的深入研究，对弘扬中华优秀传统文化、推进社会主义核心价值体系建设，将起到积极的推动作用。

记者了解到，2013年山东省大舜文化研究会将陆续推动舜文化研究向更深领域发展，《中国民族部落的大一统——兼论炎、黄、虞的历史地位》、《中国奴隶社会的大一统——兼论舜、禹的历史地位》、《中国封建社会的大一统——兼论秦始皇的历史地位》、《大舜文化与齐鲁文化》等诸多研究成果将陆续问世。

山东着力建设"数字图书馆推广工程"

本报山东讯（记者张清俐）3月9日，记者从山东省图书馆获悉，今年山东省将着力建设"数字图书馆推广工程"，预计将于2013年底前完成工程的全省部署。

山东省图书馆信息中心主任孙振东告诉记者，山东省数字图书馆于2002年开始探索建设，经过几年的不断升级改造，目前已经形成较为完善的软硬件体系和数字应用系统，数字信息存储量40TB，服务器48台，存储容量80TB，网络接入1000M。作为工程的中心节点和管理节点，山东省数字图书馆多年来良好的建设和服务经验为进一步在全省部署实施"数字图书馆推广工程"打下了良好的基础。

据记者了解，"数字图书馆推广工程"的实施包括软硬件平台搭建、资源建设、信息服务构建及人员培训等内容，目前已完成山东省图书馆作为山东省"数字图书馆推广工程"中心节点的软硬件及网络平台的建设任务，并实现与国家图书馆虚拟网络的联通，具备管理和服务全省虚拟网络的能力。

关注

现代体质人类学研究具有较高"科学"色彩

◎本报记者　张清俐　张杰

> 目前的体质人类学研究已经从以往的描述性和分类性工作转变为现今的以假说的检验、推理的构建、问题的解决为主，而这些又是构成现代科学研究的基本要素，这说明现代体质人类学的研究具有了较高的"科学"色彩。

体质人类学是一门研究人类的体质特征、类型及其在时间和空间上的变化规律的科学。随着多学科交叉性研究的不断深入，交叉研究所产生的丰硕成果拓宽了体质人类学的研究视野。

体质人类学属于交叉型学科

虽然体质人类学有着150余年的独立学科史，但记者了解到，即使到目前，国内外学界对体质人类学的学科定位尚未形成共识。以我国为例，体质人类学研究在若干不同的学科门类中都有分布，而国外学界对体质人类学的学科定位也存在分歧。

辽宁医学院生物人类学研究所所长席焕久告诉记者，从人类学的学科谱系来说，体质人类学与文化人类学共同构成人类学这一学科群，两者分别从生物和社会文化两个角度对人类进行研究。

吉林大学边疆考古研究中心主任朱泓表示，体质人类学是一门从生物学、遗传学角度研究古今人类的体质特征、类型及其起源、演变规律的学问，从这一意义上来说它应该隶属于自然科学范畴中的生物学门类。但是由于作为研究对象的人是具有自然属性和社会属性的特殊动物，体质人类学中现代人体质特征和类型研究、人类起源问题研究、人类种族变异问题研究等领域涉及大量的人文社会科学内容，因此，把体质人类学定位于介于自然科学和人文社会科学之间的交叉学科的提法是比较恰当的。

中央民族大学民族学与社会学学院副院长戴成萍认为，体质人类学是旨在理解人类共性、文化的生物学基础和生物与文化互动关系的分支学科。中国科学院古脊椎动物与古人类研究所古人类研究室主任刘武认为，在体质人类学领域，纵向的研究是追溯人类作为一个物种的起源与进化过程；横向的研究则是探讨族群的多样性、人类生物性在不同环境下的适应与反应等。

研究呈现跨学科趋势

体质人类学交叉型学科的性质决定了其与多学科的密切关系。朱泓介绍说，体质人类学不仅与自然科学领域中人体解剖学、生理学、病理学、生物学、地质学之间有着交叉研究，与社会科学领域中的民族学、考古学、语言学也有着密切联系。

在考古学领域，体质人类学在跨学科研究方面取得许多重大突破。朱泓介绍说，分子考古学利用分子生物学的技术对古人骨和古代动植物遗存中残存的DNA进行提取、扩增、测序和分析，可以了解其遗传学结构；古病理学对古代人类遗骸进行病理学观察、检测、统计和分析，可以了解这些人群和个体生前的健康状况、生活习俗和死亡原因；古人口学将体质人类学对性别、年龄鉴定的结果与聚落考古所提供的人口信息结合起来，可以对古代人群的人口规模、平均寿命、性别比例问题进行研究；骨化学对古代人类和动物骨骼中的稳定同位素碳、氮、锶等进行研究，可以探讨古人类的食谱和迁徙等问题。

席焕久表示，虽然人类学有体质人类学与文化人类学之分，但体质人类学对古人类化石的研究需要了解化石所属年代的社会文化环境，而文化人类学研究也需要体质人类学的实验与观察所取得的科学数据印证其推论。目前这两大分支学科交叉和融合的不断加强将推动人类学这一庞大学科群取得更加丰硕的研究成果。

研究方法不断创新

朱泓介绍说，传统的体质人类学研究方法主要包括测量技术、形态观察和统计学分析三部分。近年来，随着自然科学的长足进展和各学科之间的相互渗透，体质人类学研究中出现了一系列新方法，例如胚胎学、组织学、生理学、病理学、群体遗传学和分子生物学方法等。特别是其中的分子生物学方法自20世纪80年代以来，在体质人类学的研究中受到各国学者的普遍关注。这些新方法的引入为体质人类学研究带来崭新的面貌。

在研究方法的创新性上，中国科学院古脊椎动物与古人类研究所所取得了长足发展。刘武介绍，研究人员运用了头骨的CT扫描技术、3D激光扫描技术、几何形态测量技术等高科技手段对古人类头骨、牙齿等信息的采集与分析，丰富了对古人类族群体征的了解，也为文化人类学研究古代社会环境变迁、古人类生活方式等提供了重要信息。

中山大学健康与人类发展研究中心副主任李法军介绍说，近30年来，体质人类学已经逐渐脱离了19世纪纯粹的种族形态学的方法和概念的束缚。目前的研究已经从以往的描述性和分类性工作转变为现今的以假说的检验、推理的构建、问题的解决为主，而这些又是构成现代科学研究的基本要素，这说明现代体质人类学的研究具有了较高的"科学"色彩。

朱泓告诉记者，我国体质人类学发展所面临的挑战主要集中在队伍建设和人才培养方面。随着我国大规模基础设施建设的展开，基建考古和遗产保护的任务越来越重，急需更多体质人类学专业人员。

新自由主义无助于实现中国梦

北京大学　白雪秋

核心提示：撒切尔夫人和里根总统之所以推崇新自由主义，一方面是为了扭转当时国内效率低下、经济停滞的局面，同时更是为了增强国际垄断资本的竞争力，特别是加大与前苏联对抗的筹码

产生于亚当·斯密古典自由主义基础上的新自由主义，虽然有很多反映现代市场经济一般规律的合理主张值得借鉴，但随着“华盛顿共识”的形成与推行，新自由主义已经从学术理论嬗变为国际垄断资本主义的经济范式、政治纲领和意识形态。尽管新自由主义始终打着自由主义的旗号，但其标榜的“自由”已远不是一般经济学理论意义上的公平规则下的双向和多方自由，而是具有话语霸权的国际垄断资本的自由，即任垄断资本在世界各国横冲直撞牟取暴利的自由。而相应地，资本引进国只能是“被自由”：被开发、被掠夺、被动荡、被危机了。在全球长期推行新自由主义的后果是国际金融危机的不可避免和全球发展灾难。新自由主义不仅无助于中国梦的实现，而且还会与之渐行渐远。

新自由主义作为经济理论的内在逻辑缺陷

作为经济理论，新自由主义的核心主张即“三化”——完全的市场化、绝对的自由化和彻底的私有化。这是一种以市场原教旨主义为核心，适应国家垄断资本主义向国际垄断资本主义转变需要的理论。其包含以下内在的逻辑缺陷：

其一，市场万能的极端性。新自由主义所主张的“市场化”是完全的市场化，主张政府管得越少越好，甚至不管最好。然而，由于竞争会导致贫富的两级分化、竞争主体的趋利性会无视外部性等，市场机制在公平分配方面往往又是失灵的，因而，必须辅以政府的宏观调控来弥补“市场失灵”，以求效率与公平的均衡。多年来，新自由主义与国家干预主义在西方经济学中一直存在着争论。由此，许多经济学家认为，“高功效市场需要坚强国家行为”。

其二，绝对自由的虚伪性。新自由主义的“自由化”以个人自由为前提，无视自由所依赖的“物质资源”，事实上只能是“生产资料私有者”最大限度地榨取剩余价值的自由，是具有话语霸权的垄断资本垄断高额利润的自由，而没有物质基础的人们只能有出卖自己劳动力的自由、有平等地接受资本剥削和奴役的自由。

长期推行自由化的结果也恰恰证实了新自由主义绝对自由的虚伪性。从国际上来看，资本在世界各国和地区之间完全自由流动，其实是垄断资本在世界范围内寻求暴利的自由，而穷国成了自由的牺牲品。特别具有讽刺意味的是，新自由主义在强行为其所谓的“自由”开路时，不惜动用独裁、压迫、反民主手段乃至暴力。皮诺切特统治下的智利就是一个赤裸裸的案例。

第三，唯私有才效率的神话性。新自由主义认为，企业私有乃是实现个人自由、经济自由和提高经济效率的基本前提和基础，甚至把私有化吹捧到无与伦比的地步，反对公有制。其实，在资本主义的实践中，私有化和国有化一直是在交替进行着的。根本不存在所谓的“私有产权神话”。美国著名金融家迈克尔·赫德森于 2007 年 1 月撰文《私有化的神话和现实》，对私有化的“优越性”作了有理有据的质疑。他指出，在宏观经济层面上，新自由主义经济学家们谈的“私有化在本质上比公共运营和公共所有权更有效率”的观点缺乏依据。而且，私有化只有利于少数资本家和既得利益集团，根本谈不上“能惠及所有人”。

自由主义作为政治纲领和意识形态的资本扩张性质

20 世纪 70 年代，资本主义经济出现了生产停滞和通货膨胀并存的局面，这使得处于主导地位的凯恩斯主义陷入了尴尬境地。于是，新自由主义乘势重新崛起，并于 70 年代末、80 年代初随着英国首相撒切尔夫人和美国总统里根的大力推行而日渐兴盛，并逐渐取代凯恩斯主义成了西方经济学的主流。英国首相撒切尔夫人和美国总统里根之所以推崇新自由主义，一方面是为了扭转当时国内效率低下、经济停滞的局面，同时更是为了增强国际垄断资本的竞争力，特别是加大与前苏联对抗的筹码。

1990 年，一些国际组织和学者把新自由主义理论及政策系统化，形成“华盛顿共识”，并用于指导拉美及其他发展中国家的经济调整与改革。由此，新自由主义从一般学术理论嬗变为国际垄断资本主义的经济范式、政治纲领和意识形态。比如，“华盛顿共识”极力主张贸易自由化、金融自由化和投资自由化，要求发展中国家敞开国门，降低或取消各种贸易壁垒，为国际垄断资本全球扩张、攫取高额垄断利润扫清制度障碍。但西方发达国家本身却从来没有完全实行过这样的自由化，相反却通过政府补贴、非关税壁垒，甚至滥用反倾销和特殊保障措施等，大搞贸易保护主义；“华盛顿共识”极力主张国有企业私有化，要求发展中国家通过各种方式大规模出售国有企业，其政治目的就是用资本主义制度取代社会主义制度，以最终实现资本主义私有制的一统天下；“华盛顿共识”极力主张减少国家对市场的干预，要求发展中国家取消或放松政府对经济特别是对投资和金融的管制，任由“看不见的手”掌控这些国家经济的调整和发展。而就发达国家自身而言，凡是有利于国际金融垄断资本运行的国家干预、有利于资本主义克服危机的政府调控、有利于垄断资本攫取超额垄断利润的政策措施，全部予以保留并不断加强之。由此可见，“华盛顿共识”表面上以维护和弘扬作为人类最高价值准则的“自由”自居，其实质却是用国际垄断资本主义的意识形态影响世界，为国际垄断资本掠夺和剥削发展中国家提供理论依据和政策支持，并通过“三化”把公有制化掉、把政府的宏观调控化掉、把遏制资本扩张的力量统统化掉，从而达到用资本主义制度“规制”世界的目的。正如迈克尔·赫德森的分析：“作为一项国际政策，私有化主要是由美国政府的战略家推动的，目的是要瓦解俄罗斯的工业力量——并以此消除潜在的军事竞争对手。作为华盛顿共识的主要内容，私有化成为冷战的终结者。”总之，新自由主义不仅是资本霸权的理论工具，更是资本扩张、资本奴役劳动的意识形态，是试图用资本主义规制世界的政治纲领。

新自由主义作为经济范式的实践后果：
从虚假繁荣到金融危机

以“华盛顿共识”的诞生为标志，新自由主义自上世纪90年代开始在全球蔓延并一度呈加剧之势。结果是新自由主义推行到哪里，哪里就不再自由了。拉美国家多年来作为美国推行新自由主义的试验场，付出了极其惨重的代价，失业率剧增、贫困化问题凸显，尤其是民族工业遭受重创，陷入举步维艰的境地。同时，政府调控无力，社会发展极端不平衡。不仅如此，金融自由化还导致了1994年的墨西哥金融危机、1999年的巴西货币危机和2001年的阿根廷债务危机等等。

新自由主义的“休克疗法”使俄罗斯人民苦不堪言。1992年初，俄罗斯激进民主派政府推出了以“华盛顿共识”为依据的“休克疗法”式经济转轨方案。该方案的核心内容是市场自由化、国有企业私有化和经济稳定化。结果在实施“休克疗法”的十年里，俄罗斯国民经济和工业生产下降了一半，作为世界上曾经唯一能够与美国抗衡的国家，已今非昔比了。1997年3月首发于泰国的挤兑风潮，挤垮银行56家，泰铢贬值60%，股票市场狂泻70%。由泰国引起的金融动荡向其他国家和地区蔓延，马来西亚、印度尼西亚、韩国、日本、台湾、香港均受重创。而在这些国家和地区人民的资产大为缩水的同时，欧美国家却利用亚洲货币贬值、股市狂泻的时机，纷纷兼并亚洲企业，购买不动产，以其1%的代价轻易获取了百分之几百的财产。而东南亚这些国家由于银行倒闭，金融业崩溃，导致经济瘫痪，从而激化了国内的矛盾，造成人心涣散，社会秩序混乱，甚至导致国家政权不再稳定，危及到了各国的国家安全。

新自由主义的借鉴与反思：
通过中国道路实现中国梦

批评新自由主义，不等于否定市场经济改革。新自由主义关于市场是有效的资源配置机制，关于加强财政纪律、减少财政赤字、降低通货膨胀率、稳定宏观经济形势，关于反对国家过度干预、提高行政效率并把政府的行为纳入法制轨道等主张，无疑具有合理性，是值得各国在改革实践中借鉴的。应当反思的是把这些主张极端化，即市场万能论、私有产权神话、无约束的单向自由。特别要警惕国际垄断资本以拯救全人类为名而行掠夺全人类之实，警惕西方敌对势力把推行新自由主义作为“西化”和“分化”发展中国家的重要工具。事实上，随着新自由主义危害的日益加深和不断显现，特别是国际金融危机的爆发，世界各国也都在深刻反思并不断抛弃新自由主义。

总结经验、汲取教训，是继续前进的起点。中国经过30多年的改革开放，坚持走中国特色社会主义道路，取得了举世瞩目的巨大成就。面对浩浩荡荡的时代潮流，面对人民群众过上更好生活的殷切期待，中国要在建党和建国这两个“一百周年”分别实现全面建成小康社会、建成富强民主文明和谐的社会主义现代化国家的奋斗目标，必须继续坚定不移地通过走中国特色社会主义道路实现中国梦，坚持道路自信、理论自信和制度自信。道路、理论体系、制度，三者相互联系、不可分割。

道路关乎党的命脉，关乎国家前途、民族命运、人民幸福。中国特色社会主义道路的实质，就是坚持一切从中国实际出发，实现马克思主义基本原理同中国实际相结合。实践充分证明，这条道路之所以能够引领中国发展进步，之所以是中华民族伟大复兴的必由之路，关键就在于既坚持科学社会主义的基本原则，又根据和平与发展的时代主题和社会主义初级阶段的最大实际，赋予其鲜明的时代特征和中国特色。

理论是行动的指南。党在改革开放实践中逐步形成的中国特色社会主义理论体系，是符合中国这样人口多、底子薄的东方大国实际的当代中国的马克思主义；是中国共产党在探索中国特色社会主义道路过程中不断提高对共产党执政规律、社会主义建设规律、人类社会发展规律的认识的独创性理论成果；是马克思主义中国化的最新成果，是全国各族人民团结奋斗的共同思想基础。在当代中国，坚持中国特色社会主义理论体系，就是真正坚持马克思主义。

制度是根本保障。道路自信、理论自信，最终要落实在制度自信上。坚持中国特色社会主义制度，就是要牢牢把握人民当家作主的制度本质，坚持把根本政治制度、基本政治制度同基本经济制度，以及各方面体制机制等具体制度有机结合起来，坚持把国家层面民主制度同基层民主制度有机结合起来，坚持把党的领导、人民当家作主、依法治国有机结合起来，保证发展为了人民、依靠人民，发展的成果为全体人民所共享。

总之，在深刻反思新自由主义的实质和危害的基础上，面对国际局势的云谲波诡和国内形势的纷繁复杂，我们必须始终保持自信和冷静，一定要在继续深化改革中巩固和完善社会主义制度，而不是削弱和抛弃社会主义制度；在继续扩大对外开放的同时，确保国家的主权独立和经济安全而不是丧失其独立和安全；在积极融入经济全球化的进程中高度警惕“全球一体化”的陷阱，而不能有意无意地深陷其中；在经济发展和现代化建设中逐步缩小贫富差距，实现共同富裕而不能造成两极分化。一定要通过走中国道路实现中国梦，而不能走改弦易帜的邪路和封闭僵化的老路。

（作者：北京大学马克思主义学院教授、博导，本文系北京市哲学社会科学规划项目成果）

使市场在资源配置中起决定性作用

高尚全

十八届三中全会《中共中央关于全面深化改革若干重大问题的决定》(以下简称《决定》)提出:"经济体制改革是全面深化改革的重点,核心问题是处理好政府和市场的关系,使市场在资源配置中起决定性作用和更好发挥政府作用。"市场在资源配置中起决定性作用,要求我们必须遵守市场经济的一般规律,更好发挥政府作用,使经济社会获得持续健康发展。这对实现"两个百年"的目标、实现中华民族的伟大复兴都有重大的现实意义和深远的历史意义。

对市场配置资源的认识过程

社会主义市场经济的内涵,特别是市场在资源配置中处于一个什么样的地位、应当发挥什么样的作用,我们党对这一问题的认识,经历了三个阶段。

第一个阶段:从十二届三中全会到十四大和十四届三中全会。1984 年十二届三中全会提出,社会主义市场经济体制是有计划的商品经济,1987 年十三大提出了社会主义商品经济,其内涵是计划调节与市场调节相结合,在描述运行机制时谈到国家调控市场、市场引导企业,虽然隐含了国家计划走向间接调控的意思,但计划仍占据着重要地位。有人简单认为计划经济就是社会主义,有人主张回到计划经济为主、市场调节为辅的提法。在这种不利情况下,小平同志的南方谈话使改革回到了正确的航向,小平同志明确提出,"计划多一点还是市场多一点,不是社会主义与资本主义的本质区别。计划经济不等于社会主义,资本主义也有计划。市场经济不等于资本主义,社会主义也有市场。计划和市场都是经济手段。"此后,经过对过去社会主义经济建设经验得失的认真总结,十四大提出"市场在社会主义国家宏观调控下对资源配置起基础性作用"。十四届三中全会将表述修正为"市场在国家调控下发挥基础性作用",并在此基础上,构建了社会主义市场经济的五大支柱。

第二个阶段:从十四届三中全会到十六届三中。社会主义市场经济初步建立并运行多年之后,一些深层次的矛盾逐渐暴露,对社会主义市场经济的进一步完善成为一项重大的理论和现实命题。国家宏观调控是作为对资源配置的前提条件,还是属于市场经济的重要内容?宏观调控是资源在市场配置的基础上发挥政府的作用,还是资源在政府作用下发挥市场的作用?资源配置的主体是政府还是市场?是政府主导还是市场主导?原有的定义均无法厘清这些问题,而这些问题一旦搞错,社会主义市场经济就有可能沦为计划经济的翻版。党的十六大提出"在更大程度上发挥市场在资源配置中的基础性作用",党的十七大提出"从制度上更好发挥市场在资源配置中的基础性作用",党的十八大提出"更大程度更广范围发挥市场在资源配置中的基础性作用"。将社会主义市场经济的内涵进一步拓展为更大程度更广范围发挥市场在资源配置中的基础性作用。

第三个阶段:从十六届三中全会到十八届三中全会。十六届三中全会以来,虽然已经明确了"市场在资源配置中的基础性作用",但是市场的这个基础作用与国家宏观调控的关系在很多情况下还是容易被混淆,看得见的手经常取代看不见的手发挥作用,造成市场的紊乱。各级政府和部门总是过分强调自己的宏观调控职能,很大程度上是计划经济时期行政性控制的翻版。尤其是在遇到国际性的经济、金融危机时,政府的紧急干预措施被当作圭臬,使市场在资源配置中的基础性作用被削弱,同时造成了产能的大量过剩。必须明确,政府宏观调控不是资源配置的前提,配置资源的主体是市场,而不是政府。于是十八届三中全会《决定》明确提出:"使市场在资源配置中起决定性作用和更好发挥政府作用。"

经过这三个阶段,我党对社会主义市场经济内涵的认识,从基础性作用上升到了决定性作用,这是解放思想带来的重大突破,是经济体制改革的重大创新,也是下一阶段全面深化改革尤其是深化经济体制和政治体制改革的工作重心。

以市场在资源配置中的决定性作用来深化改革

《决定》指出:"建设统一开放、竞争有序的市场体系,是使市场在资源配置中起决定性作用的基础。必须加快形成企业自主经营、公平竞争,消费者自由选择、自主消费,商品和要素自由流动、平等交换的现代市场体系,着力清除市场壁垒,提高资源配置效率和公平性。"必须紧紧围绕发挥市场在资源配置中的决定性作用来深化改革,核心是要厘清政府与市场的关系,重点在于进一步夯实市场基础,注重运用市场经济的普遍规律,强化社会主义市场经济的一般特征。

第一,发挥市场在资源配置中的决定性作用,要求市场资源要素的流转和聚集由市场的价值规律主导,并要剔除其中不良垄断和过度行政管制等人为设置的限制市场资源要素流动的各种障碍。为此,《决定》明确提出:"建立公平开放透明的市场规则。实行统一的市场准入制度,在制定负面清单基础上,各类市场主体可依法平等进入清单之外领域"。《决定》还旗帜鲜明地指出:"实行统一的市场监管,清理和废除妨碍全国统一市场和公平竞争的各种规定和做法,严禁和惩处各类违法实行优惠政策行为,反对地方保护,反对垄断和不正当竞争。"这就对我国目前电信、能源、金融等领域仍广泛存在的行政垄断提出了明确的改革要求。《决定》同时就这些方面关键环节的改革提供了明确的思路:"完善主要由市场决定价格的机制。凡是能由市场形成价格的都交给市场,政府不进行不当干预。推进水、石油、天然气、电力、交通、电信等领域价格改革,放开竞争性环节价格。政府定价范围主要限定在重要公用事业、公益性服务、网络型自然垄断环节,提高透明度,接受社会监督。完善农产品价格形成机制,注重发挥市场形成价格作用。"

《决定》还在保持稳健的基础上,逐渐放开对农村土地这一重要市场资源的束缚,决定要求:"建立城乡统一的建设用地市场。在符合规划和用途管制前提下,允许农村集体经营性建设用地出让、租赁、入股,实行与国有土地同等入市、同权同价。”这有利于保护农民财产权,并能够推动农村土地按市场规律进行流转,为土地价格形成机制带来更多的市场化因素。这是紧紧围绕发挥市场在资源配置中的决定性作用深化改革的一项重大内容。

第二,发挥市场在资源配置中的决定性作用,要求市场主体必须符合市场经济的要求。国有企业是我国社会主义市场经济中制造商品和提供服务并参与市场竞争的重要市场主体。长期以来,我国国有企业虽然经过多轮市场化改造,但仍存在一些不符合市场经济要求的问题,比如绝大多数国企领导都有从政履历并带有行政级别,国有企业所具备的这些独特资源影响了市场的平等性要求、公平竞争等等。为此,《决定》指出,“国有企业总体上已经同市场经济相融合,必须适应市场化、国际化新形势,以规范经营决策、资产保值增值、公平参与竞争、提高企业效率、增强企业活力、承担社会责任为重点,进一步深化国有企业改革。”针对国企领导的行政背景等突出问题,《决定》也提出要“健全协调运转、有效制衡的公司法人治理结构。建立职业经理人制度,更好发挥企业家作用。深化企业内部管理人员能上能下、员工能进能出、收入能增能减的制度改革。建立长效激励约束机制,强化国有企业经营投资责任追究。探索推进国有企业财务预算等重大信息公开。国有企业要合理增加市场化选聘比例,合理确定并严格规范国有企业管理人员薪酬水平、职务待遇、职务消费、业务消费”。目前,国资委正制定关于央企一把手进行市场化选聘的政策,这是围绕市场化决定性作用作出的有益的改革探索。

第三,发挥市场在资源中的决定性作用必须准确定位宏观调控。《决定》指出:“宏观调控的主要任务是保持经济总量平衡,促进重大经济结构协调和生产力布局优化,减缓经济周期波动影响,防范区域性、系统性风险,稳定市场预期,实现经济持续健康发展。健全以国家发展战略和规划为导向、以财政政策和货币政策为主要手段的宏观调控体系,推进宏观调控目标制定和政策手段运用机制化,加强财政政策、货币政策与产业、价格等政策手段协调配合,提高相机抉择水平,增强宏观调控前瞻性、针对性、协同性。”这表明,宏观调控是以财政政策和货币政策等间接调控手段为主,而非直接的行政手段;宏观调控的目的是在国家整体层面促进经济总量平衡和整体的经济结构协调,避免区域、系统性风险。结合《决定》对市场的决定性作用表述,可以明确宏观调控是在市场配置资源的基础上发挥政府的作用。

如何撬动市场力量应当成为政府宏观调控考虑的重点,政府应避免频繁过度采取短期不得不直接介入市场的行为,同时要考虑经济运行恢复常态时的“淡出”安排。

更好发挥政府作用

《决定》指出:“科学的宏观调控,有效的政府治理,是发挥社会主义市场经济体制优势的内在要求。”围绕市场在资源配置中起决定性作用,必须切实转变政府职能,减少政府对资源的直接配置,加强优化政府的公共服务职能,强化市场监管,维护市场秩序,保障公平竞争,建设《决定》要求的“法治政府和服务型政府”。

一是,转变政府职能,必须明晰政府与市场的不同职能。市场在资源配置中起决定性作用,表明经济发展的主体力量在市场,企业和老百姓才是创造财富的主体,政府应该是创造公平竞争环境的主体。政府的职能要转到为市场主体服务、创造良好的环境上来,政府要通过保护市场主体的合法权益和公平竞争,激发社会成员创造财富的积极性,增强经济发展的内在动力。

明确了政府与市场的不同职能,政府要引导产业的升级发展,就会避免直接干预,尽量通过市场的决定性作用来实现促进产业升级的目标。《决定》指出:“企业投资项目,除关系国家安全和生态安全、涉及全国重大生产力布局、战略性资源开发和重大公共利益等项目外,一律由企业依法依规自主决策,政府不再审批。”但是一些地方政府不顾这种市场经济一般规律,不顾产业基础和市场环境,只管通过给项目、定企业的行政方式,以土地和贷款的优惠吸引投资,造成无序的产业扩张,形成产能过剩,导致企业、产业和政府都陷入困境。如,有的地方为了支持新兴产业,要拿出100亿资金,这100亿如何分配?用老办法,通过财政部门分配,撒胡椒面,重点不突出,效果不明显,而且容易造成分配不公和腐败。为此有专家向地方的主要领导同志提出建议,通过基金的办法以市场机制来配置财政资源,通过竞争和专业管理,提高了资金使用效率,并能够使政府扶持资金不断发展壮大。这个方式一方面尊重了市场的一般规律,一方面又帮助政府实现调控目标,同时节约了资金,尊重和发挥市场的决定性作用就能够一举两得。

二是,转变政府职能,必须加强政府公共服务。《决定》指出:“让发展成果更多更公平惠及全体人民。”政府应当着力建立以权利公平、机会公平、规则公平为主要内容的社会公平保障体系。建立公平的社会保障体系是发挥政府积极职能,防范市场失灵的重要内容。市场经济优胜劣汰的规律决定了市场在优化资源配置的同时也会产生许多失败的被淘汰者。而即使是市场竞争的优胜者有时也难免因为天灾人祸的影响而遭遇危机。公平的保障体系能够为市场主体参与市场竞争免除后顾之忧,为广大社会成员提供有效的义务教育、基本医疗和公共卫生、公共就业服务、基本社会保障等基本公共服务,促进市场经济和谐健康发展,使经济发展的成果充分体现为人的全面发展。从我国的国情出发,社会公平保障体系的建设主体是政府,政府发挥着关键性的作用。

三是,转变政府职能,必须以建设法治政府为导向,落实放权、限权、分权。《决定》要求全面正确履行政府职能,并要求“进一步简政放权,深化行政审批制度改革,最大限度减少中央政府对微观事务的管理,市场机制能有效调节的经济活动,一律取消审批,对保留的行政审批事项要规范管理、提高效率;直接面向基层、量大面广、由地方管理更方便有效的经济社会事项,一律下放地方和基层管理”。落实《决定》的这些放权要求有利于调动社会的积极性,有利于改革红利的进一步释放。

落实《决定》的转变政府职能要求,除了简政放权之外,必须通过法治的手段推进法治政府的建设。为此,《决定》明确要“建设法治中国,必须坚持依法治国、依法执政、依法行政共同推进,坚持法治国家、法治政府、法治社会一体建设”。法治的要义在于限制公权、保障公民权利。这就必须要尊重宪法的权利本位,使政府公权行为,法无授权即禁止,公民权利行为,法不禁止即自由,《决定》指出:“宪法是保证党和国家兴旺发达、长治久安的根本法,具有最高权威。”为此,要进一步完善人民代表大会制度,使各级人民代表能够依法对行政权力进行制约,通过制度安排,让全体人民依法平等享有权利和履行义务,进一步实现社会公平正义。

(作者:中国经济体制改革研究会名誉会长。本文系北京市哲学社会科学规划项目研究成果)

巩固共同思想基础的关键是坚持党的领导

——学习习近平总书记系列重要讲话体会之十八

许志功

共同的思想基础，是维系和支撑一个政党、一个国家、一个民族生存发展的魂。没有了这个魂，党就要瓦解、国家就要分裂、民族就要解体，人民就要遭殃。在长期的共同奋斗中，我们党和人民紧密团结，形成了共同的思想基础。这种共同的思想基础，概括地说就是在中国共产党领导下，走中国特色社会主义道路，实现中华民族的伟大复兴。其中，最关键的是中国共产党领导。没有党的领导，就没有中国特色社会主义道路，就没有中华民族的伟大复兴。巩固党和人民团结奋斗的共同思想基础，关键是要坚持党的领导，进一步解决好党相信人民、依靠人民、为了人民以及人民信任党、热爱党、支持党的基本问题。

充分认识坚持党的领导的极端重要性

打牢共同思想基础，前提是充分认识坚持党的领导的极端重要性。现代社会的政治，本质上说是政党政治。人类进入现代社会以来，任何一个民族、国家都离不开政党的领导。在中国，更不能没有中国共产党的领导。没有共产党，就没有新中国；没有共产党，就没有新中国成立以来的发展进步；没有共产党，中国就不可能有一个更加光明的未来。这几句极朴实的话，反映的是一个伟大的真理：只有中国共产党才能救中国，才能发展中国。只有把握了这样一个伟大真理，才能在纷繁复杂的社会现实中清醒地认识党的领导、坚信党的领导，更加自觉地坚持党的领导。

1840年鸦片战争后，中国逐步沦为半殖民地半封建社会，亡国灭种的阴影笼罩在中国人的心头。“四万万人齐下泪，天涯何处是神州”，当时的那种悲惨境遇离我们并不久远。为改变中华民族的命运，无数仁人志士进行了千辛万苦的探索和不屈不挠的斗争，但却一次次地遭到失败。只有中国共产党，才真正担负起了实现中华民族伟大复兴的历史重任。中国共产党领导中国人民经过28年艰苦卓绝的斗争，推翻了“三座大山”，建立了中华人民共和国。新中国成立以后，党又领导全国人民不断进行探索，走出了一条中国特色社会主义的崭新道路，取得了举世瞩目的伟大成就。第二次世界大战后，新独立的发展中国家纷纷涌入现代化道路，在当时相对有利的条件下，利用“后发优势”穷追猛赶了几十年。然而，除了少数国家取得一定成就外，大多数发展中国家和地区仍然挣扎于“陷进”之中。而中国这个十几亿人口的超大、超复杂的经济体，却实现了持续快速发展，创造了人类发展史上绝无仅有的奇迹。一切不抱偏见的人们都能够看到：共产党坚强有力的领导，是当代中国最大的政治优势。坚持中国共产党的领导，是中国人民顺应历史、遵从历史所作的真理性选择。

中国共产党是以马克思主义为指导的工人阶级政党，全心全意为人民服务是我们党的根本宗旨。90多年来，党进行的一切奋斗归根到底都是为了最广大人民的利益。从推翻“三座大山”，到确立社会主义基本制度，建立独立的比较完整的工业体系和国民经济体系，再到实行改革开放，每一个历史时期，每一个发展阶段，我们党都将决策的出发点立足于广大人民；党的一切工作，始终以最广大人民的根本利益为最高标准。我国是一个人口多、底子薄、经济社会发展很不平衡的国家。人民利益需求具有超常的广泛性和多样性，实现人民利益具有超常的复杂性和艰巨性。正是因为有了中国共产党这样一个能够代表最广大人民根本利益、集中反映和有效体现人民共同意愿的政治领导核心，才比较好地协调了各方面的利益关系，正确处理、妥善解决了各种矛盾，把各个地区、各个民族、各个层级的人民群众团结起来，形成一个强大的有着共同利益的整体。一些别有用心的人宣称“中国应该实行多党轮流执政”，说“这有利于民主，能更好地反映民意”。而事实上，西方国家的政党都是代表各个利益集团的政治工具，多党制反映的是不同利益集团的利益矛盾和冲突。它在通过各种方式移植到一些发展中国家之后，带来的更多是政治动荡、内耗丛生的灾难性后果。我国不存在多党轮流执政的政治基础和社会基础，人民的根本利益和国家的长治久安也不允许实行多党轮流执政。我国历史和国际经验早已证明，只有坚持共产党的领导，才是实现、维护、发展好最广大人民利益的根本保证。

毋庸置疑，我们已经取得了举世瞩目的巨大成就。但是前进的道路上依然困难重重，要在纷繁复杂的国际形势和激烈竞争中建设一个富强、民主、文明、和谐的社会主义现代化强国，实在是一件不轻松的事情。我们必须清醒地看到：目前世界上全部发达国家人口相加的总和也不到13亿，而我国要把如此庞大的人口带入现代化，其难度世所罕见；我国作为后发追赶型大国，在加快推进传统社会向现代社会飞速跨越的历程中，各种社会矛盾和问题往往会以叠加的方式集中涌现出来，要营造、保持和谐稳定的社会环境，其难度世所罕见；我国作为一个社会主义大国，历来被西方敌对势力所不容，在和平发展过程中会不断遭遇阻挠和遏制，“西化”、“分化”会以不同面目出现，要有效应对外来干扰、促成有利的国际战略态势，其难度世所罕见。

所有这一切，都决定着推进中华民族复兴之历史伟业，必须有中国共产党的坚强领导。我们党在长期奋斗中形成了其他政治力量无可比拟的诸多特有优势，包括理论优势、政治优势、组织优势、制度优势特别是密切联系群众的优势。正是这些优势的全面形成和坚持发挥，使我们党能够由小到大、由弱到强，团结带领全国各族人民谱写了中国革命、建设、改革的壮丽篇章。凭借着这些特有优势，无论在前进道路上遇到什么样的困难、风险，我们党都能够领导人民战而胜之，不断从胜利走向胜利。历史已经证明并将继续证明，坚持党的领导

是赢得中华民族更加美好未来的客观需要。

科学看待党在历史进程中所犯的错误

充分认识坚持党的领导的极端重要性，必须科学看待党在历史进程中所犯的错误。"人非圣贤，孰能无过？"由于事物本质的显露以及人们对它的认识都有一个过程，所以任何个人、任何政党，犯错误总是难免的。迄今为止，世界上还没有哪一个政党没有犯过错误，我们党自然也不例外。要求党不犯错误，要么是天真的，要么是过于苛求的，要么是别有用心的。正确认识党及其所犯的错误是非常重要的。如果不能科学看待党在历史进程中犯的错误，不能正确了解和认识党的历史发展的主流和本质，就会动摇对党的信赖、对中国特色社会主义的信念、对实现中华民族伟大复兴的信心，最终受损害的只有党和国家的事业以及广大人民群众的根本利益。这个道理，对于善良的人们是不难理解的。值得注意的是，现在有的人从我们党历史上犯的错误或现实中暴露出的问题入手，歪曲党的历史，玷污党的领袖，否认党的领导。他们的险恶用心是要搞垮中国共产党、灭亡社会主义中国。这是值得高度警惕的。

如何正确认识我们党及其所犯的错误呢？毛泽东同志在多篇著作中特别是在《矛盾论》、《实践论》中写道：看问题，第一要客观，不要主观；第二要全面，不要片面；第三要看本质，不要只看现象。这三句话，是对马克思主义认识方法的精辟概括，也为我们分析党的历史、科学看待党犯错误提供了基本方法。这种基本方法告诉我们：不能夸大党的错误而视党的成绩于不顾，不能把党在探索中的失误说成是"犯罪"，不能把党因对客观情况认识不足而犯的错误说成是"有意为之"，不能把党反对和着力纠正的问题说成是"党的本性使然"。

现在有些人纠结于"大跃进"，纠结于"文化大革命"以及毛泽东同志的晚年错误。他们借批判"大跃进"、"文化大革命"，全盘否定毛泽东同志，进而否定中国革命，否定社会主义革命和建设事业。这是极其错误的。正确评价我们党和毛泽东同志的历史地位，必须立足于党的整个历史，立足于毛泽东同志对中国革命的历史贡献，立足于他在党的历史发展的各个重要关头所起的关键作用。我们不能否认，如果没有"大跃进"、没有"文化大革命"，我们的发展、新中国的建设会有更好的基础。但是尽管如此，即便在那时，我们也仍然取得了巨大成就，在"一穷二白"的基础上建立起独立的比较完整的工业体系和国民经济体系。每一个不想割断历史的人都知道，如果没有1949年建立新中国，并在这个基础上进行社会主义革命和建设所积累的重要思想、物质和制度成果，改革开放就不可能顺利推进。毋庸讳言，今天的中国在取得巨大成就的同时，也暴露出很多问题，如贫富差距拉大、生态环境恶化、一些官员腐败等等，但这些问题更多的是发展中的问题，是发展起来以后凸显的问题。我们不能因为这些问题就否定取得的发展成就，就否定走过的发展道路。我们要分析总结党在探索道路上所经历的挫折、所造成的失误，更要看到我们党所犯的错误都是我们党自己纠正的，更要看到我们党坚持真理的勇气、纠正错误的决心、走出挫折的力量。中国共产党90多年的历史，是领导人民进行革命、建设、改革并取得伟大胜利的历史；是党自觉加强自身建设、保持和发展先进性、经受住各种风险考验而不断发展壮大的历史。这是党的历史发展的主线。看待党的历史，首先要从全局着眼，牢牢把握党的主线，分清主流与支流、本质与现象，决不能犯以偏概全的错误。

人类行为的负面效应有多种，大体上可以分为两类：一类是前进探索中的错误，另一类是逆历史潮流而动的犯罪。无论是在新民主主义革命时期还是社会主义建设时期，我们党都不可避免地犯了一些错误，有的错误还很严重。但仔细分析不难看出，这些错误都是在前进探索进程中发生的，因而不能无限上纲，将错误称之为"犯罪"。如果不想前进、不敢探索，许多错误自然就不会发生。但我们党的性质宗旨决定了：党要实现、维护和发展好人民的利益，就必须在探索中前进。如何在一个落后的东方大国进行无产阶级革命、革命胜利后如何建设社会主义、怎样巩固和发展社会主义、如何带领13亿人民走向现代化，对于这些问题，马克思没有在书本中提供既定答案，人类的以往发展也没有现成的道路可循，必须在实践中探索。这些都需要时间甚至是代价。对党在历史上曾经出现过的错误和曲折，我们需要做具体的、历史的分析，应着重于分析当时环境及犯错误的社会根源、历史根源和思想根源，既不能完全以今天的政治理念和社会运行规则去评判，也不能简单地归结于"个人品质"。

现在，有的人把"大跃进"、"文化大革命"说成是"毛泽东为了巩固个人权利而发动的"，这是十分荒谬的。大量材料证明，毛泽东同志发动"大跃进"的主观愿望，是力图抓住20世纪50年代中期出现的有利于国内和平建设的不可多得的历史机遇，在中国社会主义现代化建设上开创一个跨越式发展的局面。正如他经常说的："你有那么多人，你有那么一大块地方，资源那么丰富，又听说搞了社会主义，据说是有优越性的，结果你搞了五六十年还不能超过美国，你像个什么样子呢？那就要从地球上开除你的球籍！"毛泽东同志这种希望中国发展得快一些、好一些的急迫心情是溢于言表的。但是由于违背了经济规律，急于求成，反倒对我国经济建设造成了严重损害，这也是毛泽东同志所不愿看到的。至于"文化大革命"，毛泽东同志发动"文化大革命"的主观愿望，则是为抵御帝国主义"和平演变"、消除官僚主义和特权思想、防止资本主义复辟、并为人民群众参与对国家事务的监督管理寻找一条途径。然而，由于他对当时国内外阶级斗争形势以及党内的状况作了过于严重的错误估计，甚至认为中央出了修正主义，整个国家面临资本主义复辟的现实危险，因而认为只有实行"文化大革命"，才能把"走资本主义道路当权派"篡夺的权利重新夺回来，结果是造成了一场内乱。毛泽东同志尽管犯了这么严重的错误，但他是为国家、为人民，而不是为了一己之私利来考虑的。纵观毛泽东同志的一生，每一个正直的人都会看到，他是一位犯了严重错误而不自觉其为错误的伟大马克思主义者，他的错误是一个伟大马克思主义者的错误。正因为于此，中国人民原谅他的错误，始终牢记他的功绩。

不容否认，我们面临的反腐形势是异常严峻的：一是腐败现象呈现多发高发势头，而且涉案金额巨大，动辄上亿；二是案犯职高、权重、影响大，像刘志军、薄熙来等腐败案件，令人震惊；三是腐败手段和方式趋向多样化，运用专业化、高科技手段营私舞弊的案件不断增多。然而，一些别有用心的人借党内存在的腐败问题，歪曲党的性质，说什么这是"党的性质使然"，是"共产党无法根治的不治之症"。显然，这是不能接受的。每一个不带偏见的人都清楚，党内存在的腐败问题与党的性质是格格不入的，我们党是一贯反对腐败的，尤其是近年来反腐力度不断加大。把我们党一贯反对的腐败问题，说成是由我们党的性质所决定的，其用心是十分险恶，就是要借腐败问题来反对党、否定党。对此，我们必须高度警惕。形形色色的腐败分子，是在社会大变革、体制大转轨、机制不健全情况下的个人行为，决不是像有的人所说的是什么"党的性质的显现"。我们党是全心全意为人民服务的无产阶级政党，其性质决定了她不会显现为腐败，而必然显现为反腐败。事实也正是如此，我们党旗帜鲜明、一以贯之地反对腐败，特别是党的十八大以来以更大的力度反对腐败，正直的人们看得十分清楚。应该说，反腐效果也是好的。随着我们党和国家各项法规制度的完善，随着人民群众的积极参与，随着舆论监督作用的充分发挥，我国腐败问题滋生和发展的空间必将越来越小，腐败分子必将失去立足之地。腐败并非中国所独有，一些人对于华尔街金融系统的严重腐败等却视而不见，反而一味鼓吹要“全盘引入西方社会的政治模式”。他们的意图十分清楚，就是要否定中国共产党的领导，并由此否定中国特色社会主义道路。对此，我们要有清醒的认识和坚决反对的态度。

大力加强党的自身建设

党要成为中国特色社会主义事业的坚强领导核心，关键是要加强党的自身建设。习近平同志常说：“打铁还需自身硬。”要增强人民对党的信任，必须把党自身建设好。改革开放以来，我们党紧紧围绕中国特色社会主义伟大事业，全面推进党的建设新的伟大工程，取得了明显成效。但是必须看到，新形势下党所处历史方位和执政条件发生了重大变化，党的自身状况也发生着深刻变化。党面临的执政考验、改革开放考验、市场经济考验、外部环境考验是长期的、复杂的、严峻的，精神懈怠危险、能力不足危险、脱离群众危险、消极腐败危险更加尖锐地摆在全党面前。只有全面加强党的自身建设，不断提高党的建设科学化水平，才能切实解决好党自身面临的各种问题。只有解决好党自身面临的各种问题，人民群众才能更加坚定对党的信任，更加增强对党的领导的信心。

加强党的自身建设，要切实坚持党要管党、从严治党的方针。这一方针，是我们党经受“四大考验”、克服“四种危险”，不断提高自我净化、自我完善、自我革新、自我提高能力的必然选择。实践证明，党要管党，才能管好党；从严治党，才能治好党。要把党要管党、从严治党的方针贯彻和体现到党的思想建设、组织建设、作风建设、反腐倡廉建设和制度建设的各个方面和各项工作中。严格按党章办事，按党的制度和规定办事；对党员特别是领导干部要严格要求，严格教育，严格管理，严格监督；在党内生活中讲党性、讲原则，开展积极的批评和自我批评，坚决反对和整治“四风”，切实解决党员干部中存在的“以欢宴狂饮为豁达，以珍味艳色为盛礼”等不良风气；严格按照党章规定的标准发展党员，严肃处置不合格党员，坚决惩处党内腐败分子；严格执行党的纪律，坚持在纪律面前人人平等。“善禁者，先禁其身而后人。”各级领导干部要以身作则、率先垂范，言必信、行必果，说到的就要做到，承诺的就要兑现。只要我们以踏石留印、抓铁有痕的劲头认真地这样做了，党的建设就能产生实实在在的效果，人民群众也才能实实在在地相信、拥护和支持我们党。

加强党的自身建设，要着力锻造一支坚强的党员干部队伍。党领导的共同思想基础问题，实际上是党在人民群众中的威望问题。党要在人民群众中有很高的威望，除了党的路线方针政策的正确之外，关键是要有一支肯为群众办事、善为群众办事的党员干部队伍。90 多年的经验告诉我们，这支干部队伍要有伟大的理想，要有坚定的人民群众的政治立场，要有既唯物又辩证的科学思维，要有求真务实、真抓实干的革命精神。这样一支坚强的党员干部队伍，是坚持党领导的共同思想基础最深厚的根基。打牢这个根基，就能够“任凭风浪起，稳坐钓鱼船”。没了这个根基，就会地动山摇、房倒屋塌。要打牢这个根基，全党同志特别是各级领导干部必须不断加强自身学习，特别是要加强对马克思主义理论的学习，努力掌握其中蕴含的马克思主义立场观点方法，始终把人民的利益牢牢地记在心中，切实践行群众路线。坚持用辩证唯物主义和历史唯物主义观察世界、分析问题，不断增强工作的原则性、系统性、预见性、创造性。不断深化干部人事制度改革，以更宽的视野、更高的境界、更大的气魄，广开进贤之路，把各方面的优秀干部及时发现出来、合理使用起来。使用干部要坚持选拔任用那些政治坚定，有真才实学、实绩突出、群众公认的干部，形成以德修身、以德服众、以德领才、以德润才、德才兼备的用人导向，营造风清气正的选人用才环境。

加强党的自身建设，要深化党的建设制度改革。党的制度是党内各种行为规范的总和，具有根本性、全局性、稳定性和长期性。全面提高党的建设科学化水平，必须不断强化制度建设这个保障，用制度管权、管钱、管事、管人，不断推进党的建设制度化、规范化、程序化。必须树立科学的制度理念，坚持以党章为根本、以民主集中制为核心，突出重点、整体推进，既健全实体性制度又完善程序性制度，既规定应该怎么做又明确违反了如何处理，加快构建内容协调、程序严密、配套完备、有效管用的党内制度体系。党的制度建设与国家政府的行政制度建设是紧密相关的。通过深化改革，加快行政审批制度，财税、投融资、金融体制，部门预算、政府采购、招投标制度，福利待遇、公务活动接待制度，民主评议、质询听证制度等重要领域和关键环节的改革，打破利益格局固化的藩篱，加快形成体现权力运行规律的制度机制，堵塞权力寻租的制度漏洞，把权力关进制度的笼子里。加大制度的执行力度，建立健全制度执行监督检查体系，切实做到制度面前人人平等，执行制度没有例外。推动全党认真学习制度、严格执行制度、自觉维护制度，培育一种认同制度、敬畏制度、遵守制度的文化，让制度和人形成良性互动。只有这样，人民群众才能对党的领导更加放心，才能更加信任党的领导，从而进一步强化坚持党领导的共同思想基础。

（作者：国防大学原副校长。本文系北京市哲学社会科学规划项目研究成果）

如何完善北京城市应急机制

热点问题

当前,我国城市普遍面临着突发事件种类多、频率高、连发性强、造成损失巨大的挑战。有没有建立应急机制,建立的应急机制是否健全完善,是否能够适应现实情况的需要,已经成为衡量一个城市发展水平的一个重要标准。目前,北京已经建立了独具特色的“三加二”应急管理模式(“三”是指市级应急管理机构、区县级应急管理机构和13个市级专项应急指挥部;“二”是指分设以“110”为龙头的紧急报警中心和以市长电话“12345”为统一号码的非紧急救助服务中心)和较为完善的突发事件信息报送制度。如何进一步完善北京城市应急机制,成为亟待解决的问题。

专家解答

马怀德(中国政法大学副校长,教授,北京法治政府研究基地首席专家):

要完善城市应急预防机制。一是建立相关应急预防制度。完善责任追究制度,建立问责制和关键领域信息备用系统建设制度。二是完善已有应急预防制度。完善应急预案制度,建立应急预案修订与演练相联系机制;完善应急资金、物资保障制度,优化应急资金构成,确保应急物资“收得上来”、“运得出去”、“发得有效”;完善应急管理培训制度。三是健全应急预防制度措施。健全巨灾风险保险、宣传教育、风险评估等制度,建立综合性风险评估机制,对评估主体、程序、指标体系等内容予以明确。

要完善城市应急协调联动机制。一是强化专项协调机构在应急管理中的协调能力。赋予应急办更高的行政级别和法律地位,使其在应急管理过程中能够对政府其他部门进行有效调度和管理,形成多部门协同的综合应急管理模式。二是以协议等方式与周边省区市建立应急区域协作机制。共同拟定长期性应急协作协议,对地区间的应急物资调拨、信息共享和救灾援助等问题作出书面规定。三是完善社会动员机制。为公众参与应急管理搭建平台,拓宽社会民众参与渠道。四是建立专门常态化的军地协调机构。就军地应急联席会议、灾情信息共享、联合指挥行动等方面制度和配套措施与北京卫戍区和武警北京总队达成共识,提高部队与政府在应对突发事件中的联合指挥、科学行动、快速反应、专业保障等方面能力。

要完善城市应急决策指挥机制。一是完善应急信息管理制度。建立统一应急信息平台,做到信息公开全面、及时、准确。二是完善应急决策指挥过程中的监督机制。完善应急决策备案机制,设置应急投诉电话,充分发挥社会监督作用。三是建立应急决策专家参与机制。吸纳各领域专家进入决策层,实现不同学科、部门间的互补和优势综合。

责任编辑:徐威

国外促进节能减排的经验借鉴

☆丁　芸

财税政策方面

〔美国〕

鼓励企业节能减排。美国《能源新法》提出，未来10年内，政府将向全美能源企业提供146亿美元的减税额度用来鼓励其采取节能措施，提供50亿美元补助用来鼓励其提高能效，每年提供10亿美元用来支持交通运输、建筑、钢铁等部门开发高能效运作系统。同时，大力支持可再生能源，对污染控制新技术和生产污染替代品企业予以减免所得税，对购买循环利用设备免征销售税。

鼓励家庭、个人使用节能、洁能产品。政府对私人住宅更新取暖、空调等家庭大型耗能设施，提供税收减免优惠；对更换室内温度调控器、窗户，维修室内制冷制热设备等给予全部开销10%的税收减免，规定购买太阳能设施30%的费用可用来抵税。同时，还设立了联邦政府车队购车专项款，并给予电动汽车免收停车费、高速公路养路费、过桥费、关费等。各州政府也根据当地实际情况，分别制定了地方节能产品税收优惠政策，规定对节能型洗碗机、洗衣机、水加热等设备，减税50—200美元。

〔德国〕

开征"燃油税"。大力发展可再生能源，采取"燃油税"附加方式收取"生态税"。通过征收生态税，使化石燃料对气候和环境所造成的危害治理成本内部化。

制定税收优惠政策。规定企业排放的废水达到低标准时可减免税款；对于安装环保设施的企业免征三年固定资产税；对于实施环保项目的研发，允许企业将研发费用计入税前生产成本；对于积极承担环保责任的企业，给予一定的信贷优惠或直接给予补贴。同时，还对国内太阳能企业实行"税收返还"政策，对消费者购置新型、清洁和高能效汽车给予税收减免甚至补贴。反之，对购买高排量汽车的消费者，则规定要缴纳"绿色拥有"税。

〔荷兰〕

税收优惠。荷兰是经济合作与发展组织国家中环境税开征较早的一个国家，其环境税大都属于特定目的的税收，税种主要包括：燃料税、能源调节税、铀税、水污染税、地下水税、废物税、垃圾税、噪音税、超额粪便税、狗税等。由于荷兰的环境税大都是特定目的税，所以基金是专款专用。同时，荷兰政府在环境税的征收管理上赋予了地方政府很大的灵活性，并充分协调了税务部门和各环境、资源部门的配合，保证了荷兰环境税征收高效率。

政府补贴。荷兰政府主要实施家庭补贴计划和部门补贴计划。通过资金扶持、咨询建议来帮助低收入家庭。如节水龙头的安装、管道绝缘的维护等。交通部门补贴计划对运输公司

事实与数据▸▸ 143.18亿元　近日，海淀区29处棚户区启动拆迁腾退工作，共落实资金143.18亿元，落实房源4096套。

或其他与交通相关节能减排项目提供资助，主要包括货物运输和旅客运输。同时，荷兰政府还规定，每减少1吨二氧化碳的排放，政府给予10荷兰盾补贴。

排污交易权方面

〔美国〕

美国最初有关限制污染排放量的法律主要集中在技术方面，要求企业用最佳实用技术来控制污染物排放，但因执行成本过高，导致难以贯彻。后又制定了在总量控制下对个别排污企业灵活调整、变通的政策，但成效也不太理想。为此，美国建立了排污权交易制度，从而取得了成功。

美国《清洁空气法》规定，排污权交易的对象是交易者所排放的问题污染物。最初，美国规定纳入排污权交易的只是二氧化硫，这是由当时美国削减污染物排放费用决定的。当时，美国削减1吨二氧化硫排放的费用是600美元，而削减1吨氮氧化物需要的费用则是2000—3000美元。后来，又规定了一定时期内削减二氧化硫的总量控制指标，并对相关设施和“容许排出量”作出了具体规定。对超出容许排出量的企业，强制其支付罚金，并于次年填补其超额排出的数量，以有效控制全国的排放总量。对由于技术、设施落后不得已超过容许排出量的企业，允许其与其他容许排出量保有者进行交易，并规定了具体交易时间。

美国通过对容许排出量系统的设置，使企业有效控制了二氧化硫的排出量。为将二氧化硫的排出量控制在规定的范围内，各企业要么采取措施控制排污量，要么改进技术、更换设施削减排污量，要么购买容许排出量的权利。

〔德国〕

德国作为发达的工业化国家，能源开发和环保一直走在世界前列，其环保已成为其经济、社会可持续发展的重要内容，保护气候、减少温室气体排放的具体指标也被列入了可持续发展的总指标体系中，其环保方面的法律制度也相对较完善。

为有效进行环保，德国从2002年，就开始规定实施碳排放权交易制度。目前，已形成了较全面的法律体系和管理制度。根据《京都议定书》和相关法规，德国政府对其国内所有二氧化碳排放的机器设备进行了调查，严格规范了排放权交易申报程序。在德国，其联邦政府环保部门是唯一有受理和分配排放权的部门。

〔荷兰〕

在《京都议定书》有效期间，荷兰被分配到的排污指标约为9000万吨。为此，荷兰政府对70%以上的企业排污量和100%的发电厂排污量都规定了上限，并在排污指标的分配过程中进一步激励了部门减排。对于电力生产部门，在对其进行指标分配时主要涉及两种减排额度：一种减排额度来自生物燃料的有效利用；另一种减排额度与排污权交易成本降低有关。电力部门减少的排污额度大多数被转移给了产业部门，其余部分用作拍卖或转售。荷兰在制定排污交易计划时，允许产业界增加一定的排污量，但规定了电力部门必须采取有效措施减少15%—20%的排放量硬性指标。

（作者：首都经贸大学教授、税收研究所执行所长）

责任编辑：徐威

第二批北京市哲学社会科学规划重大项目结项

光明网北京 10 月 16 日电（记者李瑞英）第二批北京市哲学社会科学规划重大项目结项评审暨成果推介会，2013 年 10 月 15 日下午在北京会议中心召开。在此次推出结项的重大科研项目中，有 4 项获准“免于鉴定”、5 项被评为“优秀等级”、3 项被评为“良好等级”、1 项为“合格等级”。中共北京市委宣传部副部长崔耀中出席会议并讲话。来自本批次 14 种重大科研项目的首席专家，以及第三批重大项目负责人和学者、相关单位的科研管理人员等 90 多人参加了会议。北京市社科规划办主任王祥武主持会议；北京市社科规划办副主任李建平宣布重大项目鉴定结果。

第二批北京市哲学社会科学规划重大项目，是北京社科规划办在中共北京市委宣传部的直接领导和大力支持下，于 2011 年 7 月设立的。第二批重大项目研究内容为北京城市建设及管理所涉及的交通、人口、医疗、社区公共服务、垃圾减量等重大现实问题和马克思主义大众化、基层党组织建设等重大理论问题。4 项获准“免于鉴定”的重大项目：一是《北京依靠创新转变经济发展方式的思路与对策研究》（首席专家：李涛）；二是《北京市生活垃圾减量化对策研究》（首席专家：葛新权）；三是《北京健康城市建设研究》（首席专家：王鸿春）；四是《北京建设世界一流旅游城市研究》（首席专家：计金标）。5 项被评为“优秀等级”的重大项目：(1)《马克思主义大众化研究：理论、历程和经验》（首席专家：崔耀中）；(2)《医改背景下的首都农村卫生人力资源配置研究》（首席专家：王晓燕）；(3)《北京城市交通可持续发展研究》（首席专家：刘延平）；(4)《北京数字出版传媒研究》（首席专家：贺耀敏）；(5)《北京历史文化遗产保护与传承研究》（首席专家：金良浚）。3 项被评为“良好等级”的重大项目：(一)《打造时尚之都——北京服装创意产业发展研究》（首席专家：宁俊）；(二)《北京社区公共服务建设研究》（首席专家：黄恒学）；(三)《以创先争优为契机推进首都基层党组织建设研究》（首席专家：倪海东）。1 项为“合格等级”的重大项目是：《北京都市型现代农业发展研究》（首席专家：王有年）。

本批次重大科研项目成果丰富、形式多样，总体上体现以下特点：

一、关注重大现实问题，及时提出对策建议，成果被实际部门或政府有关文件采纳吸收。第二批重大项目紧紧围绕北京市经济社会发展过程中亟需破解的交通、人口、医疗、社区公共服务、垃圾减量化等重大社会问题和城市管理问题，以及马克思主义大众化、基层党组织建设等重大理论和现实问题开展研究，并及时通过多种渠道提出解决问题的对策建议。如由首都经济社会发展研究所王鸿春研究员主持的“北京健康城市建设研究”课题组，充分发挥研究机构和实际工作部门联合研究的优势，提出了“继承奥运健康遗产 努力把北京建设成健康之都的建议”，得到刘淇、郭金龙等领导同志的批示，为起草《北京市国民经济和社会发展十二五规划纲要》和《健康北京“十二五”发展建设规划》等文件提供了重要支持。由中央财经大学李涛教授主持的“北京依靠创新转变经济发展方式的思路与对策研究”课题组，在开展走访调研时发现北京的科技型中小企业普遍面临资金短缺、融资难的问题，因此提出了《关于在中关村国家自主创新示范区内建立政策性“中关村银行”的建议》。该建议通过《成果要报》上报后引起北京市领导的重视和实际部门的采纳，使中关村银行建设筹备工作得以启动。据不完全统计，有 7 个项目的研究成果得到北京市领导批示 15 人次；有 8 个项目提出的有关促进北京实体经济发展、营销北京的策略、发展文化创意旅游、加强出租车管理、社区建设、提升北京服装服饰老字号品牌竞争力等对策建议，编发了 20

期《成果要报》上报北京市领导(其中5期得领导批示9人次),发挥了决策参考作用;还有3项研究成果被北京市委市政府相关文件采纳吸收、有4项成果被区县等实际部门在实践中应用。

二、潜心治学,深入实际,扎实调研,成果兼具理论创新和现实针对性,产生了积极的社会影响。各重大项目课题组在研究过程中,注重理论研究与实际调研紧密结合,注意跟踪实践的最新进展,两年来,组织调研考察112次,学术研讨近200次,使项目研究成果不仅具有较高的理论价值,而且具有重大而深远的现实意义。如由首都医科大学王晓燕教授主持的"医改背景下的首都农村卫生人力资源配置研究"课题组,深入11个区县154个乡镇的3425个行政村,开展长达数月的首都农村卫生人力资源分布状况调查,绘制出《北京市村级卫生人力资源分布现状总图及各区县标图》,使北京农村卫生人力资源分布格局一目了然,成果形成的《北京市村级卫生人力资源配置标图信息兜底调查报告》一书,填补了空白,被北京市10个远郊区县认同并采纳应用。由北京信息科技大学葛新权教授主持的"北京市生活垃圾减量化对策研究"课题,从多角度、多层面探索北京市生活垃圾全过程全民减量机制的构建途径,进而提出北京市生活垃圾减量化的政策与措施建议,课题研究报告《城市生活垃圾减量化对策研究》获北京市哲学社会科学优秀成果二等奖。由中共北京市委讲师团崔耀中同志主持的"马克思主义大众化研究:理论、历程和经验"的研究成果,被鉴定专家认为是国内目前较全面、系统梳理和阐释马克思主义在中国逐渐大众化的历史进程、基本经验的著作,是一项政治导向正确、有创新、有建树、结构严谨、论述精当的优秀成果。项目研究期间,各课题组共形成专著15部、研究报告26部、发表论文112篇,产生了积极的社会影响。

三、积极整合资源,搭建平台,培养人才,为学术之都建设加油助力。各课题组普遍反映,通过组建高水平的研究团队,开展重大理论与现实问题的研究,加强了理论研究与实际部门的合作,锻炼和培养了一批中青年学者队伍,为青年学者提供了更广阔的发展空间。据不完全统计,各研究团队成员在本批次重大项目的研究基础上又成功申报了省部级以上各类课题多达几十项,其中包括国家社科基金重大项目1项、国家自然科学基金项目1项。同时,各重大项目课题组深入实际、扎实调研、理论联系实际的良好学风和严谨的治学态度也深深地影响了一大批博士、硕士,为新生代社科理论研究人才树立了榜样,为相关问题的后续研究和更高层次项目的申请和研究工作提供了重要的研究思路和研究基础。几年来的实践证明,北京市社科规划重大项目已经成为首都社科理论研究的孵化器。

据了解,2013年7月,第三批北京市哲学社会科学规划重大项目招标立项顺利完成,14个课题组已陆续开题,进入研究阶段。新的一批重大项目将聚焦于重大的、亟待研究的、有北京特色的、中观视角的选题,力求覆盖首都政治、经济、文化、社会、生态和党的建设等各个领域,继续发挥重大项目以重大现实问题为主攻方向,为首都科学发展提供智力支持的作用,为首都文化大发展大繁荣和学术之都建设做出新贡献。

集中力量破解现实问题 潜心治学助力首都发展

第二批北京市哲学社会科学规划重大项目结项 5项获优秀

2013年10月16日10:50 来源：人民网-理论频道

图：第二批北京市哲学社会科学规划重大项目结项评审暨成果推介会现场。

人民网北京 10 月 16 日电 (朱书缘) 昨日，第二批北京市哲学社会科学规划重大项目结项评审暨成果推介会召开。本批次 14 个重大项目负责人和鉴定专家、第三批重大项目负责人、部分市党政机关研究室负责同志、各相关单位的科研管理人员及媒体记者参加了会议。北京市委宣传部副部长崔耀中到会并讲话，北京市社科规划办王祥武主任主持会议。

据北京市哲学社会科学规划办公室介绍，截至目前，已有 13 个项目按时完成了研究任务，准予结项。其中 4 项获准免于鉴定；5 项被评为优秀等级；3 项被评为良好等级；1 项为合格等级。另有 1 项重大项目的最终成果正在修改完善，即将申请结项。本批次重大项目成果丰富，形式多样，总体上体现以下特点：

第一，项目关注重大现实问题，及时提出对策建议，成果被实际部门或政府有关文件采纳吸收。第二批重大项目紧紧围绕北京市经济社会发展过程中亟需破解的交通、人口、医疗、社区公共服务、垃圾减量化等重大社会问题和城市管理问题，以及马克思主义大众化、基层党组织建设等重大理论和现实问题开展研究，并及时通过多种渠道提出解决问题的对策建议。

如由首都经济社会发展研究所王鸿春研究员主持的“北京健康城市建设研究”课题组，在研究过程中非常注重理论与实践的结合。充分发挥研究机构和实际工作部门联合研究的优势，突出了实证研究的主基调，突出应用性和可操作性，用理论支撑，用实事说话，用实践验证，由中央财经大学李涛教授主持的“北京依靠创新转变经济发展方式的思路与对策研究”课题组，在开展走访调研时发现北京的科技型中小企业普遍面临资金短缺、融资难的问题出了一些有新意的思路、对策和措施，针对性强；由中央财经大学李涛教授主持的“北京依靠，因此提出了《关于在中关村国家自主创新示范区内建立政策性“中关村银行”的建议》，旨在推动北京市科技金融体系的完善，推动中关村国家自主创新示范区建设；由北京第二外国语学院计金标教授主持的“北京建设世界一流旅游城市研究”课题组，提出了提升空间效益为核心的空间优化策略、以京沪合作、京津合作为代表的区域合

作策略、以文化创意旅游为代表的业态更新策略、以北京精神传播为核心的大营销策略等。

据不完全统计，本次结项的13个项目中，有7个项目的研究成果得到市领导批示15人次，其中通过北京社科规划项目《成果要报》获得批示9人次；有8个项目的主要观点刊发《成果要报》20期；还有3项研究成果被市委市政府相关文件采纳吸收、有4项成果被区县等实际部门在实践中应用。

第二，项目课题组成员潜心治学，深入实际，扎实调研，成果兼具理论创新和现实针对性，产生了积极的社会影响。各重大项目课题组在研究过程中，注重理论研究与实际调研的有机结合，注意跟踪实践的最新进展，两年来，组织调研考察112次，学术研讨近200次，使项目研究成果不仅具有较高的理论价值，而且具有重大而深远的现实意义。项目研究期间，各课题组共形成专著15部、研究报告26部、发表论文112篇，产生了积极的社会影响。

如由首都医科大学王晓燕教授主持的"医改背景下的首都农村卫生人力资源配置研究"课题组，深入11个区县154个乡镇的3425个行政村，开展长达数月的首都农村卫生人力资源分布状况调查，绘制出《北京市村级卫生人力资源分布现状总图及各区县标图》，使北京农村卫生人力资源分布格局一目了然，成果形成的《北京市村级卫生人力资源配置标图信息兜底调查报告》一书，填补了空白，被北京市10个远郊区县认同并采纳应用；由北京信息科技大学葛新权教授主持的"北京市生活垃圾减量化对策研究"，多角度、多层面探索北京市生活垃圾全过程全民减量机制的构建途径，进而提出北京市生活垃圾减量化的政策与措施建议；由中共北京市委讲师团崔耀中同志主持的"马克思主义大众化研究：理论、历程和经验"的研究成果，被鉴定专家认为是国内目前较全面、系统梳理和阐释马克思主义在中国逐渐大众化的历史进程、基本经验的著作；由北京交通大学刘延平教授主持的"北京城市交通可持续发展研究"课题组，从产业、人口、公共服务资源分布等角度提出较为全面的北京城市交通与经济社会协调、可持续交通发展的战略思路。课题组认为应加强交通需求管理，以促进小汽车通勤向公共交通转移的重点，加快以公交为导向的综合交通体系的构建。

第三，项目课题组成员积极整合资源，搭建平台，培养人才，为学术之都建设加油助力。各课题组普遍反映，通过组建高水平的研究团队，开展重大理论与现实问题的研究，加强了理论研究与实际部门的合作，锻炼和培养了一批中青年学者队伍，为青年学者提供了更广阔的发展空间。据不完全统计，各研究团队成员在本批次重大项目的研究基础上又成功申报了省部级以上各类课题多达几十项，其中包括国家社科基金重大项目1项、国家自然科学基金项目1项。同时，各重大项目课题组深入实际、扎实调研、理论联系实际的良好学风和严谨的治学态度也深深地影响了一大批博士、硕士，为新生代社科理论研究人才树立了榜样，为相关问题的后续研究和更高层次项目的申请和研究工作提供了重要的研究思路和研究基础。几年来的实践证明，北京市社科规划重大项目已经成为首都社科理论研究的孵化器。

2013年7月，第三批北京市哲学社会科学规划重大项目招标立项顺利完成，14个课题组已陆续开题，进入研究阶段。新的一批重大项目将聚焦于重大的、亟待研究的、有北京特色的、中观视角的选题，力求覆盖首都政治、经济、文化、社会、生态和党的建设等各个领域，继续发挥重大项目以重大现实问题为主攻方向，为首都科学发展提供智力支持的作用，为首都文化大发展大繁荣和学术之都建设做出应有的贡献。

建设新型高端智库 服务首都科学发展

北京市新成立 7 个哲学社会科学研究基地

2013年10月29日10:01 来源：人民网—理论频道

近日，北京市社科规划办组织召开了 2013 年北京市哲学社会科学研究基地工作会议。会上，北京市委宣传部、市社科规划办、市教委有关领导为新成立的 4 个哲学社会科学研究基地、3 个应用对策研究基地授牌。

7 个新成立的研究基地分别是：北京戏曲文化传承与发展研究基地、北京青少年教育与发展研究基地、北京国际商贸中心研究基地、首都城市环境建设研究基地、京台文化交流研究中心、北京健康城市建设研究中心、北京文化创意产业改革发展研究中心。

北京市委宣传部、市教委有关领导出席会议并讲话。市社科规划办主任王祥武作了 2013 年北京市哲学社会科学研究基地工作报告。各研究基地负责人、首席专家及依托单位科研管理部门有关同志 150 余人参加会议。

当前，首都改革发展进入新时期，呈现新的阶段性特征，哲学社会科学承担着更多的责任和使命。市委《关于深入推进首都哲学社会科学繁荣发展的意见》明确把北京市哲学社会科学研究基地纳入首都智库中，提出要“打造新型高端智库”，为研究基地的下一步发展提出了明确要求。市社科规划办和市教委本着科学规划、合理布局、突出优势、整合资源的原则，以建设新型高端智库为目标，稳步推进研究基地建设工作。

截至目前，研究基地数量已达 67 家，基本涵盖了首都哲学社会科学研究的重点学科、优势领域和主要机构，初步实现了布局的科学化、合理化、规模化。其中由市社科规划办和市教委共同在高校建立的哲学社会科学研究基地有 46 个，由市社科规划办单独在高校、市属单位和区县建立的应用对策研究基地有 21 个。从研究方向上看，既有马克思主义研究、北京党建研究这样的基础理论研究，又有交通发展研究、企业国际化经营研究、北京决策研究这样的应用对策研究，还有北京学研究、北京戏曲文化研究这样的地域文化特色研究，研究方向涉及哲学社会科学各领域。

经过九年的建设，研究基地已成为首都智库建设的一支重要力量，产出了大量优秀科研成果，一批科研成果得到转化应用，培养了众多优秀科研人才，在整合社科研究资源、为首都经济社会发展提供理论支持方面发挥了重要作用。例如，北京市经济社会发展政策研究基地完成的论文“基于全景观察的世界城市指标体系研究”获得市委主要领导批示；北京能源发展研究基地的研究成果《大型火电机组建设后评价的环境－社会－经济－安全协调智能权重优选的综合评价方法》，得到国务院多个部门及世界银行全球环境基金会等单位的参考采纳；北京市知识管理研究基地参与了《国家大学科技园评价指导意见》有关工作，负责制定“国家大学科技园评价指标体系”，这一成果整体上被科技部和教育部采纳；北京新农村建设研究基地承担并完成了北京市农委、科委、教委、民委等部门多项调研项目，11 项政策建议被政府部门采纳。

附　录

附录一　2013年北京市属单位国家社科基金年度项目立项名单

序号	项目批准号	项目名称	项目负责人	责任单位	项目类别
1	13CFX003	当代权利理论研究	刘叶深	北方工业大学	青年项目
2	13CGL049	基于利益相关者协同参与的非营利组织绩效导向治理结构研究	于国旺	北方工业大学	青年项目
3	13CYY057	上古汉语状语研究	苏　颖	北方工业大学	青年项目
4	13CGL075	城市会展产业发展模式的国际比较研究	王起静	北京第二外国语学院	青年项目
5	13CJY015	基于生态旅游的市场化生态补偿机制与制度建设研究	冯　凌	北京第二外国语学院	青年项目
6	13CJY034	环城市乡村地区多途径城镇化的发展模式、动力机制与质量评估研究	钟栎娜	北京第二外国语学院	青年项目
7	13CYY029	“出国留学”语境下中国大学生英语产出型技能发展的规律与特点研究	吴建设	北京第二外国语学院	青年项目
8	13CYY092	致使结构中属性化问题的汉日对比研究	王　鹏	北京第二外国语学院	青年项目
9	13BGL042	价值链节点企业的风险传导、风险测度与价值回报研究	尹美群	北京第二外国语学院	一般项目
10	13BGL090	旅游市场失范行为的法律调控机制研究	孟凡哲	北京第二外国语学院	一般项目
11	13BYY070	汉语时制范畴加工的认知神经机制研究	齐振海	北京第二外国语学院	一般项目
12	13CGL037	跨境上市、会计信息质量与资源配置效率研究	刘　婷	北京工商大学	青年项目
13	13CJL023	基于社会资本的我国小微企业集群融资机制研究	张　伟	北京工商大学	青年项目
14	13CKS017	经济全球化背景下中华文化国际影响力提升研究	魏海香	北京工商大学	青年项目
15	13CJY048	产业结构、能源消耗对我国碳减排目标的作用机理与影响效应研究	张宏艳	北京工商大学	青年项目

续前表

序号	项目批准号	项目名称	项目负责人	责任单位	项目类别
16	13BGL084	组织社会化策略对女性员工工作适应与职业成长的作用机理研究	何　辉	北京工商大学	一般项目
17	13BJL031	制约区际基本公共服务均等化研究	吴　强	北京工商大学	一般项目
18	13BJL020	民国时期洋货进口与消费生活变迁研究(1927—1936)	陈晋文	北京工商大学	一般项目
19	13BXW025	新媒体传播中个人信息安全的法律保护研究	路　鹃	北京工商大学	一般项目
20	13BJY126	促进我国现代服务业发展的对策研究	孙永波	北京工商大学	一般项目
21	13BJY153	基于平衡计分卡方法的我国出口退税政策绩效评价研究	马乃云	北京工商大学	一般项目
22	13AGJ008	欧盟国家“碳泄漏”对中国碳密集型产业发展的影响研究	张晓堂	北京工商大学	重点项目
23	13CGL002	网络组织复杂性测试及应对策略研究	何喜军	北京工业大学	青年项目
24	13CSH008	基层社会多元纠纷解决机制构建与社会管理创新研究	朱　涛	北京工业大学	青年项目
25	13BGL007	基于社会责任和环境保护视角下我国企业可持续供应链管理研究	谢　琍	北京工业大学	一般项目
26	13BZX030	生态文明视野中的聚落走向问题研究	计　彤	北京工业大学	一般项目
27	13AGL003	生态位理论范式下的股东关系及其经济后果研究	杨松令	北京工业大学	重点项目
28	13BGL103	建筑垃圾资源化利用对策研究	李　颖	北京建筑大学	一般项目
29	13BZX087	城市空间伦理问题研究	高春花	北京建筑大学	一般项目
30	13BFX047	微博对社会稳定的影响及其对策研究	李汝川	北京警察学院	一般项目
31	13CFX022	宪法框架下的农村集体土地征收补偿款分配问题研究	刘婧娟	北京联合大学	青年项目

续前表

序号	项目批准号	项目名称	项目负责人	责任单位	项目类别
32	13CFX087	生物技术背景下我国植物新品种保护对策研究	李菊丹	北京联合大学	青年项目
33	13CGJ030	RTAS 原产地规则贸易保护政策工具效应的理论与实证研究	梁　瑞	北京联合大学	青年项目
34	13CJL060	现代服务业发展质量评价对省区经济差异的影响研究	胡艳君	北京联合大学	青年项目
35	13CTQ051	我国数字档案信息长期保存的策略体系研究	谢永宪	北京联合大学	青年项目
36	13CZS059	京津塘地区煤矿环境问题的历史考察	李　娜	北京联合大学	青年项目
37	13BGL073	企业生态文明建设的实施意愿与行为研究	张　波	北京联合大学	一般项目
38	13BYY096	基于语料库的聋人汉语书面语研究	吕会华	北京联合大学	一般项目
39	13BZZ034	完善人大及其常委会预决算审查监督机制研究	王维国	北京联合大学	一般项目
40	13BZS037	明清时期士大夫和书院互动关系研究	赵连稳	北京联合大学	一般项目
41	13AJY016	世界旅游强国的科学内涵与评价体系构建研究	张凌云	北京联合大学	重点项目
42	13CJY132	我国灾害多发区农业保险巨灾风险分散体系的模拟研究	吕晓英	北京农学院	青年项目
43	13BGL098	保障我国畜产品食用安全对策研究	邓　蓉	北京农学院	一般项目
44	13BTJ022	基于能源消费结构的我国温室气体排放问题的统计研究	陈首丽	北京石油化工学院	一般项目
45	13CJL025	企业迁移的意愿与空间引导政策研究	李彦军	北京市社科院	青年项目
46	13CXW050	中国文化对外社交媒体传播机制研究	徐　翔	北京市社科院	青年项目
47	13CZW004	网络文学的媒介转型研究	许苗苗	北京市社科院	青年项目
48	13BSH076	包容性发展与我国新型城镇化道路研究	唐　鑫	北京市社科院	一般项目

续前表

序号	项目批准号	项目名称	项目负责人	责任单位	项目类别
49	13CDJ022	互联网时代党的领导干部形象塑造研究	李　娜	中共北京市委党校	青年项目
50	13CJL064	空间非均衡视域下我国区域协调发展战略的政策效应与推进策略研究	刁琳琳	中共北京市委党校	青年项目
51	13CKS015	国有财产收益全民共享机制研究	贾小雷	中共北京市委党校	青年项目
52	13CRK029	经济发展方式转变背景下新生代农民工人力资本提升路径研究	尹德挺	中共北京市委党校	青年项目
53	13CZZ011	西方政治代表理论研究及其启示	黄小钫	中共北京市委党校	青年项目
54	13CZZ055	我国区域生态文明建设中的政府间合作研究	刘　良	中共北京市委党校	青年项目
55	13CZS049	20 世纪中国性病控制社会史研究	杜　鹃	中共北京市委党校	青年项目
56	13BRK019	低生育率下北京市生育意愿与生育行为关系的追踪研究	马小红	中共北京市委党校	一般项目
57	13CTY014	社会转型背景下村落体育生态变迁研究	孙风林	北京物资学院	青年项目
58	13CTQ044	面向知识创新的企业知识利用行为分析	张　勤	北京物资学院	青年项目
59	13BGL062	基于行为视角的食品供应链风险形成微观机理与防控机制研究	刘永胜	北京物资学院	一般项目
60	13BXW020	我国出版业文化遗产保护对策研究	彭俊玲	北京印刷学院	一般项目
61	13BYY064	新疆维吾尔族汉语使用的社会语言学研究	朱学佳	北京政法职业学院	一般项目
62	13CGL073	转型期劳资关系对企业二元创新能力的影响机制研究	黄苏萍	首都经济贸易大学	青年项目
63	13CRK007	城市随迁老人居留意愿研究	张航空	首都经济贸易大学	青年项目
64	13CXW057	网游沉溺机制研究	冀付军	首都经济贸易大学	青年项目

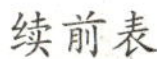

续前表

序号	项目批准号	项目名称	项目负责人	责任单位	项目类别
65	13CJY021	财政政策、货币政策的就业效应研究	牟俊霖	首都经济贸易大学	青年项目
66	13CZZ045	创建我国高级专业技术类公务员管理制度研究	潘　娜	首都经济贸易大学	青年项目
67	13BFX155	国际经济新秩序与主权信用评级制度研究	李晓安	首都经济贸易大学	一般项目
68	13BGL121	公益类事业单位治理结构模式及运行机制研究	柳学信	首都经济贸易大学	一般项目
69	13BGL052	新中国会计制度发展演变研究	付　磊	首都经济贸易大学	一般项目
70	13BGL138	“新医改”目标下我国医疗卫生体制改革进程评价研究	张　琪	首都经济贸易大学	一般项目
71	13BJL033	非法非正常收入形成的博弈机理及其对国民收入分配格局的影响研究	王少国	首都经济贸易大学	一般项目
72	13BJY132	消费品安全的治理绩效测度与改进路径研究	沈宏亮	首都经济贸易大学	一般项目
73	13AJL014	都市圈内中小城市功能提升的模式与路径研究	安树伟	首都经济贸易大学	重点项目
74	13AJY012	深化国有企业改革问题研究	戚聿东	首都经济贸易大学	重点项目
75	13CKG015	蒙元时期墓葬研究	袁　泉	首都师范大学	青年项目
76	13CZX051	实验语言哲学的批判性研究	梅剑华	首都师范大学	青年项目
77	13CZZ021	政治哲学视域中的协商民主理论研究	王　炜	首都师范大学	青年项目
78	13BSS009	中日甲午战争的英美报刊舆论研究	刘文明	首都师范大学	一般项目
79	13BYY164	俄罗斯语言学家帕杜切娃动态语义学思想研究	蔡　晖	首都师范大学	一般项目
80	13BZZ029	中亚与中国新疆恐怖主义问题应对机制比较研究	张友国	首都师范大学	一般项目
81	13BZS029	唐代制举考试与社会变迁研究	金滢坤	首都师范大学	一般项目

续前表

序号	项目批准号	项目名称	项目负责人	责任单位	项目类别
82	13BZS085	新刊石刻文献与7—10世纪华北社会经济变迁研究	张天虹	首都师范大学	一般项目
83	13BZW081	清代八旗女性文学创作研究	詹　颂	首都师范大学	一般项目
84	13BZW087	《西游记》汇校汇评	张平仁	首都师范大学	一般项目
85	13ASS002	古希腊史研究	晏绍祥	首都师范大学	重点项目
86	13AZX025	中国古代审美意识生成机制研究	邹　华	首都师范大学	重点项目
87	13AZS003	分类断代与环境变迁背景下殷墟甲骨文地名遗产再研究	马保春	首都师范大学	重点项目
88	13BTQ002	跨系统区域图书馆联盟建设与发展研究	邓菊英	首都图书馆	一般项目
89	13CZS040	抗战时期中德文化关系研究	崔文龙	中国人民抗日战争纪念馆	青年项目
90	13AZD039	河洛大遗址保护利用的可持续发展研究	袁广阔	首都师范大学	重点项目

附录二　2013年市社科规划年度项目立项名单

序号	项目编号	项目名称	项目负责人	信誉保证单位	项目类别
1	13CSB001	加快推进北京市智慧社区建设的对策研究	梁　丽	中共北京市委党校	一般项目
2	13CSB002	基于房租补贴政策的北京市保障性住房体系的系统动力学研究	王志锋	中央财经大学	一般项目
3	13CSB003	北京公共交通枢纽优化换乘功能的服务设计研究	郑子云	北京工商大学	一般项目
4	13CSB004	北京城市形象的国际传播研究	赵永华	中国人民大学	一般项目
5	13CSB005	基层协商民主推进首都社区善治研究	姜之茂	北京社会主义学院	一般项目
6	13CSB006	北京市大气污染防治政策研究	刘建伟	北京建筑大学	一般项目
7	13CSB007	首都雾霾天气及其健康损害价值评估研究	郑海霞	北京联合大学	一般项目
8	13CSC008	北京建设世界城市中新城多中心治理模式研究	龚文婧	中共北京市委党校	青年项目
9	13CSC009	多目标导向下的首都空间格局优化研究	赵继敏	北京市社会科学院	青年项目
10	13CSC010	北京城市排水管道沉积物控制与管理对策研究	李海燕	北京建筑大学	青年项目
11	13CSC011	北京市交通可达性对城市空间扩展的影响及优化调控	关兴良	全国市长研修学院	青年项目
12	13CSC012	生态文明视域下北京低碳创新城市建设研究	陆小成	北京市社会科学院	青年项目
13	13FXA001	略	王新建	中国人民公安大学	重点项目
14	13FXA002	北京非物质文化遗产保护研究	曲三强	北京理工大学	重点项目
15	13FXA003	反垄断法实施中的法益平衡问题研究	戴　龙	中国政法大学	重点项目
16	13FXB004	从《圣经》审判案例看希伯来律法文化的现代法学意义	刘阳阳	中国政法大学	一般项目
17	13FXB005	明清北京地方职官请托犯罪研究	孙　旭	中国政法大学	一般项目
18	13FXB006	北京市完善立体化社会治安防控体系研究	殷星辰	北京市社会科学院	一般项目
19	13FXB007	禁令在首都环境保护中的适用研究	谭　红	国家法官学院	一般项目

续前表

序号	项目编号	项目名称	项目负责人	信誉保证单位	项目类别
20	13FXB008	北京市社会工作者状况与社会工作者管理立法研究	韩君玲	北京理工大学	一般项目
21	13FXB009	北京市社区诚信体系建设研究	王雨本	北京市法学会	一般项目
22	13FXB010	北京农村土地可持续利用法律制度研究	郑　翔	北京交通大学	一般项目
23	13FXB011	京郊农村征地补偿法律制度研究	周　晖	北京农业职业学院	一般项目
24	13FXB012	北京市农村住房养老法律制度研究	张晓霞	北京建筑大学	一般项目
25	13FXB013	首都青少年犯罪心理特征分析	李玫瑾	中国人民公安大学	一般项目
26	13FXB014	北京互联网犯罪侦防的现实困境及对策研究	柴艳茹	北京警察学院	一般项目
27	13FXB015	网络信息安全立法研究	龙卫球	北京航空航天大学	一般项目
28	13FXB016	恶意诉讼行为的侵权法规制	胡　岩	国家法官学院	一般项目
29	13FXB017	北京市加强劳动保障监察和争议调解仲裁研究	郑尚元	清华大学	一般项目
30	13FXB018	北京市重大集体劳动争议处理机制研究	程延园	中国人民大学	一般项目
31	13FXB019	医疗纠纷诉讼外解决机制研究	梁　平	华北电力大学	一般项目
32	13FXB020	与基本医疗相适应的损害赔偿规则研究	马　辉	首都医科大学	一般项目
33	13FXB021	北京新农村出嫁女财产权与妇女合法权益保护问题研究	孟德花	北京政法职业学院	一般项目
34	13FXB022	股东知情权：理论体系与裁判经验的展开	李建伟	中国政法大学	一般项目
35	13FXB023	北京食品安全监管法律对策研究	郝琳琳	北京工商大学	一般项目
36	13FXB024	论宪法的国事管理权规范	蒋劲松	北京市人大理论研究会	一般项目
37	13FXB025	关于区县人大常委会组成人员专职化问题研究	关成启	北京市人大理论研究会	一般项目
38	13FXB026	北京居民环境法律意识状况研究	戴秀丽	北京林业大学	一般项目
39	13FXC027	宪法序言的规范属性与实施问题研究	翟志勇	北京航空航天大学	青年项目

续前表

序号	项目编号	项目名称	项目负责人	信誉保证单位	项目类别
40	13FXC028	“法治北京”建设规划纲要研究	李　倩	北京市法学会	青年项目
41	13FXC029	宋代司法官群体研究	赵　晶	中国政法大学	青年项目
42	13FXC030	北京市突发公共卫生事件中的公安行政强制措施研究	马韶青	北京中医药大学	青年项目
43	13FXC031	北京高校行政事业单位国有资产管理中的法律问题	张江莉	北京师范大学	青年项目
44	13FXC032	侦查机关鉴定人出庭作证制度构建研究	杨天潼	中国政法大学	青年项目
45	13FXC033	合成毒品滥用与首都社会公共安全问题研究	张　黎	中国人民公安大学	青年项目
46	13FXC034	北京市青少年犯罪团伙实证研究	姚　兵	北京市社会科学院	青年项目
47	13FXC035	首都互联网产业自律与发展研究	朱　巍	中国政法大学	青年项目
48	13FXC036	在京非法移民区别治理研究	郭　晶	北京师范大学	青年项目
49	13FXC037	北京市文化创意产业保护的立法研究	卢海君	对外经济贸易大学	青年项目
50	13FXC038	北京市社会保险基金收支平衡法律问题研究	叶　姗	北京大学	青年项目
51	13FXC039	食品安全中行政执法和刑事司法衔接问题研究	邵彦铭	北京联合大学	青年项目
52	13FXC040	新监管体制下北京市食品安全问题实证研究	王小龙	中国农业大学	青年项目
53	13FXC041	基本药物语境下北京市乡村药品安全政府规制问题研究	赵晓佩	首都医科大学	青年项目
54	13JYA001	面向卓越工程人才培养的首都高校管理协同创新机制研究	王兴芬	北京信息科技大学	重点项目
55	13JYA002	北京地区大学分校研究(1978—1985)	张　楠	北京联合大学	重点项目
56	13JYA003	北京建设中国特色世界城市与教育国际化问题研究	刘宝存	北京师范大学	重点项目
57	13JYA004	北京市农村地区初中学习困难学生预警和干预研究	梁　威	北京师范大学	重点项目
58	13JYB005	运动干预对北京大学生社会适应性影响的实证研究	刘立新	北京工商大学	一般项目
59	13JYB006	基于职业对接的专业组织嵌入式专业硕士培养模式研究	阎为民	北京信息科技大学	一般项目

续前表

序号	项目编号	项目名称	项目负责人	信誉保证单位	项目类别
60	13JYB007	北京高校理工交叉学科研究生培养模式与质量提升途径研究	王　颖	北京理工大学	一般项目
61	13JYB008	首都高校应用型创新人才培养的协同机制研究	金保华	北京工业大学	一般项目
62	13JYB009	北京高校英语教师的形成性评估理念与教育评估政策研究	曹荣平	北京林业大学	一般项目
63	13JYB010	北京市理工科大学生团队科学创造力：结构、影响因素及干预研究	张建卫	北京理工大学	一般项目
64	13JYB011	基于游戏化学习的创造性思维的培育策略研究	尚俊杰	北京大学	一般项目
65	13JYB012	融合教育背景下北京市特殊教育教师在职培训研究	许家成	北京联合大学	一般项目
66	13JYB013	残疾人高等教育入学机会的保障体系研究	滕祥东	北京联合大学	一般项目
67	13JYB014	汉语儿童叙述能力的发展研究	郝美玲	北京语言大学	一般项目
68	13JYB015	北京市幼儿园课程改革成效研究	于开莲	首都师范大学	一般项目
69	13JYC016	网络背景下首都大学生心理健康问题研究	张　梅	中央财经大学	青年项目
70	13JYC017	基于学生学习投入与学科竞争力的首都高等教育质量评价研究	苏林琴	北京工业大学	青年项目
71	13JYC018	北京人口变动对教育需求的影响	赵　勇	北京市社会科学院	青年项目
72	13JYC019	北京青年科技创新人才成长机制研究——基于人才与城市互动的视角	黄海刚	对外经济贸易大学	青年项目
73	13JYC020	“数字一代”学习方式调查及电子教材设计对策研究	王晓晨	首都师范大学	青年项目
74	13JYC021	“四化同步”背景下北京市职业教育的总体布局和宏观结构研究	胡茂波	清华大学	青年项目
75	13JYC022	基于人口预测的北京市幼教师资需求分析:2015—2025	沙　莉	首都师范大学	青年项目
76	13JYC023	北京市小学新教师专业发展的校本支持研究	赵　萍	北京师范大学	青年项目
77	13JYC024	北京市基础教育对外开放的文化安全隐患与应对策略	王　熙	北京师范大学	青年项目

续前表

序号	项目编号	项目名称	项目负责人	信誉保证单位	项目类别
78	13JYC025	北京市流动儿童放学后处境及社会教育支持机制研究	周金燕	北京师范大学	青年项目
79	13JGA001	北京都市型现代农业新型经营主体发展与支持政策研究	孔祥智	中国人民大学	重点项目
80	13JGA002	北京旅游产业转型升级对策研究	黄先开	北京联合大学	重点项目
81	13JGA003	北京现代籽种产业发展问题研究	刘　芳	北京农学院	重点项目
82	13JGA004	中关村中小企业创新模式研究——基于网络社区众包机制视角	涂　艳	中央财经大学	重点项目
83	13JGA005	北京社会建设领域政府购买社会组织服务研究	张　坚	北京市委社会工委	重点项目
84	13JGA006	北京市旅游竞争力研究	王琪延	中国人民大学	重点项目
85	13JGA007	共筑中国梦：北京市社会公平保障体系建设研究	魏　杰	清华大学	重点项目
86	13JGA008	基于碳户籍管理方法的北京中心城区交通拥堵综合治理研究	赵立祥	北京工业大学	重点项目
87	13JGA009	科技成果转化绩效评价、影响因素分析和对策研究	唐五湘	北京信息科技大学	重点项目
88	13JGB010	北京市上市公司内部控制水平评价	陈关亭	清华大学	一般项目
89	13JGB011	北京地区高校商学教育国际化研究	牛华勇	北京外国语大学	一般项目
90	13JGB012	北京高端服务业的发展路径与对策研究	申　静	北京大学	一般项目
91	13JGB013	北京绿色产业与绿色城镇化互动发展机制研究	曾　煜	中华女子学院	一般项目
92	13JGB014	北京市促进低碳消费的财税政策研究	申嫦娥	北京师范大学	一般项目
93	13JGB015	北京市房地产税税制优化研究及政策建议	郭婧娟	北京交通大学	一般项目
94	13JGB016	北京市公共服务公私合作的价格监管机制创新研究	温来成	中央财经大学	一般项目
95	13JGB017	北京市居民食物消费生态足迹与“绿色”可持续消费政策研究	张彩萍	中央财经大学	一般项目
96	13JGB018	北京市碳金融市场价格调节及形成机制研究	郭冬梅	中央财经大学	一般项目

续前表

序号	项目编号	项目名称	项目负责人	信誉保证单位	项目类别
97	13JGB019	北京市文化创意产业集群空间演化研究	姜　玲	中央财经大学	一般项目
98	13JGB020	北京市小微企业金融服务与外地中小银行市场进入的影响	粟　勤	对外经济贸易大学	一般项目
99	13JGB021	北京市新能源汽车市场化机制及产业政策研究	丁慧平	北京交通大学	一般项目
100	13JGB022	北京提升参与国际产业分工高端链条竞争能力的对策研究	王　卓	北京工商大学	一般项目
101	13JGB023	北京应急产品储备与供应问题研究	李　兵	对外经济贸易大学	一般项目
102	13JGB024	构建支持北京大气污染治理的绿色金融体系研究	郭红玉	对外经济贸易大学	一般项目
103	13JGB025	国际粮食市场“金融化”背景下北京市粮食价格形成机制与稳定对策研究	辛　毅	中国人民大学	一般项目
104	13JGB026	环境约束下京津冀城市群产业协调发展研究	李彦军	北京市社会科学院	一般项目
105	13JGB027	基于CGE模型的外商直接投资对北京制造业竞争力影响研究	韩景华	北京第二外国语学院	一般项目
106	13JGB028	基于全球价值链理论的北京服务外包产业升级研究——对样本企业的跨案例分析	姜荣春	对外经济贸易大学	一般项目
107	13JGB029	面向世界城市的北京智慧旅游城市的基本内涵与实践路径研究	李云鹏	首都经济贸易大学	一般项目
108	13JGB030	人民币国际化对北京市金融产业竞争力的影响研究	涂永红	中国人民大学	一般项目
109	13JGB031	生产性服务业引领北京市产业转型升级研究	张淑梅	北京财贸职业学院	一般项目
110	13JGB032	特大消费型城市循环经济发展模式构建及其评价研究——以北京为例	程会强	北京工业大学	一般项目
111	13JGB033	小额信贷视角下北京市小微企业融资难问题研究	张正平	北京工商大学	一般项目
112	13JGB034	营业税改征增值税背景下北京市税收收入可持续研究	陆跃祥	北京师范大学	一般项目
113	13JGB035	北京居民消费价格指数驱动因素、波动规律及监测预警研究	许　伟	中国人民大学	一般项目
114	13JGB036	基于项目区分理论的北京市基础设施多元融资架构设计	马若微	北京工商大学	一般项目
115	13JGB037	北京市包容性创新系统构建与配套政策研究	邢小强	对外经济贸易大学	一般项目

续前表

序号	项目编号	项目名称	项目负责人	信誉保证单位	项目类别
116	13JGB038	北京可再生能源定量评价体系研究	李春华	北京农业职业学院	一般项目
117	13JGB039	“营改增”效应与首都现代服务企业财务对策研究	陆　勇	北京第二外国语学院	一般项目
118	13JGB040	北京都市型蔬菜产业经营体制创新研究	张领先	中国农业大学	一般项目
119	13JGB041	北京农业科技企业自主创新运行机制及模式研究	李　萍	北京农学院	一般项目
120	13JGB042	北京市电动汽车充换电站运营优化研究	华国伟	北京交通大学	一般项目
121	13JGB043	北京市金融企业雇主品牌、员工态度和行为及服务质量间的影响关系及机理研究	朱　飞	中央财经大学	一般项目
122	13JGB044	北京市居民生活垃圾源头分类行为、影响机理与规制政策制定	徐　颖	北京信息科技大学	一般项目
123	13JGB045	北京市农产品产销协同一体化模式研究	李先国	中国人民大学	一般项目
124	13JGB046	北京市三项基本医疗保障制度比较及整合研究	张　琪	首都经济贸易大学	一般项目
125	13JGB047	北京市中小企业云计算应用及效果实证研究	孙玥璠	北京工商大学	一般项目
126	13JGB048	北京新生代农民工人力资本投资行为及政策激励研究	陈雄鹰	北京联合大学	一般项目
127	13JGB049	促进北京高端制造业自主创新能力研究	瞿　昕	北京大学	一般项目
128	13JGB050	低碳发展下北京市企业能源效率优化管理模式研究	黄元生	华北电力大学	一般项目
129	13JGB051	互联网时代北京旅游的国际营销	冯捷蕴	对外经济贸易大学	一般项目
130	13JGB052	基于“艺术城市”概念的“北京古村落文化旅游经济圈”构建研究	刘　彤	北京印刷学院	一般项目
131	13JGB053	基于国际比较视角下的北京中心城区交通拥堵综合治理研究	刘　波	北京市社会科学院	一般项目
132	13JGB054	基于节能减排的北京市电动汽车充电模式研究	张兴平	华北电力大学	一般项目
133	13JGB055	基于综合绩效评价体系的北京市公交巴士企业补贴机制研究	卢　宇	首都经济贸易大学	一般项目
134	13JGB056	价值管理视角：北京市企业集团轻资产模式财务风险研究	穆林娟	北京工商大学	一般项目

续前表

序号	项目编号	项目名称	项目负责人	信誉保证单位	项目类别
135	13JGB057	京郊各类合作社协调发展研究	冯开文	中国农业大学	一般项目
136	13JGB058	首都网络舆情治理主体协同机制及治理对策研究	李雪峰	中央财经大学	一般项目
137	13JGC059	“职住分离”对北京经济社会发展的影响及对策研究	蔡宏波	北京师范大学	青年项目
138	13JGC060	北京城乡一体化居民基本医疗保险制度研究	徐　徐	北京工商大学	青年项目
139	13JGC061	北京创新农业经营体制机制研究	毛　飞	中国人民大学	青年项目
140	13JGC062	北京构建科技创新平台体制机制研究	赖先进	北京大学	青年项目
141	13JGC063	北京农村建设用地流转模式创新研究——以昌平区为例	桂　琳	北京农学院	青年项目
142	13JGC064	北京实施居民收入倍增的税收福利效应及政策机制研究	崔景华	对外经济贸易大学	青年项目
143	13JGC065	北京市老年人身体活动的经济性研究	于洪军	清华大学	青年项目
144	13JGC066	北京市能源消耗与碳排放的历史特征及发展趋势研究	耿玉环	北京联合大学	青年项目
145	13JGC067	北京市商业集群体系研究	刘玉奇	北京物资学院	青年项目
146	13JGC068	北京市碳排放权交易市场定价机制与价格管理策略研究	王　遥	中央财经大学	青年项目
147	13JGC069	北京文化创意产业集群创新能力升级研究：测度、机制与协调	刘寿先	北京印刷学院	青年项目
148	13JGC070	财税改革与北京加快转变经济发展方式：基于“营改增”视角的研究	毛　捷	对外经济贸易大学	青年项目
149	13JGC071	产业结构优化对北京市碳减排目标的影响效应研究	张宏艳	北京工商大学	青年项目
150	13JGC072	基于SFDI的北京市产业结构优化研究	刘丽艳	北京石油化工学院	青年项目
151	13JGC073	基于能源优化配置的北京地区可再生能源发电并网机制研究	方　勇	北京化工大学	青年项目
152	13JGC074	京津冀地区能源密集型产业的共生发展模式研究	李　莉	北京信息科技大学	青年项目
153	13JGC075	老龄化进程中的北京居民消费规模和结构变化研究	蒯鹏州	北京工商大学	青年项目

续前表

序号	项目编号	项目名称	项目负责人	信誉保证单位	项目类别
154	13JGC076	异质性企业贸易理论视角下北京“双自主”企业国际市场开拓研究	杨丽花	中国政法大学	青年项目
155	13JGC077	北京市城乡居民养老保险收支测算及政策标准研究	杨　娟	中国青年政治学院	青年项目
156	13JGC078	北京绿色物流发展的统计测度与量化研究	周　丽	北京物资学院	青年项目
157	13JGC079	“去家族化”争议背景下家族影响与组织公民行为间的关系研究-基于北京市家族企业的调研	艾凤义	北京理工大学	青年项目
158	13JGC080	北京城市功能疏解与空间布局研究	邓慧慧	对外经济贸易大学	青年项目
159	13JGC081	北京金融产业监管中会计信息不对称问题研究	柯　剑	北京工商大学	青年项目
160	13JGC082	北京居民蔬菜类生活必需品供应保障体系建设研究	张　浩	北京工商大学	青年项目
161	13JGC083	北京科技创新平台运行机制研究	吴　杨	北京理工大学	青年项目
162	13JGC084	北京母公司与地方子公司集团内部资金转移研究	许　荣	中国人民大学	青年项目
163	13JGC085	北京市 G2G 电子政务业务协同的动力机制、推进方法与实证研究	范　静	北京外国语大学	青年项目
164	13JGC086	北京市保障房建设与住宅商品房市场协调发展研究	张　鹤	中国人民大学	青年项目
165	13JGC087	北京市轨道交通节能型运营调度方法研究	李　想	北京化工大学	青年项目
166	13JGC088	北京市食品质量安全风险预警体系研究	崔　丽	北京工商大学	青年项目
167	13JGC089	北京市突发事件应急资源保障体系优化设计研究	王　晶	北京工商大学	青年项目
168	13JGC090	北京市文化产业重大项目促进与绩效评价研究	郭彦丽	北京联合大学	青年项目
169	13JGC091	北京中小型高新技术企业风险监测模式研究	李兴伟	北京市科学技术研究院	青年项目
170	13JGC092	基于 Living Lab 的北京智慧旅游服务创新模式研究	郝金星	北京航空航天大学	青年项目
171	13JGC093	基于城市脆弱性的应急资源配置及其评估与调整研究	于瑛英	北京信息科技大学	青年项目
172	13JGC094	基于公共价值的北京食品安全监管：绩效评估与治理创新	王　蕾	首都经济贸易大学	青年项目

续前表

序号	项目编号	项目名称	项目负责人	信誉保证单位	项目类别
173	13JGC095	基于会计视角的北京市城市公用事业价格形成机制及其管理研究	张曾莲	北京科技大学	青年项目
174	13JGC096	基于知识管理的供应链应急管理	王红春	北京建筑大学	青年项目
175	13JGC097	京郊旅游型小城镇“特色建构”模式与可持续用地政策支持研究	刁琳琳	中共北京市委党校	青年项目
176	13JGC098	首都智能电网中微网系统的优化集成与发展机制研究	王永利	华北电力大学	青年项目
177	13JGC099	物联网环境下新型物流业务体系研究	唐恒亮	北京物资学院	青年项目
178	13JGC100	新型城镇化视角下北京市流通业现代化发展研究	汪　洋	首都经济贸易大学	青年项目
179	13JGC101	资源环境约束下北京市居民低碳消费行为影响因素研究	黄苏萍	首都经济贸易大学	青年项目
180	13KDA001	劳动解放与政治正义：重建工人的政治主体性	彭恒军	中国劳动关系学院	重点项目
181	13KDA002	印度人对中国形象和文化软实力的认知研究	尚会鹏	北京大学	重点项目
182	13KDA003	国际舆论对中国和平发展的认知差异分析	卢　静	外交学院	重点项目
183	13KDB004	当代海外北京研究的政治学视角——以《中国季刊》（The China Quarterly）为例（1960-2010）	管永前	北京外国语大学	一般项目
184	13KDB005	唯物史观视域下“中国梦”的实现问题研究	王聚芹	华北电力大学	一般项目
185	13KDB006	国外政党处理党群关系的经验教训及对我党的借鉴与启示	秦德占	中共北京市委党校	一般项目
186	13KDB007	马克思主义风险社会理论与北京市当前社会风险治理研究	宋宪萍	北京理工大学	一般项目
187	13KDB008	双重管理体制改革后的社会组织支撑体制研究：以北京、上海与广东的探索为例	闫　东	北京服装学院	一般项目
188	13KDB009	改革开放以来北京市应对严重灾害的历史经验及启示	赵朝峰	北京师范大学	一般项目
189	13KDB010	北京市环境群体性事件原因、特征及其对策研究	任丙强	北京航空航天大学	一般项目
190	13KDB011	北京市政务微博传播效果及其影响因素研究	闫　强	北京邮电大学	一般项目

续前表

序号	项目编号	项目名称	项目负责人	信誉保证单位	项目类别
191	13KDB012	信息网络化条件下政府形象传播研究	周小华	北京联合大学	一般项目
192	13KDB013	当代中国乡村基层协商民主的实践研究——以北京郊区农村为例	丁　云	北京工业大学	一般项目
193	13KDB014	略	李广仓	中国人民公安大学	一般项目
194	13KDB015	新的媒体环境下文化安全的内涵、范畴、对象辨析及保护对策探讨	董　璐	国际关系学院	一般项目
195	13KDB016	充分发挥人大代表在监督司法工作中的作用研究	刘维林	北京市人大理论研究会	一般项目
196	13KDB017	地方人代会会前活动研究	李燕奇	北京市人大理论研究会	一般项目
197	13KDC018	选择与命运：伯恩施坦主义与列宁主义比较研究	张茂林	北方工业大学	青年项目
198	13KDC019	社会主义平等观——全球语境中核心价值体系建设	张晓萌	中国人民大学	青年项目
199	13KDC020	首都经济圈生态文明建设中的跨区域政府间合作研究	刘　良	中共北京市委党校	青年项目
200	13KDC021	北京—河北“接点地区”跨界协作与府际治理机制的创新	孙广厦	中国青年政治学院	青年项目
201	13KDC022	北京市社会冲突事件发展趋势及对策研究	胡锐军	国家教育行政学院	青年项目
202	13KDC023	北京非传统安全领域网络舆情预警机制研究	王沙骋	中央财经大学	青年项目
203	13KDC024	基于系统分析的首都市民思想政治道德影响因素调查及对策研究	张毅翔	北京理工大学	青年项目
204	13KDC025	外交软实力：中国和平发展的理论与实践研究	姚　遥	外交学院	青年项目
205	13LSA001	北京地区辽代矿冶遗址调查与研究	刘乃涛	北京市文物局	重点项目
206	13LSA002	明清皇家坛庙文献整理及研究	郗志群	首都师范大学	重点项目
207	13LSB003	北京地区新石器至西周考古学编年与文化谱系研究	袁广阔	首都师范大学	一般项目
208	13LSB004	北京城市历史色彩环境保护与发展研究	杜　异	清华大学	一般项目
209	13LSB005	北京工业遗产研究	章永俊	北京市社会科学院	一般项目

续前表

序号	项目编号	项目名称	项目负责人	信誉保证单位	项目类别
210	13LSB006	清末民国时期北京中医外科史研究	裴晓华	北京中医药大学	一般项目
211	13LSB007	中国近现代学校历史教育史研究	赵亚夫	首都师范大学	一般项目
212	13LSB008	略	刘仲华	北京市社会科学院	一般项目
213	13LSB009	民国故宫博物院史	章宏伟	故宫博物院	一般项目
214	13LSB010	18 世纪西方文献中的北京城——《北京志》（Description de la Ville de Peking, 1765）翻译及研究	李　真	北京外国语大学	一般项目
215	13LSB011	近代北京城市公共空间对城市文化影响研究	孙希磊	北京建筑大学	一般项目
216	13LSB012	中国建筑中的节俭观和生态思想	方　拥	北京大学	一般项目
217	13LSC013	隋唐时期的北京地区墓志铭研究	蒋爱花	中央民族大学	青年项目
218	13SHA001	北京市流动人口的社会融合研究	周　皓	北京大学	重点项目
219	13SHA002	北京城市社区心理健康服务体系建设研究	杨凤池	首都医科大学	重点项目
220	13SHB003	新世纪以来北京市转居农民就业状况调查	宋国恺	北京工业大学	一般项目
221	13SHB004	农民工流动子女社会文化融合的人类学研究——对北京市农民工子女教育活动的田野调查	樊秀丽	首都师范大学	一般项目
222	13SHB005	智慧社区在创新社会服务管理中的建设与应用研究	王京春	清华大学	一般项目
223	13SHB006	北京市智慧社区建设研究	蔡大鹏	北京青年政治学院	一般项目
224	13SHB007	京郊农村残障者社区康复服务研究	胡　勇	北京农学院	一般项目
225	13SHB008	北京老旧小区物业管理困境及改革路径研究	袁汝海	清华大学	一般项目
226	13SHB009	老年人长期护理服务需求评估与护理保险设计	胡宏伟	华北电力大学	一般项目
227	13SHB010	北京市独生子女伤残、死亡家庭的养老问题研究	赵仲杰	北京建筑大学	一般项目

续前表

序号	项目编号	项目名称	项目负责人	信誉保证单位	项目类别
228	13SHB011	北京率先实行智能化养老服务研究	李　伟	中国老龄协会老年人才信息中心	一般项目
229	13SHB012	北京市近年婚姻匹配模式的变迁	高　颖	北京师范大学	一般项目
230	13SHB013	北京市最低生活保障标准对低收入群体收入影响的实证研究	杨立雄	中国人民大学	一般项目
231	13SHB014	北京市城中村改造村民可持续生存利益保障研究	周毕文	北京理工大学	一般项目
232	13SHB015	北京市微博舆情现状及应对策略研究	姚翠友	首都经济贸易大学	一般项目
233	13SHB016	基于信访视角的社会心态管理与风险预警机制研究	曹　颖	中共北京市委党校	一般项目
234	13SHC017	老龄产业发展背景下北京市涉老企业现状与走向研究	郑志刚	北京大学	青年项目
235	13SHC018	新生代农民工与北京市民的双向社会距离研究	邢朝国	北京科技大学	青年项目
236	13SHC019	新媒体语境下转型社区农村青年的代际交往	高　崇	北京大学	青年项目
237	13SHC020	北京市新生代外来农民工社会融合的期望与测量	胡新萍	北京农学院	青年项目
238	13SHC021	北京市服务农民工社会组织调查研究	张小霞	中国人民公安大学	青年项目
239	13SHC022	在京外国留学人员跨文化适应与管理问题研究	陈　正	国家教育行政学院	青年项目
240	13SHC023	社会工作介入社区矫正的北京经验研究	方　舒	中央财经大学	青年项目
241	13SHC024	城市社区冲突的发展及治理机制研究	张菊枝	北京城市学院	青年项目
242	13SHC025	社会变迁与北京市中老年人家庭代际关系	边　静	北京科技大学	青年项目
243	13SHC026	北京市老年季节性迁移机理及社会支持体系研究	黄　璜	中国社会科学院数量经济与技术经济研究所	青年项目
244	13SHC027	北京市空巢老人的心理健康：社会认知的影响及其干预	徐　华	北京联合大学	青年项目
245	13SHC028	北京市民的社会心态研究——“公平感”与“冲突感”的视角	秦广强	中央民族大学	青年项目
246	13SHC029	京郊农村股份合作社的产权问题研究	潘建雷	中共北京市委党校	青年项目

续前表

序号	项目编号	项目名称	项目负责人	信誉保证单位	项目类别
247	13SHC030	北京社会企业的培育与发展策略研究	祝玉红	中国人民大学	青年项目
248	13SHC031	北京市公共危机事件在网络传播中的演化机制与模型研究	段建勇	北方工业大学	青年项目
249	13SHC032	北京市政府购买社区养老服务的运作模式与绩效评价研究	李　春	首都师范大学	青年项目
250	13WYA001	公示语汉英/英汉翻译语料库研究与建设	吕和发	北京第二外国语学院	重点项目
251	13WYA002	莫言与新时期文学创新经验研究	张志忠	首都师范大学	重点项目
252	13WYA003	《方言》明清校注本整理集成	华学诚	北京语言大学	重点项目
253	13WYA004	1980年以来的北京当代艺术研究	汪民安	北京外国语大学	重点项目
254	13WYB005	唐诗的平仄音读与字义异同关系研究	刘子瑜	北京大学	一般项目
255	13WYB006	“困境求变”：语用研究的经济分析视角	向明友	北京航空航天大学	一般项目
256	13WYB007	房山琉璃河出土燕国铜器铭文及相关问题研究	罗卫东	北京语言大学	一般项目
257	13WYB008	北京市少数民族流动人口语言适应问题调查研究	丁石庆	中央民族大学	一般项目
258	13WYB009	清末民初北京话助词研究	翟　燕	中央民族大学	一般项目
259	13WYB010	北京话历时语法研究	龙国富	中国人民大学	一般项目
260	13WYB011	北京地区清代满汉合璧小学文献语言研究	李　红	首都师范大学	一般项目
261	13WYB012	基于学术论文语料库的中国英语变体多维研究	何宇茵	北京航空航天大学	一般项目
262	13WYB013	复杂英语二语句子加工的句法和语义界面关系研究	任虎林	华北电力大学	一般项目
263	13WYB014	首都留学生跨文化适应研究	王佶旻	北京语言大学	一般项目
264	13WYB015	北京市农民工阅读状况调研及对策研究	叶　新	北京印刷学院	一般项目
265	13WYB016	都市经验的拓展与乡村记忆的重构——新世纪北京文学发展趋向研究	王德领	北京联合大学	一般项目

续前表

序号	项目编号	项目名称	项目负责人	信誉保证单位	项目类别
266	13WYB017	世界华文文学对“中国”形象的创造与想象	王秀琳	北京第二外国语学院	一般项目
267	13WYB018	中外文化比较视野下的北京传说故事研究	舒　燕	北京语言大学	一般项目
268	13WYB019	《王官谷集》笺校	陶礼天	首都师范大学	一般项目
269	13WYB020	北京西南地区散存民间传说整理研究	王瑞玲	北京农业职业学院	一般项目
270	13WYB021	当代文学中的“北京”形象及其国际传播	胡少卿	对外经济贸易大学	一般项目
271	13WYB022	梅列日科夫斯基创作中的世界文化形象研究	武晓霞	北京航空航天大学	一般项目
272	13WYB023	北京东岳庙庙会的文化记忆与公共文化建设研究	邢　莉	中央民族大学	一般项目
273	13WYB024	齐如山老北京文化研究	梁　燕	北京外国语大学	一般项目
274	13WYB025	北京城乡结合部文化支撑体系研究——以丰台为例	张小乐	首都经济贸易大学	一般项目
275	13WYB026	北京城市文化形象国际传播效果与传播战略研究	刘　琛	北京外国语大学	一般项目
276	13WYB027	首都动漫产业标准化体系建设	王　可	北京航空航天大学	一般项目
277	13WYB028	中国当代音乐剧创作研究	周映辰	北京大学	一般项目
278	13WYB029	北京民间绘画研究	宋红雨	首都师范大学	一般项目
279	13WYB030	古代寺观叙事性壁画的动漫化研究	刘　锋	北京印刷学院	一般项目
280	13WYB031	北京舞蹈群落研究	史　红	首都师范大学	一般项目
281	13WYB032	中国话剧观念的流变与小剧场话剧的实践	白　莲	北京戏曲艺术职业学院	一般项目
282	13WYB033	北京影视创作与都市文化研究	路春艳	北京师范大学	一般项目
283	13WYB034	北京市影视剧产业的融资环境与制度创新	张辉锋	中国人民大学	一般项目
284	13WYB035	明清官式建筑彩画比较研究	李　沙	北京建筑大学	一般项目
285	13WYC036	先秦汉语动词及物性的变价视角	王丽玲	首都师范大学	青年项目

续前表

序号	项目编号	项目名称	项目负责人	信誉保证单位	项目类别
286	13WYC037	系统功能语言学新及物性模式下的隐喻研究	何中清	北京科技大学	青年项目
287	13WYC038	新城镇化进程中北京市流动学前儿童语言教育问题及对策研究	尹　静	北京交通大学	青年项目
288	13WYC039	新世纪北京文学中的底层人物研究	于小植	北京语言大学	青年项目
289	13WYC040	多元文化语境下的美国犹太女作家研究	郑　丽	北京航空航天大学	青年项目
290	13WYC041	民国北京艺术市场研究	张　涛	中央美术学院	青年项目
291	13WYC042	传统器乐类工尺谱研究	王先艳	中国音乐学院	青年项目
292	13WYC043	新世纪北京民营戏剧研究	梁振华	北京师范大学	青年项目
293	13WYC044	北京宫廷昆曲文化遗产的保护研究	蒯卫华	北京师范大学	青年项目
294	13WYC045	都市新空间与历史记忆研究	许苗苗	北京市社会科学院	青年项目
295	13WYC046	新媒介背景下北京市公共信息服务设计研究	吴　琼	清华大学	青年项目
296	13ZXB001	马克思与怀特海的哲学比较研究	张秀华	中国政法大学	一般项目
297	13ZXB002	现象学语境中的移情	张浩军	中国政法大学	一般项目
298	13ZXB003	道家生态美学思想及其当代价值	罗美云	北京林业大学	一般项目
299	13ZXB004	网络文本的社会符号学研究	叶起昌	北京交通大学	一般项目
300	13ZXB005	北京生态安全与生态文明建设研究	刘宽红	北京交通大学	一般项目
301	13ZXB006	新马克思主义空间正义思想与北京城市空间正义研究	马晓燕	北京科技大学	一般项目
302	13ZXB007	首都藏传佛教文化传统与践行“北京精神”关系研究	王文东	中央民族大学	一般项目
303	13ZXC008	先秦哲学中的道与言问题研究	刘　黛	清华大学	青年项目
304	13ZXC009	重审“发现”与“辩护”——基于科学实践的视角	王　娜	北京航空航天大学	青年项目
305	13ZXC010	生态文明的生命原则研究	院成纯	北京第二外国语学院	青年项目

续前表

序号	项目编号	项目名称	项目负责人	信誉保证单位	项目类别
306	13ZXC011	“中国梦”话语体系建构研究	王　磊	北京第二外国语学院	青年项目
307	13ZHA001	海外北京研究者数据库	李雪涛	北京外国语大学	重点项目
308	13ZHA002	北京市医疗纠纷诉讼外解决机制研究	乔世明	中央民族大学	重点项目
309	13ZHB003	社区环境质量与北京城市居民幸福感的研究	吴建平	北京林业大学	一般项目
310	13ZHB004	北京农村生态文明传播策略研究	金鸣娟	北京林业大学	一般项目
311	13ZHB005	基于情景分析的北京市家庭医生式服务发展策略研究	杜　娟	首都医科大学	一般项目
312	13ZHB006	北京市民营医院发展对策研究	孟　开	首都医科大学	一般项目
313	13ZHB007	北京市服务业清洁生产实施战略及路径研究	吕竹明	北京市科学技术研究院	一般项目
314	13ZHB008	身体活动对儿童学习与认知的影响	蒋长好	首都体育学院	一般项目
315	13ZHB009	北京城市青年街区研究	陈彤旭	中国青年政治学院	一般项目
316	13ZHB010	世界城市建设进程中的北京媒介发展研究	郭媛媛	首都经济贸易大学	一般项目
317	13ZHB011	北京市网络媒体市场外资行为、影响对策研究	闻　学	北京交通大学	一般项目
318	13ZHB012	北京互联网犯罪防控的现实困境与对策研究	黄淑华	中国人民公安大学	一般项目
319	13ZHB013	网络环境中的个人信息安全保护研究：以北京市为例	安小米	中国人民大学	一般项目
320	13ZHC014	北京绿色发展与科技创新战略研究	刘　薇	北京市社会科学院	青年项目
321	13ZHC015	北京市科技政策对中小企业创新绩效的影响及作用机制研究	江　洁	北京青年政治学院	青年项目
322	13ZHC016	都市文化的生长与重塑：北京当代城市的空间与形象研究	赵　斌	北京工业大学	青年项目
323	13ZHC017	北京生态涵养区生态安全预警评价与调控对策研究	付　晓	北京联合大学	青年项目
324	13ZHC018	北京市灾害社会易损性评估及管理体系构建	唐　玲	北京市科学技术研究院	青年项目
325	13ZHC019	基于乘客体验的北京市出租车投诉奏效机制研究	李丹阳	北京航空航天大学	青年项目

续前表

序号	项目编号	项目名称	项目负责人	信誉保证单位	项目类别
326	13ZHC020	社交媒体与北京市青少年的政治社会化研究	卢家银	中国青年政治学院	青年项目
327	13ZHC021	北京市突发公共事件在自媒体中的传播和线下动员机制研究	李　彪	中国人民大学	青年项目
328	13ZHC022	北京市法制事件的舆论形成模式及疏导策略研究	王天铮	中国政法大学	青年项目
329	13ZHC023	首都媒体“社交化”发展研究	徐　翔	北京市社会科学院	青年项目

附录三　2013年市社科规划增补项目立项名单

序号	项目编号	项目名称	项目负责人	信誉保证单位	项目类别
1	13CSB013	中俄环保合作对北京建设健康城市的启示研究	吴　军	对外经济贸易大学	一般项目
2	13FXA043	当代中国重大刑事法治事件研究	赵秉志	北京师范大学	重点项目
3	13FXB044	境外追赃国际合作研究——以习近平同志反腐败思想为切入点	张　磊	北京师范大学	一般项目
4	13FXB045	司法公正与死刑个案民意研究	袁　彬	北京师范大学	一般项目
5	13FXB046	依法加强我国网络社会管理研究	孙午生	北京政法职业学院	一般项目
6	13FXC042	卫生行政强制法律制度研究：以北京市为例	李筱永	首都医科大学	青年项目
7	13FXC047	依法加强网络社会管理研究——侧重网络时代著作权的刑事法规制	郭　烁	北京交通大学	青年项目
8	13FXC048	生态文明建设的刑事法律保障研究	郭理蓉	北京师范大学	青年项目
9	13FXC049	“城市梦”下的北京市流动人口犯罪的治理	王剑波	首都经济贸易大学	青年项目
10	13FXC050	新时期社会主义法治权威建设研究	季桥龙	中共北京市委党校	青年项目
11	13FXC051	首都司法的群众路线之路：马锡五矛盾化解法的创新实践	栗　峥	中国政法大学	青年项目
12	13JGA105	北京市政府投资管理问题研究	姚光业	北京经济管理职业学院	重点项目
13	13JGA106	北京市创意产业与旅游业融合发展及其对西双版纳州的启示	叶　晓	北京联合大学	特别委托项目
14	13JGA107	北京智慧城市发展水平评价研究	刘卫国	北京石油化工学院	特别委托项目
15	13JGA108	首都民办社科研究机构规范发展研究	唐　鑫	北京市社会科学院	特别委托项目
16	13JGA109	基于国际化视角的北京市新能源产业的绿色金融支持体系研究	蒋先玲	对外经济贸易大学	重点项目
17	13JGA111	北京经济与文化互动发展的模式与路径研究	祝合良	首都经济贸易大学	特别委托项目
18	13JGA114	促进北京市地方金融业发展的路径与对策研究	孙宝文	中央财经大学	特别委托项目

续前表

序号	项目编号	项目名称	项目负责人	信誉保证单位	项目类别
19	13JGB102	京津冀城市群地价演化与产业结构高级化耦合发展研究	周　霞	北京建筑大学	一般项目
20	13JGB110	北京市公用企业社会责任研究	余恩海	华北电力大学	一般项目
21	13JGB115	乡村旅游发展与北京率先形成城乡一体化新格局研究	殷　敏	北京第二外国语学院	一般项目
22	13JGB116	通过发展社区支持农业（CAS）推动首都生态环境保护的路径与政策研究	倪国华	北京工商大学	一般项目
23	13JGB117	实施创新驱动战略，建设中关村国家创新特区研究	冯　华	北京交通大学	一般项目
24	13JGB118	低碳经济背景下北京乡村旅游转型升级研究	何忠伟	北京农学院	一般项目
25	13JGB119	大数据时代网络社会的管理博弈及政府策略选择	孙　宇	北京师范大学	一般项目
26	13JGB120	贸易强国战略与“中国梦”的实现——基于要素内涵式演进的分析视角	赵春明	北京师范大学	一般项目
27	13JGB121	基于旧城改造的北京市核心区人口疏解模式研究	赵秀池	首都经济贸易大学	一般项目
28	13JGB122	首都地区征收交通拥挤税与烟尘排放税的可行性分析——北京大气污染治理的财税政策匹配	白彦锋	中央财经大学	一般项目
29	13JGC103	基于高速铁路发展的京津冀旅游一体化战略研究	殷　平	北京交通大学	青年项目
30	13JGC104	北京市公共社区与区域创新创业体系发展的协同关系研究	蔡　芸	北京交通大学	青年项目
31	13JGC112	北京市高端制造业产业集群高级化途径与对策研究——基于知识网络的视角	李左峰	中国人民大学	青年项目
32	13JGC113	北京市大中型企业与期货市场对接模式研究	邵永同	中国社会科学院经济研究所	青年项目
33	13JGC123	北京市生态文明发展评价及区域差异性研究	盛晓娟	北京联合大学	青年项目
34	13JGC124	北京旅游品牌的自媒体传播研究	张　超	北京第二外国语学院	青年项目
35	13JGC125	北京市经济增长与生态环境协调发展研究	王德利	北京市社会科学院	青年项目
36	13JGC126	国家审计反腐败路径研究	张　军	北京物资学院	青年项目

续前表

序号	项目编号	项目名称	项目负责人	信誉保证单位	项目类别
37	13JGC127	北京市经济发展与生态环境的演化关系及双赢路径分析	李春梅	首都经济贸易大学	青年项目
38	13JGC128	网络媒体舆论检测及宣传引导策略研究	祝世伟	中央财经大学	青年项目
39	13JYB026	建设中国特色的计算机科学教育国际化问题研究与实践	王移芝	北京交通大学	一般项目
40	13JYB027	应用型大学精英人才思想道德素质培养路径研究	周志成	北京联合大学	一般项目
41	13JYB028	北京市属高校人才培养模式研究	张　强	北京青年政治学院	一般项目
42	13JYB030	中国梦的教育学内涵及其价值实现	苏尚锋	首都师范大学	一般项目
43	13JYB031	大学促进文化强国建设实践的国际比较研究	郭德红	中央财经大学	一般项目
44	13JYC029	北京市学生网络学习问题研究	李　岩	中国农业大学	青年项目
45	13KDA026	“中国梦”与青年发展研究	楚国清	北京青年政治学院	特别委托项目
46	13KDA027	首都大学生对“中国梦”认知情况调研	陶世日	大学生杂志社	特别委托项目
47	13KDA028	实现中国梦背景下北京市领导干部思想状况调研	周春明	中共北京市委党校	重点项目
48	13KDA029	中国现代化进程中的“中国梦”内容体系研究	程美东	北京大学	重点项目
49	13KDA032	北京市互联网突发事件和网络舆情引导研究	熊光清	对外经济贸易大学	重点项目
50	13KDA033	网络环境下中共党史宣传面临的挑战及破解路径研究	谢荫明	中共北京市委党史研究室	重点项目
51	13KDA034	共产党人理想信念信仰问题研究：以当代北京市为例	杨德山	中国人民大学	重点项目
52	13KDB030	重视社会心态与防范脱离群众危险研究	丁　青	中共北京市委党校	一般项目
53	13KDB031	新自由主义无助于中国梦的实现	白雪秋	北京大学	一般项目
54	13KDB035	微时代高校思想政治工作新模式探析	赵　洁	北京航空航天大学	一般项目
55	13KDB036	建设“美丽北京”，培育理性生态人研究	路日亮	北京交通大学	一般项目
56	13KDB037	中国梦对内宣传、对外传播的话语策略研究	吴　琼	北京交通大学	一般项目

续前表

序号	项目编号	项目名称	项目负责人	信誉保证单位	项目类别
57	13KDB038	国际视阈下的中国发展道路、发展模式评析	刘文忠	北京联合大学	一般项目
58	13KDB039	“丝绸之路经济带”与“中国梦”关系研究	李　兴	北京师范大学	一般项目
59	13KDB040	基于手机媒体的大学生思想政治教育创新研究	吴　惠	北京石油化工学院	一般项目
60	13KDB041	北京高校意识形态工作现状与优化策略研究	张小锋	对外经济贸易大学	一般项目
61	13KDB042	构筑当代大学生“中国梦”的文化力量研究	朱效梅	清华大学	一般项目
62	13KDB043	“中国梦”在青年群体中的传播路径与分层策略研究	石国亮	首都师范大学	一般项目
63	13KDB044	北京青年核心价值观的群体差异及其形成机制研究	王　东	首都师范大学	一般项目
64	13KDB045	北京周边地区革命史迹整合研究	董增刚	首都师范大学	一般项目
65	13KDB046	网络时代的领导干部意识形态能力问题研究	朱继东	中国民主建国会北京市委员会	一般项目
66	13KDB047	中国共产党作风建设理论与实践创新及对群众路线教育实践活动的启示研究	张世飞	中央财经大学	一般项目
67	13KDC048	总体性视域下的党性和人民性统一关系研究	史文瑞	北京联合大学	青年项目
68	13KDC049	三重维度下中国梦与中国精神的关联与互动	温　静	北京师范大学	青年项目
69	13KDC050	中国特色社会主义理论体系逻辑结构与大众认同研究	刘洪森	北京师范大学	青年项目
70	13KDC051	比较视野中的“中国梦”研究——“中国梦”的科学内涵及实现路径研究	王贵贤	清华大学	青年项目
71	13KDC052	以社会主义核心价值体系建设推进社会主义文化强国建设	韩文乾	首都师范大学	青年项目
72	13KDC053	依法加强互联网宣传思想工作管理及正向引导策略构建研究——以微博为主要研究对象	金英君	中共北京市委党校	青年项目
73	13KDC054	“中国梦”对外传播的路径与策略研究	段　鹏	中国传媒大学	青年项目
74	13KDC055	改革开放以来中国共产党群众路线理论和实践与保持党的纯洁性之研究	夏　璐	中国人民大学	青年项目

续前表

序号	项目编号	项目名称	项目负责人	信誉保证单位	项目类别
75	13KDC056	网络时代背景下的群众路线创新研究	吴韵曦	中国政法大学	青年项目
76	13LSA014	抗战时期中国共产党党风廉政建设史论	沈　强	中国人民抗日战争纪念馆	重点项目
77	13SHA033	宗教在首都和谐社会建设中的独特作用	赵文芝	北京市政协	重点项目
78	13SHB034	“中国梦”的科学内涵及实现路径研究	胡　平	中国人民大学	一般项目
79	13SHC035	北京流动人口“中国梦”的社会心理表征及其对城市认同的影响研究	杨金花	北京联合大学	青年项目
80	13WYB047	北京市网络游戏产品的国际传播研究	黄　佩	北京邮电大学	一般项目
81	13WYB048	中宣部“五个一”工程奖获奖电视剧中的共产党员形象研究	张小琴	清华大学	一般项目
82	13WYB049	“中国梦”与中国精神研究	高旭东	中国人民大学	一般项目
83	13WYC050	北京影视形象的建构与传播战略研究	盖　琪	首都师范大学	青年项目
84	13ZHA024	文化原创力与北京文化创新机制研究	曹卫东	北京师范大学	特别委托项目
85	13ZHA025	党性和人民性一致性研究	陈力丹	中国人民大学	重点项目
86	13ZHA026	公共外交视野下“中国梦”的国际传播研究	钟　新	中国人民大学	重点项目
87	13ZHB027	腐败与反腐败的文化心理机制研究	刘　力	北京师范大学	一般项目
88	13ZHB028	北京市住房反向抵押养老保险运行模式研究	李文中	首都经济贸易大学	一般项目
89	13ZHB029	中国特色社会主义文化国际传播策略及效果研究	郭晓明	中国人民大学	一般项目
90	13ZHB030	主流媒体的责任伦理对策：化解微博传播风险	张　燕	中国传媒大学	一般项目
91	13ZHB031	以微博直播庭审活动为视点论网络环境下的传媒与司法关系	姚广宜	中国政法大学	一般项目
92	13ZXB012	生态文明建设基本原则的哲学研究	李东松	北京工业大学	一般项目

附录四　2013 年市社科规划“预立项”项目立项名单

序号	项目编号	项目名称	项目负责人	信誉保证单位	项目类别
1	13FXB052	正确认识和把握法治社会建设理论的若干基本问题	韩德强	中共北京市委党校	一般项目
2	13FXB053	“十八届三中全会”关于促进互联网经济发展与依法治理的解读	朱　巍	中国政法大学	一般项目
3	13FXB054	全面深化改革　建设法治中国	许传玺	北京市社科院	一般项目
4	13JYB032	新形势下高校意识形态工作的使命与责任	姚小玲	北京航空航天大学	一般项目
5	13JYB033	必须重视中国近代史宣传教育	黄延敏	首都师范大学	一般项目
6	13JGB129	深化改革中政府和市场关系的再权衡与新抉择	孙咏梅	中国人民大学	一般项目
7	13JGB130	以市场化改革推动首都金融业稳健发展	涂永红	中国人民大学	一般项目
8	13JGB131	更加尊重市场规律，更好发挥政府作用	卫兴华	中国人民大学	一般项目
9	13JGB147	基于国家治理的新一轮财政改革	刘尚希	财政部财政科学研究所	一般项目
10	13JGB148	使市场在资源配置中起决定性作用	高尚全	中国经济体制改革研究会	一般项目
11	13KDB057	“新自由主义”是治世真经么	李代祥	北京市思想政治研究会	一般项目
12	13KDB058	中国特色社会主义是成就中国奇迹的根本	贺亚兰	中共北京市委讲师团	一般项目
13	13KDB059	科学地理解和坚持“三个自信”	姚　桓	中共北京市委党校	一般项目
14	13KDB060	群众路线是党的生命线和根本工作路线	殷庆言	中共北京市委党校	一般项目
15	13KDB061	以人民满意为标准建立健全转变作风的长效机制	韩玉芳	中共北京市委党校	一般项目
16	13KDB062	反对“四风”重在探索“把权力送进制度的笼子里”	薛　梅	中共北京市委党校	一般项目
17	13KDB063	加强和改善党对全面深化改革的领导	王春玺	中央财经大学	一般项目
18	13KDB064	“中国梦”视野下的文化“人民性”	卢燕娟	中国政法大学	一般项目
19	13KDB065	打牢坚持党领导的共同思想基础	许志功	国防大学	一般项目

续前表

序号	项目编号	项目名称	项目负责人	信誉保证单位	项目类别
20	13KDB066	高举理想信念精神旗帜　做好中国特色社会主义这篇大文章	杨　奎	北京市社科院	一般项目
21	13KDB067	群众路线的唯物史观意蕴的认识与实践途径	欧阳媛	北京联合大学	一般项目
22	13KDB068	论新形势下做好宣传思想工作的保障机制	陈树文	北京交通大学	一般项目
23	13KDB069	旗帜鲜明坚持党性人民性相统一	杨绍华	北京科学社会主义学会	一般项目
24	13KDB070	充分认识意识形态工作的极端重要性	李文阁	北京科学社会主义学会	一般项目
25	13KDB071	宣传思想工作比以往任何时候都更加需要创新	陈之昌	前线杂志社	一般项目
26	13KDB072	在有效沟通中巩固共同思想基础	刘陈德	前线杂志社	一般项目
27	13KDB073	中国梦与青年发展	倪邦文	大学生杂志社	一般项目
28	13KDB074	理解“三个自信”的三个维度	孙代尧	北京大学	一般项目
29	13KDB075	改善民生是实现中国梦的基础工程	王炳林	北京师范大学	一般项目
30	13ZXB013	把握科学的思想方法	陶文昭	中国人民大学	一般项目
31	13ZHB032	充分发挥新闻媒体推动经济社会发展的重要作用	鞠宏磊	中国政法大学	一般项目

附录五　2013 年与市委教育工委、市教委联合立项项目名单

序号	项目编号	项目名称	项目负责人	信誉保证单位	项目类别
1	13JYB034	全国大运会“校长杯”对引领北京高校体育创新发展的实证研究	谢伦立	北京工业大学	一般项目
2	13JYB035	北京大学生体育锻炼行为的特征和干预研究	蒋　薇	首都经济贸易大学	一般项目
3	13JYB036	志愿高校——志愿服务与高校人才培养模式研究	梁绿琦	北京青年政治学院	一般项目
4	13JGB132	基于廉政风险防控的北京高校科研经费管理制度创新研究	冯　虹	北京工业大学	一般项目
5	13JGB133	北京市真实贸易结构：测算、评价与优化	姜延书	北方工业大学	一般项目
6	13JGB134	北京零售企业竞争力提升关键问题研究	孙永波	北京工商大学	一般项目
7	13JGB135	北京城市货运公交化共同配送体系研究	何明珂	北京工商大学	一般项目
8	13JGB136	碳规则对北京市产业国际竞争力影响的实证研究	徐　岭	北京石油化工学院	一般项目
9	13JGB137	农民工平等就业法律救济机制研究	王春光	北京农学院	一般项目
10	13JGB138	北京市新型农村合作医疗大病保障的实施对疾病经济负担的影响研究	高广颖	首都医科大学	一般项目
11	13JGB139	土地征收补偿制度研究以北京市为中心	蔡乐渭	首都师范大学	一般项目
12	13JGB140	北京市中小学校长专业发展的制度体系研究	傅树京	首都师范大学	一般项目
13	13JGB141	当代北京艺术品市场生态研究	吴明娣	首都师范大学	一般项目
14	13JGB142	北京市零售企业商业模式创新研究	齐　严	北京物资学院	一般项目
15	13JGB143	北京市产业空间结构体系构建与城市空间转型研究	田新民	首都经济贸易大学	一般项目
16	13JGB144	企业价值观对企业可持续战略及其绩效的影响研究	张映红	首都经济贸易大学	一般项目
17	13JGB145	北京种业整合战略及其平台建设研究	侯军岐	北京信息科技大学	一般项目
18	13JGB146	环境污染治理与规制博弈研究	王　斌	北京信息科技大学	一般项目

续前表

19	13SHB036	19世纪法国的社会危机及社会重建研究	倪玉珍	首都师范大学	一般项目
20	13WYB051	蒙古高原古今音乐文化的跨境研究	杨　红	中国音乐学院	一般项目
21	13WYB052	中国戏曲跨文化传播人才培养战略研究	于建刚	中国戏曲学院	一般项目
22	13WYB053	中外电影大师精品解读	苏　牧	北京电影学院	一般项目
23	13WYB054	爱默生与美国诗歌传统研究	黄宗英	北京联合大学	一般项目
24	13ZHB033	中国电影舆论传播研究	凌　燕	首都师范大学	一般项目
25	13ZHB034	北京文化符号的认定与传播研究	曲　茹	北京第二外国语学院	一般项目
26	13JYB037	基于高校国际化视域的学生工作理论与实践研究	胡凌云	北京航空航天大学	一般项目
27	13JYB038	协同理论视阈下的高校思想政治教育工作机制优化研究	郑吉春	北京工业大学	一般项目
28	13JYB039	体育锻炼促进大学生身心和谐发展研究	李鸿江	首都体育学院	一般项目
29	13JYB040	北京高校班集体建设创新研究	张庆东	北京大学	一般项目
30	13JYB041	北京高校大学生学习与发展指导体系研究	过　勇	清华大学	一般项目
31	13JYB042	基于育人的高校青年教师亚文化建设路径研究	蓝晓霞	北京交通大学	一般项目
32	13JYB043	北京高校博士生党建问题与对策研究	姜恩来	北京林业大学	一般项目
33	13JYB044	高校学生基层党组织运行机制创新研究	王云海	对外经济贸易大学	一般项目
34	13JYB045	多校区办学模式下大学生思想政治教育机制的优化研究	钱　军	北京建筑大学	一般项目
35	13JYB046	高职院校德育体系协同创新的研究与探索	韩宪洲	北京财贸职业学院	一般项目
36	13JYB047	借鉴免疫系统理论提高大学生思想道德教育实效性研究	杨　军	北京信息科技大学	一般项目
37	13JYB048	增强艺术院校思想政治理论课教学实效性研究	梁建明	中国戏曲学院	一般项目
38	13JYB049	思想政治理论课课堂教学吸引力、感染力提升研究	王鲁娜	北京工商大学	一般项目

附录六　2013 年市社科规划研究基地项目立项名单

序号	项目编号	项目名称	项目负责人	研究基地名称	项目类别
1	13JDZHD001	“北京城市记忆”数字资源库建设研究	冯惠玲	人文北京研究基地	特别委托项目
2	13JDZXA001	视觉北京——都市形象与空间逻辑	吴　琼	人文北京研究基地	重点项目
3	13JDZHB004	全球化背景下的境外媒体管理政策研究	孙维佳	人文北京研究基地	一般项目
4	13JDSHD002	网络化条件下北京市职业群体社会管理创新研究	刘少杰	北京社会建设研究基地	特别委托项目
5	13JDSHB007	北京市“失独”家庭生存状况及相关政策研究	宋　健	北京社会建设研究基地	一般项目
6	13JDSHC010	北京市完善养老服务体系研究——对居家养老的现状分析和供需预测	陶　涛	北京社会建设研究基地	青年项目
7	13JDKDD001	建设中国特色社会主义的总布局研究	张云飞	马克思主义研究基地	特别委托项目
8	13JDKDA004	首都市民低碳生活价值观研究	邱　吉	马克思主义研究基地	重点项目
9	13JDJGB036	首都城镇化进程中的农民工劳动报酬影响因素研究：以建筑业为例	孙咏梅	马克思主义研究基地	一般项目
10	13JDKDC016	新形势下北京城乡结合部党群关系研究	赵淑梅	马克思主义研究基地	青年项目
11	13JDJGD001	北京市出租车行业管理对策研究	叶　龙	北京交通发展研究基地	特别委托项目
12	13JDCSD002	北京公共交通网络对城市空间结构的作用机理及优化对策研究	张梅青	北京交通发展研究基地	特别委托项目
13	13JDJGC050	北京市轨道交通行业高绩效工作系统研究	郭　名	北京交通发展研究基地	青年项目
14	13JDJGB035	北京城市发展、经济集聚与城市交通动态适应性研究	高宏伟	北京交通发展研究基地	一般项目
15	13JDJGD002	基于产业安全的首都经济圈产业转移研究	李文兴	北京产业安全与发展研究基地	特别委托项目

续前表

序号	项目编号	项目名称	项目负责人	研究基地名称	项目类别
16	13JDJGA014	基于生态链的北京市智慧城市信息安全保障体系研究	刘世峰	北京产业安全与发展研究基地	重点项目
17	13JDJGC051	北京市文化创意产业融资问题研究——基于全生命周期的视角	张　娜	北京产业安全与发展研究基地	青年项目
18	13JDKDA005	构建高校和谐党群关系的对策研究	吴　萱	首都大学生思想政治教育研究基地	重点项目
19	13JDKDB009	新时期政治传播中意识形态的作用与变化研究	施惠玲	首都大学生思想政治教育研究基地	一般项目
20	13JDCSD001	首都城市发展的阶段性及其时空特征研究	张景秋	北京学研究基地	特别委托项目
21	13JDCSC011	北京郊区宜居社区规划与建设研究	张　艳	北京学研究基地	青年项目
22	13JDJGA015	京台文创产业合作前景及其路径研究	乔东亮	京台文化交流研究中心	重点项目
23	13JDJGA016	京台现代服务业合作的政府与市场关系研究——以石景山区、东城区台湾特色街区为例	孙兆慧	京台文化交流研究中心	重点项目
24	13JDKDA006	提升人大及其常委会公信力研究	郑广永	北京市政治文明建设研究中心	重点项目
25	13JDZXB002	新启蒙运动与中国近现代思维方式的变迁	常百灵	北京市政治文明建设研究中心	一般项目
26	13JDFXB004	世界城市视野下的北京地方立法问题研究	唐莹莹	北京市政治文明建设研究中心	一般项目
27	13JDWYA011	北京童谣的文化教育意义及推广策略研究	陈　晖	北京文化发展研究基地	重点项目
28	13JDWYA003	北京区域划分的历史沿革及其文化功能的演变	张海明	北京文化发展研究基地	重点项目
29	13JDWYA004	口述历史与北京濒临消失的文化史料抢救	傅光明	北京文化发展研究基地	重点项目
30	13JDJGA017	北京市残疾人教育与贫困问题研究	赖德胜	首都教育经济研究基地	重点项目

续前表

序号	项目编号	项目名称	项目负责人	研究基地名称	项目类别
31	13JDJYC004	北京市义务教育阶段“就近入学”政策背景下的择校行为研究	郑　磊	首都教育经济研究基地	青年项目
32	13JDJYC005	北京与世界主要首都城市教育经费投入、使用和监管比较研究	刘　强	首都教育经济研究基地	青年项目
33	13JDJGD003	基于行为价值管理视角的首都零售业内部控制评价研究	杨有红	首都流通业研究基地	特别委托项目
34	13JDJGA018	基于商务服务视角的北京现代服务业发展比较优势研究	李宝仁	首都流通业研究基地	重点项目
35	13JDJGA019	北京“老字号”品牌营销创新案例研究	张景云	首都流通业研究基地	重点项目
36	13JDJGC052	北京大型零售企业软实力提升路径研究	王长斌	首都流通业研究基地	青年项目
37	13JDJGC053	重大事件对北京市生猪及猪肉价格波动的影响研究	郭志超	首都流通业研究基地	青年项目
38	13JDJGD004	京津冀都市圈高端制造业与生产性服务业协同创新研究	李京文	北京现代制造业发展研究基地	特别委托项目
39	13JDJGB037	京津冀都市圈现代制造业生产要素协同创新研究	蒋国瑞	北京现代制造业发展研究基地	一般项目
40	13JDJGB038	资源与环境约束下北京新能源汽车产业发展对策研究	武玉英	北京现代制造业发展研究基地	一般项目
41	13JDSHB008	北京基层社会协同治理模式研究——以麦子店街道“问政”实践为例	刘金伟	北京社会管理研究基地	一般项目
42	13JDSHC011	北京近郊区城中村改造与外来人口管理研究	李　升	北京社会管理研究基地	青年项目
43	13JDJGD005	北京市房地产行业发展研究	刘　伟	中国都市经济研究基地	特别委托项目
44	13JDJGA020	京津唐城市群一体化格局研究	张　辉	中国都市经济研究基地	重点项目
45	13JDJGB039	市场整合与经济发展：近代京津都市圈实证研究	赵留彦	中国都市经济研究基地	一般项目

续前表

序号	项目编号	项目名称	项目负责人	研究基地名称	项目类别
46	13JDJGB040	我国住房保障制度设计与政策实施问题研究——以北京市为例	方　敏	中国都市经济研究基地	一般项目
47	13JDJGD006	上市公司财务状况质量及其评价研究——基于北京上市公司的应用研究	张新民	北京企业国际化经营研究基地	特别委托项目
48	13JDJGA021	北京实体经济发展的现状与趋势研究	范黎波	北京企业国际化经营研究基地	重点项目
49	13JDJGA022	北京市提升利用外资质量研究	郑建明	北京企业国际化经营研究基地	重点项目
50	13JDJGC054	北京战略性新兴产业培育国际知名品牌的影响因素与路径研究	王分棉	北京企业国际化经营研究基地	青年项目
51	13JDJGA023	北京城乡居民家庭能源消费结构与问题研究	姚建平	北京能源发展研究基地	重点项目
52	13JDJGB041	北京市居民生活用电量的历史特征及发展趋势研究	张福伟	北京能源发展研究基地	一般项目
53	13JDJGC055	基于用电量分析的北京经济行业波动传导和监测预警模型研究	刘　达	北京能源发展研究基地	青年项目
54	13JDFXC007	支持北京市新能源产业发展的绿色金融法规体系研究	沈　磊	北京能源发展研究基地	青年项目
55	13JDCSD003	北京城市功能疏解与首都圈城镇体系研究	叶堂林	北京市经济社会发展政策研究基地	特别委托项目
56	13JDJGA024	北京市低碳经济量化模型与政策研究	廖明球	北京市经济社会发展政策研究基地	重点项目
57	13JDCSB008	北京新城建设成效评价及政策建议	吴庆玲	北京市经济社会发展政策研究基地	一般项目
58	13JDJGB042	我国CBD金融资源优化模式研究	李　新	CBD发展研究基地	一般项目
59	13JDJGD007	北京市休闲经济发展、休闲功能布局与相关政策研究	魏　翔	北京旅游发展研究基地	特别委托项目

续前表

序号	项目编号	项目名称	项目负责人	研究基地名称	项目类别
60	13JDJGA025	北京旅游目的地形象测量与定位研究	李　宏	北京旅游发展研究基地	重点项目
61	13JDJGC056	北京创意旅游纪念品的设计与研发策略研究	王馨欣	北京旅游发展研究基地	青年项目
62	13JDZHC007	北京生态涵养区旅游生态安全与生态文明建设研究	唐承财	北京旅游发展研究基地	青年项目
63	13JDJGD008	人文社科项目经费使用与绩效管理研究	张　健	北京市知识管理研究基地	特别委托项目
64	13JDJGA026	基于科技金融智力资产的金融分析	谭祖卫	北京市知识管理研究基地	重点项目
65	13JDJGB043	基于知识流的产业集群知识共享研究	刘　宇	北京市知识管理研究基地	一般项目
66	13JDJGB044	北京市科技型小微企业的税收遵从成本研究	孙玉霞	北京市知识管理研究基地	一般项目
67	13JDJGA067	北京市首批哲学社会科学研究基地第三批建设绩效评估	王　琪	北京市知识管理研究基地	重点项目
68	13JDJGD009	基于“科技驱动”的北京服装设计产业提升路径与对策研究	宁　俊	首都服饰文化与服装产业研究基地	特别委托项目
69	13JDWYA005	中国传统服饰数字化保护模式实证研究	商书元	首都服饰文化与服装产业研究基地	重点项目
70	13JDJGB045	循环经济驱动下北京纺织服装产业绿色发展路径的实证研究	姚　蕾	首都服饰文化与服装产业研究基地	一般项目
71	13JDJGC057	典型服饰老字号品牌发展及案例研究	席　阳	首都服饰文化与服装产业研究基地	青年项目
72	13JDSHA003	北京市新生代农民工城市文化融合研究	洪小良	北京人口发展研究中心	重点项目
73	13JDSHB009	女性家庭生命周期与职业生命周期统合研究	李　宁	北京人口发展研究中心	一般项目
74	13JDSHC012	社会网络视角下的北京市流动人口风险性行为与生殖健康	杜　鹃	北京人口发展研究中心	青年项目
75	13JDKDC017	北京市领导干部新媒体应对能力研究	李　娜	北京党建研究基地	青年项目

续前表

序号	项目编号	项目名称	项目负责人	研究基地名称	项目类别
76	13JDKDA007	微博客与政府沟通能力建设	杨雪冬	马克思主义大众化研究基地	重点项目
77	13JDKDB010	2013 年《大讲堂》讲稿精选集	崔耀中	马克思主义大众化研究基地	一般项目
78	13JDKDB011	后冷战时期美国民主输出运行机制与我国战略机遇期意识形态安全研究	刘恩东	马克思主义大众化研究基地	一般项目
79	13JDKDC018	外国民众对华政治认知及沟通模式	周鑫宇	马克思主义大众化研究基地	青年项目
80	13JDCSD004	北京市水污染治理对策研究	王鸿春	北京决策研究基地	特别委托项目
81	13JDCSA006	首都安全战略研究	王力丁	北京决策研究基地	重点项目
82	13JDCSA007	遏制北京市城乡居民慢性病快速增长趋势政策研究	刘英骥	北京决策研究基地	重点项目
83	13JDCSB009	北京噪声污染调查及防治建议	盛继洪	北京决策研究基地	一般项目
84	13JDJGD010	中国特色世界城市建设与应急管理模式创新研究	薛　澜	应急管理研究基地	特别委托项目
85	13JDJGA027	北京市空气污染治理的区域联动机制研究	刘　冰	应急管理研究基地	重点项目
86	13JDFXD001	北京市法治政府评价指标体系研究	马怀德	法治政府研究基地	特别委托项目
87	13JDFXB002	社会稳定风险评估的法律机制研究	林鸿潮	法治政府研究基地	一般项目
88	13JDFXB003	重大行政决策程序立法研究	王万华	法治政府研究基地	一般项目
89	13JDKDD002	北京市人大预算监督能力的影响因子和提升途径研究	李俊生	北京财经研究基地	特别委托项目
90	13JDJGA028	北京市财政收支不确定性与财政脆弱性研究	王立勇	北京财经研究基地	重点项目
91	13JDJGB046	北京市经济恢复力政策框架与操作机制研究——基于世界城市的视角	李　强	北京财经研究基地	一般项目
92	13JDJGD011	北京设计竞争力研究	吴学夫	首都传媒经济研究基地	特别委托项目

续前表

序号	项目编号	项目名称	项目负责人	研究基地名称	项目类别
93	13JDJGC058	微信平台对首都政务建设的影响研究	徐　琦	首都传媒经济研究基地	青年项目
94	13JDJGC059	北京视听新媒体产业政策研究	赵　敬	首都传媒经济研究基地	青年项目
95	13JDKDB012	基于儒家伦理思想的社会主义核心价值体系文化渊源探析	姚小玲	首都高校党建研究基地	一般项目
96	13JDKDB013	书院制下大学生思想政治教育新模式探索	万林艳	首都高校党建研究基地	一般项目
97	13JDJYB002	北京高校教师教学学术现状和发展策略研究	宋中英	首都高等教育发展研究基地	一般项目
98	13JDWYA006	中华经典英译与跨文化阐释研究	李庆本	首都国际文化研究基地	重点项目
99	13JDWYB008	英语世界对明清小说的研究（1980—2010）	成　敏	首都国际文化研究基地	一般项目
100	13JDZHB005	外媒涉华报道全文索引数据库建设研究	罗智勇	首都国际文化研究基地	一般项目
101	13JDSHD001	基于信任理论的首都国际化大都市医患关系研究	吕兆丰	首都卫生管理与政策研究基地	特别委托项目
102	13JDSHA004	医院安全文化测评与改进的前瞻性队列研究	席修明	首都卫生管理与政策研究基地	重点项目
103	13JDJGA029	医院全面质量管理检查标准的前瞻性研究	申昆玲	首都卫生管理与政策研究基地	重点项目
104	13JDCSD005	北京历史文化魅力走廊——“中轴线与朝阜路”文化内涵挖掘与传播利用	宋国华	北京建筑文化研究基地	特别委托项目
105	13JDCSB010	美国纽约城市地标法对北京建筑遗产保护的启示	左金风	北京建筑文化研究基地	一般项目
106	13JDZXB003	社会主义城市空间正义研究	张　华	北京建筑文化研究基地	一般项目
107	13JDJGD012	京郊区县农民专业合作社创新发展研究	郑文堂	北京新农村建设研究基地	特别委托项目
108	13JDJGA030	北京都市型现代农业文化发展比较研究	华玉武	北京新农村建设研究基地	重点项目

续前表

序号	项目编号	项目名称	项目负责人	研究基地名称	项目类别
109	13JDFXB005	北京农地融资法律问题研究	李　蕊	北京新农村建设研究基地	一般项目
110	13JDKDD003	党的十六大以来中国特色社会主义在北京实践的经验与特点 研究	左宪民	马克思主义理论研究与传播基地	特别委托项目
111	13JDSHA005	社会心态与民生建设研究	谭日辉	北京社区研究基地	重点项目
112	13JDZHB008	生态文明视域下城市两型社区研究	赵　清	北京社区研究基地	青年项目
113	13JDZXC004	城市景观美学与建设"美丽北京"研究	贾　澎	北京世界城市研究基地	青年项目
114	13JDJGA031	北京"升级版"人口红利统计测算及兑现途径	王文杰	北京市经济社会数据分析与监测评价研究基地	重点项目
115	13JDJGB047	北京都市型现代农业监测评价指标体系研究	邵建民	北京市经济社会数据分析与监测评价研究基地	一般项目
116	13JDJGC060	从北京潜在经济增速分析政府宏观调控的着力点	刘立功	北京市经济社会数据分析与监测评价研究基地	青年项目
117	13JDWYB009	弘扬北京文化经典，打造"世界城市"文化名片——中西文化交流语境中的《红楼梦》当代阐释	张洪波	北京对外文化交流与世界文化研究基地	一般项目
118	13JDJYB003	北京高校外籍英语教师在对外文化交流中的作用	陈亚平	北京对外文化交流与世界文化研究基地	一般项目
119	13JDJGA032	考虑循环经济与低碳经济因素的流程工业企业综合绩效评价体系研究——以钢铁、水泥企业研究为例	戴淑芬	北京企业低碳运营战略研究基地	重点项目
120	13JDJGB048	北京市城市物流网络碳足迹及低碳对策研究	杨建华	北京企业低碳运营战略研究基地	一般项目
121	13JDKDB014	北京市建设世界城市的城市外交策略研究	熊　炜	北京对外交流与外事管理研究基地	一般项目

续前表

序号	项目编号	项目名称	项目负责人	研究基地名称	项目类别
122	13JDKDC019	外交官与中国现代政治思潮的发展	杨　晖	北京对外交流与外事管理研究基地	青年项目
123	13JDSHA006	建设世界城市背景下的首都外国人管理问题研究	刘宏斌	首都社会安全研究基地	重点项目
124	13JDFXB006	应对非传统安全威胁的首都大型活动反恐安保工作研究	梅建明	首都社会安全研究基地	一般项目
125	13JDJYD001	实践取向的教师教育改革研究	蔡　春	北京基础教育研究基地	特别委托项目
126	13JDJYC006	基础教育的新教师招聘优势才能识别模型构建	肖　晶	北京基础教育研究基地	青年项目
127	13JDJGA033	北京南部新区环境碳容量约束与产业发展对策研究	闫笑非	北京现代产业新区发展研究基地	重点项目
128	13JDJGB049	社会融合视角下失地农民回迁社区安置政策研究——以北京市大兴新区为例	赵春燕	北京现代产业新区发展研究基地	一般项目
129	13JDWYD001	“北京传统音乐节”在高校服务文化创意产业方面的实践和探索	谢嘉幸	北京民族音乐研究与传播基地	特别委托项目
130	13JDWYA002	北京社区音乐教育的实践与理论研究	张　援	北京民族音乐研究与传播基地	重点项目
131	13JDZHA003	北京地区数字出版商业模式创新研究	张新华	北京出版产业与文化研究基地	重点项目
132	13JDWYB010	北京地区公共数字文化资源需求与使用状况研究	畅　榕	北京出版产业与文化研究基地	一般项目
133	13JDKDA008	十六大以来北京市思想政治工作规律研究	周　欣	北京市基层思想文化建设研究基地	重点项目
134	13JDKDB015	北京市城镇化中农民身份转变后思想观念提升研究	朱华东	北京市基层思想文化建设研究基地	一般项目
135	13JDZHD002	北京中医药文化科普传播效果研究	靳　琦	北京中医药文化研究基地	特别委托项目
136	13JDJGA034	打造“北京创造”品牌研究	甫玉龙	北京知识产权研究基地	重点项目

续前表

序号	项目编号	项目名称	项目负责人	研究基地名称	项目类别
137	13JDZHB006	我国大型综合性体育赛事的绩效评估研究	王庆伟	北京体育赛事管理与营销基地	一般项目
138	13JDJGD013	北京市电子商务物流发展对策研究	刘丙午	北京现代物流研究基地	特别委托项目
139	13JDWYA007	电影信息分析咨询系统平台的构建研究	夏卫国	北京影视艺术研究基地	重点项目
140	13JDWYA012	梅兰芳1935年访苏演出研究	周丽娟	北京戏曲文化传承与发展研究基地	重点项目
141	13JDWYA013	戏曲舞台语言体系研究	田志平	北京戏曲文化传承与发展研究基地	重点项目
142	13JDWYC014	京剧翻译原则与方法研究	董　单	北京戏曲文化传承与发展研究基地	青年项目
143	13JDWYD015	文化与科技融合视域下的中国大电影产业及其发展路径研究	侯光明	北京影视艺术研究基地	特别委托项目
144	13JDSHA013	中国特色社会主义文化视阈中的网络文化建设与青少年的发展	梁绿琦	北京青少年教育与发展研究基地	重点项目
145	13JDJYB007	中外青少年网络学习行为研究	姜闽虹	北京青少年教育与发展研究基地	一般项目
146	13JDZHB009	“城镇化”背景下北京农村青少年的媒介使用现状、影响及对策——以顺义李桥镇王家场村为个案	周　敏	北京青少年教育与发展研究基地	一般项目
147	13JDCSD012	首都城市环境建设评价与指数研究	刘承水	首都城市环境建设研究基地	特别委托项目
148	13JDCSA013	首都城市管理体制改革创新研究	冯　刚	首都城市环境建设研究基地	重点项目
149	13JDSHB014	北京城市边缘区社会环境优化对策研究	霍晓英	首都城市环境建设研究基地	一般项目
150	13JDJGB061	首都流动摊贩治理困境与对策研究	刘玲玲	首都城市环境建设研究基地	一般项目

续前表

序号	项目编号	项目名称	项目负责人	研究基地名称	项目类别
151	13JDJGA062	北京国际商贸中心流通软实力研究	王成荣	北京国际商贸中心研究基地	重点项目
152	13JDJGB063	北京商业品牌发展研究	赖　阳	北京国际商贸中心研究基地	一般项目
153	13JDJGB064	北京社区民生商业创新研究	韩凝春	北京国际商贸中心研究基地	一般项目
154	13JDKDA020	十八大新党章的时代内涵与指导意义研究	谭振亚	首都高校党建研究基地	重点项目
155	13JDKDA021	北京市爱国主义教育基地现状及作用进一步发挥对策调研	周　欣	北京市基层思想文化建设研究基地	重点项目
156	13JDCSA014	健康是生产力研究	王彦峰	北京健康城市建设研究中心	重点项目
157	13JDCSA015	生物多样性与推动北京健康城市建设研究	张　燕	北京健康城市建设研究中心	重点项目
158	13JDCSB016	北京森林休养发展对策研究	周彩贤	北京健康城市建设研究中心	一般项目
159	13JDCSA017	推动北京市电动汽车分类发展对策研究	鹿春江	北京健康城市建设研究中心	重点项目
160	13JDWYA016	北京市打造文化航母路径研究	周茂非	北京文化创意产业改革发展研究中心	重点项目
161	13JDWYA017	首都文化消费新趋势研究	张慧光	北京文化创意产业改革发展研究中心	重点项目
162	13JDLSA001	北京市东城区历史建筑调查及保护对策研究	金　晖	东城区应用对策研究基地	重点项目
163	13JDLSA002	北京西城核心区历史文化名城保护模式创新研究	王少峰	西城区应用对策研究基地	重点项目
164	13JDLSA003	北京西城老字号历史传承分析与品牌创新研究	王都伟	西城区应用对策研究基地	重点项目
165	13JDJGA065	北京市高校、科研院所技术转移模式研究	刘　鸿	海淀区应用对策研究基地	重点项目
166	13JDZHA010	中关村核心区发展模式研究	陈名杰	海淀区应用对策研究基地	重点项目
167	13JDKDA022	顺义区党政领导干部考核评价机制创新研究	车克欣	顺义区应用对策研究基地	重点项目

续前表

序号	项目编号	项目名称	项目负责人	研究基地名称	项目类别
168	13JDKDA023	顺义区推进“四个转型升级”视域下群众工作创新研究	周颖博	顺义区应用对策研究基地	重点项目
169	13JDZHA011	坚持生态型产业发展方向提速中国乐谷建设研究	韦小玉	平谷区应用对策研究基地	重点项目
170	13JDZHA012	关于推进平谷区文化创意产业体制机制创新研究	李宝峰	平谷区应用对策研究基地	重点项目
171	13JDZHA013	延庆县生态文明建设途径探索	吕桂富	延庆县应用对策研究基地	重点项目
172	13JDJGA066	延庆旅游综合改革的探索与研究	张素枝	延庆县应用对策研究基地	重点项目

附录七 2013 年市社科规划项目结项名单（按单位排序）

序号	项目编号	项目名称	负责人	所在单位
1	11ZDA07	北京历史文化遗产传承与保护研究	金良浚	北京城市发展研究院
2	11SHB005	老旧社区现状分析与和谐治理实证研究	刘承水	北京城市学院
3	06BeKD032	北京市民办高校党建工作历史与现状调查研究	程美东	北京大学
4	06AaLS002	东胡林人及其文化研究	赵朝洪	北京大学
5	10BaCS020	北京市老年宜居社区规划与建设研究	柴彦威	北京大学
6	11ZDA08	北京社区公共服务建设研究	黄恒学	北京大学
7	09BaWY066	新中国文学发展 60 年	张颐武	北京大学
8	12KDC032	“北京精神”的微博推广模式研究	柳思思	北京第二外国语学院
9	09AbJG292	金融危机对北京旅游业的影响及其对策研究	邹统钎	北京第二外国语学院
10	12WYC034	北京牛街文化旅游资源开发研究	魏启荣	北京第二外国语学院
11	11ZDA09	北京建设世界一流旅游城市研究	计金标	北京第二外国语学院
12	11WYB007	首都动画产业链构建研究	陈淑姣	北京电子科技职业学院
13	10AbWY073	亚洲著名服装品牌风格与形象创新研究	刘元风	北京服装学院
14	11JGB023	低碳经济下纺织品服装贸易与环境关系的实证研究	姚　蕾	北京服装学院
15	11JGC097	北京发展高级服装定制的模式及对策研究	席　阳	北京服装学院
16	10AbJG330	北京服装自主品牌竞争优势研究	宁　俊	北京服装学院
17	11ZDB13	打造时尚之都——北京服装创意产业发展研究	宁　俊	北京服装学院
18	11WYA003	世界设计之都视角下北京自主服装品牌形象研究	贾荣林	北京服装学院
19	11JGB022	北京艺术（美术）类大学生自主创业现状与对策研究	廖　青	北京服装学院

续前表

序号	项目编号	项目名称	负责人	所在单位
20	08AbJG215	首都流通产业价值链管理创新研究	崔学刚	北京工商大学
21	07AcJG152	北京制造业发展史研究	蒋国瑞	北京工业大学
22	10AbKD102	首都高校建设马克思主义学习型党组织研究	谭振亚	北京航空航天大学
23	11KDA008	创先争优推动首都高校基层党组织建设经验研究	张维维	北京航空航天大学
24	11KDB035	首都高校党建研究报告（2012）	姚小玲	北京航空航天大学
25	11KDB010	首都高校基层党组织创先争优经验及理论思考	高俊梅	北京航空航天大学
26	09BgZX033	“绿色北京”理念的价值哲学基础研究	崔伟奇	北京化工大学
27	10BeZH171	北京建设世界城市进程中的环境保护与管理政策和措施研究	刘安国	北京化工大学
28	10AbJG399	资本构成多元化的北京市轨道交通补贴机制与方法研究	欧国立	北京交通大学
29	09AfJG324	北京交通发展研究报告（2009–2010）	张梅青	北京交通大学
30	12JGA011	北京市信息安全问题研究	张真继	北京交通大学
31	10BaJG368	北京市发展绿色建筑的经济激励政策与保障体系研究	刘玉明	北京交通大学
32	10BaZX042	消费社会对中国的影响及北京市民消费观念调查研究	路日亮	北京交通大学
33	11JGC103	北京建设国际一流旅游城市研究	陈怡宁	北京交通大学
34	10BaSH082	北京高校大学生男同性恋群体的心理行为特点及社会支持体系研究	田宝伟	北京交通大学
35	11JYC013	北京高校教学资源共享机制研究	王新凤	北京教育科学研究院
36	12JYC024	留学低龄化与北京国际高中发展态势研究	刘钧燕	北京教育科学研究院
37	09BaSH047	京郊农村社区工作模式探究	许　斌	北京科技大学
38	11JGC104	基于政府会计体系的节约型北京市政府部门行政经费运行与管理研究	张曾莲	北京科技大学

续前表

序号	项目编号	项目名称	负责人	所在单位
39	10BfJY068	北京市“示范性”高职院校教育质量评价与保障机制研究	张耀嵩	北京劳动保障职业学院
40	10BeFX084	我国残疾人福利法制发展研究	韩君玲	北京理工大学
41	06BaLS006	北京文化史	顾　军	北京联合大学
42	08BfZH109	北京奥运会筹办工作历程及经验借鉴	孔繁敏	北京联合大学
43	10BfJG404	北京地区 IT 服务外包产业升级路径研究	方德英	北京联合大学
44	10AbLS050	明清时期北京书院研究	赵连稳	北京联合大学
45	12ZHA004	北京学研究报告（2012）	张宝秀	北京联合大学
46	11JGC107	基于北京文化创意产业的社会服务与实践社区互动支持体系研究	季　皓	北京联合大学
47	10BaZH188	基于利益相关者理论的北京非物质文化遗产旅游发展战略研究	石美玉	北京联合大学
48	11JGB045	城乡统筹背景下北京农民工社会保障政策效应评估研究	李瑞芬	北京农学院
49	09BfSH052	北京农村社区提高科学素质的运行机制和模式研究	李　华	北京农学院
50	10BeFX082	北京农业高新技术企业知识产权现状及政策研究	隋文香	北京农学院
51	11JGC110	北京“农超对接”绿色物流发展模式研究	桂　琳	北京农学院
52	11JGB044	北京农村社区型股份合作制研究——以大兴区狼垡二村等为例	赵连静	北京农学院
53	06AbZH053	北京社会主义新农村发展模式研究	史亚军	北京农学院
54	10AbZH172	北京农业创新与农业功能拓展研究	邓　蓉	北京农学院
55	11JGC111	北京市农业保险发展模式的动态模拟及可持续发展政策建议	吕晓英	北京农学院
56	10AaJG327	北京的世界城市建设与总部农业发展研究	马俊哲	北京农业职业学院

续前表

序号	项目编号	项目名称	负责人	所在单位
57	10BaSH100	“80后”青年的志愿行动与公民意识研究	梁绿琦	北京青年政治学院
58	11KDB012	统一战线服务两新组织发展研究	楚国清	北京青年政治学院
59	10BeWY067	“网络文学”与“90后”大学生审美研究	雷丽平	北京青年政治学院
60	10BaJG355	北京与伦敦、纽约、东京城市媒体业态比较研究	丁亚韬	北京日报报业集团
61	06BeWY024	中国当代少儿小说研究	王泉根	北京师范大学
62	06AaJY007	北京高校学术研究体制的运行状态、问题及对策的实证研究	阎光才	北京师范大学
63	06BeJY011	高等教育发展的知识解读	毛亚庆	北京师范大学
64	06AgJY006	中小学教师的工作特征与其职业心理健康的关系研究	伍新春	北京师范大学
65	06AbWY005	影视文化对北京地区未成年人成长的影响与对策研究	黄会林	北京师范大学
66	07AbZH062	首都后奥运时期的文化创意产业研究	肖永亮	北京师范大学
67	10BaJG326	北京大中型沼气工程运行效率评价研究	刘卫国	北京石油化工学院
68	11LSB007	北京文化名人收藏的北京地方文献状况调研	侯宏兴	北京市地方志编纂委员会办公室
69	11FXB007	社会管理创新的法治化实现路径研究	周　信	北京市法学会
70	12FXB007	“十二五”期间首都地方立法——以社会管理创新立法为视角	武树臣	北京市法学会
71	12FXB009	北京市PM2.5污染治理的政策与法律研究	高桂林	北京市法学会
72	12FXB011	北京市非物质文化遗产保护立法研究	韩赤风	北京市法学会
73	12FXB022	首都法治指数研究	蒋立山	北京市法学会
74	09AaFX062	民事执行权与执行和解制度研究	张美欣	北京市高级人民法院
75	11JGB049	城乡一体化进程中北京都市型现代农业发展瓶颈研究	苗润莲	北京市科学技术情报研究所

续前表

序号	项目编号	项目名称	负责人	所在单位
76	11JGB050	国外农村生活污水治理机制及对北京的借鉴研究	李　纯	北京市科学技术情报研究所
77	12FXA040	地方人大常委会立法体制问题研究	张真理	市人大理论研究会
78	11CSA002	北京市国家文化中心建设的国际比较研究——以伦敦、巴黎、纽约和东京为例	席文启	市人大民族宗教侨务办公室
79	06AaSH006	北京市弱势群体的社会支持体系研究——流动人口社区个案研究	韩嘉玲	北京市社会科学院
80	12SHC020	管理创新与政策选择：政府培育扶持社区社会组织的研究	谭日辉	北京市社会科学院
81	06BaLS009	北京城市发展史	尹钧科	北京市社会科学院
82	06AbZH005	街道体制向社区体制的变革	于燕燕	北京市社会科学院
83	11JGB008	北京市构建现代产业体系研究	梁昊光	北京市社会科学院
84	11CSC009	悖论与紧张——北京社区公共生活的现状与未来走向	宋　梅	北京市社会科学院
85	11FXC024	北京市流动人口规模调控的法律问题研究	张真理	北京市社会科学院
86	11WYB009	北京公共文化服务体系与全国文化中心建设	李建盛	北京市社会科学院
87	12KDC034	北京精神知行状况调查及实践创新研究	孙照红	北京市社会科学院
88	09AaJG280	审计文化建设——当代中国审计文化基本要素研究	张海坤	北京市审计局
89	09BfLS042	北京台湾文史研究：台湾会馆与同乡会	汪毅夫	北京市台湾同胞联谊会
90	11JGB052	从北京市经济社会发展宏观数据库建设探索政府信息资源共享的有效途径	侯小维	北京市统计局
91	10AaJG363	“人文北京、科技北京、绿色北京”行动计划实施进程监测评价指标体系研究	邢志宏	北京市统计局
92	11JGA009	北京市城镇居民收入与经济发展协调增长研究	李　纲	北京市统计局
93	11ZHB006	北京市文化创意产业发展体制机制创新研究	梅　松	北京市文化创意产业促进中心

续前表

序号	项目编号	项目名称	负责人	所在单位
94	11LSB011	颐和园部分建筑遗址复原案例分析与试点展示研究	丛一蓬	北京市颐和园管理处
95	11FXB009	北京市医疗纠纷非诉讼纠纷解决机制研究	范　贞	北京卫生法学会
96	10AbJG373	北京市物流业产业关联统计研究	吴海建	北京物资学院
97	07AbJG160	北京市构建农产品封闭供应链物流体系研究	魏国辰	北京物资学院
98	11JGB053	企业物流风险预警的运行机理研究——以北京市为例	刘永胜	北京物资学院
99	10BaJG386	基于文化创意产业发展的优化北京产业结构研究	王信东	北京信息科技大学
100	10BaJG411	北京市知识服务业精益运营模式研究	曲　立	北京信息科技大学
101	09AbJG287	基于知识管理的北京制造业产业集群技术创新战略研究	李静文	北京信息科技大学
102	11JGC120	外部知识网络嵌入、组织学习和企业能力跃迁——以北京市文化创意产业为例	崔　瑜	北京信息科技大学
103	11ZDA04	北京市生活垃圾减量化对策研究	葛新权	北京信息科技大学
104	10AbJG397	我国印刷业结构及演变趋势研究	李治堂	北京印刷学院
105	09AbJG301	中国出版业物流与供应链管理研究	王海云	北京印刷学院
106	09BfJG321	首都出版业公共服务体系建设研究	张养志	北京印刷学院
107	06BaJY021	汉语国际推广新形势下汉语教师教育的问题和对策	江　新	北京语言大学
108	12WYC038	留学生对中国文学接受的实证研究	于小植	北京语言大学
109	10BaJY065	ASSURE 模式在汉语国际教育中的应用	徐　娟	北京语言大学
110	11DCA07	北京 CBD 文化软实力研究	谢　莹	朝阳区委宣传部
111	11DCB06	朝阳区社会服务管理创新研究	陈　刚	朝阳区委宣传部
112	11DCA01	学习型党组织建设考核评价指标体系	赵中原	东城区委宣传部

续前表

序号	项目编号	项目名称	负责人	所在单位
113	11JGC124	北京市商业银行竞争对区域中小企业融资的影响研究	张海洋	对外经济贸易大学
114	12JGC079	北京市低收入群体现状及社会救助研究	张晓静	对外经济贸易大学
115	11JGB069	区域文化规划理论与实践的创新	吴承忠	对外经济贸易大学
116	10BeFX086	城市管理监察综合行政执法问题研究	王雅琴	国家法官学院
117	10BaJG371	北京市全要素能源效率演变机理与效率优化研究	张兴平	华北电力大学
118	07BaSH034	北京市社会工作职业化问题研究	成海军	北京社会管理职业学院
119	06BeWY025	中国敦煌历代装饰图案（第二卷）	常沙娜	清华大学
120	06AaZX005	首都大学生科学诚信现状调研及对策研究	曹南燕	清华大学
121	10BaZH214	北京低碳产品规划和低碳产业发展研究	于启武	首都经济贸易大学
122	11JGC126	低碳约束下北京外贸商品结构优化研究	王明荣	首都经济贸易大学
123	10BcJY071	大学章程：一个国内外比较研究	柯文进	首都经济贸易大学
124	10AbJG340	北京商务中心区东扩后产业布局与发展研究	张　弘	首都经济贸易大学
125	10BcJG356	构建北京市教授级高级会计师评审机制的研究	吴少平	首都经济贸易大学
126	09AbJG304	北京 CBD 企业知识员工“过劳”问题研究	杨河清	首都经济贸易大学
127	12ZHA002	治理 PM2.5 国际经验及对我市的启示	王鸿春	首都社会经济发展研究所
128	12ZHB015	国外城市排水系统建设调查及对我市的启示	王彦峰	首都社会经济发展研究所
129	12ZHA007	2011 北京城乡居民社会心态动向研究	王力丁	首都社会经济发展研究所
130	11ZDB12	北京健康城市建设研究	王鸿春	首都社会经济发展研究所
131	06AaSH004	社区矫正的理论与实务——北京市社区矫正模式研究	范燕宁	首都师范大学
132	10BaJY077	北京市基础教育课程改革十年研究	石　鸥	首都师范大学

续前表

序号	项目编号	项目名称	负责人	所在单位
133	10BaLS055	英藏敦煌社会历史文献整理与研究	郝春文	首都师范大学
134	10AbKD091	公民教育：当代中国马克思主义大众化的新路径	高　峰	首都师范大学
135	06AaZX002	关于和谐世界的哲学研究	程广云	首都师范大学
136	09BaWY050	大众文学与媒体——日本的大众文学与改革开放后的中国	王　成	首都师范大学
137	10BaLS054	国际关系史史料的整理与研究	姚百慧	首都师范大学
138	10BeWY074	艺术治疗对心理危机的干预研究	周世斌	首都师范大学
139	06AgZX026	后现代主义对当代中国文化建设的影响及对策	杨生平	首都师范大学
140	10AbFX088	高等学校创新功能的法律保障研究	龙文懋	首都师范大学
141	10BaZH208	北京市投融资体制改革背景下的奥运场馆投融资模式研究	王子朴	首都体育学院
142	10BaZH165	北京武术文化研究	周之华	首都体育学院
143	10AaZH196	相关病种临床路径实施前后的成本效果分析研究	王力红	首都医科大学
144	09AbZH145	北京市公立医院集体领导力形成机制研究	张　建	首都医科大学
145	10BdSH089	北京乡镇卫生机构人力配置标准研究	吴妮娜	首都医科大学
146	09BaJY061	高等医学院校领导力形成和实践的个案研究	王玉慧	首都医科大学
147	11ZHA002	首都卫生管理与政策研究报告（2011）	王晓燕	首都医科大学
148	12ZHA003	首都卫生管理与政策研究报告（2012）	王晓燕	首都医科大学
149	10BaZH207	三级综合医院医务人员职业压力现状与干预措施的研究	王香平	首都医科大学
150	10AbKD108	后金融危机时代的国际思潮对中国的影响	秦亚青	外交学院
151	11DCB03	西城区城市空间承载力研究	刘　洋	西城区委宣传部
152	11DCA14	群众性生态文明创建中公众文明意识的培养问题研究	郭振清	延庆县委宣传部

续前表

序号	项目编号	项目名称	负责人	所在单位
153	06BeKD028	领导干部素质模式的演绎与科学发展观中的素质评价体系研究	张　勤	中共北京市委党校
154	06BaKD015	建设公共文明，培育公共精神——北京市社会公德建设研究	韩玉芳	中共北京市委党校
155	09AaKD073	北京市社会领域党建创新研究	靳连芳	中共北京市委党校
156	11JGB084	当前北京居民消费观念及消费意愿调查	丁　青	中共北京市委党校
157	07BcKD050	北京市党政干部领导方式创新研究	孙奎贞	中共北京市委党校
158	11JGB082	“政务微博”在北京创新社会管理中的运用研究	张　玲	中共北京市委党校
159	09ZDA08	用社会主义核心价值体系引领首都精神文明建设研究	韩玉芳	中共北京市委党校
160	11KDB022	智慧的宣讲	崔耀中	中共北京市委干部理论教育讲师团
161	11ZDB14	马克思主义大众化研究：理论、历程和经验	崔耀中	中共北京市委干部理论教育讲师团
162	10BeSH095	戏剧文化在人文北京建设中的作用研究	陈秋淮	前线杂志社
163	12KDB002	机关党建运行机制研究	夏尚武	中共北京市委市直机关工委
164	10BeKD107	高等院校开展社会主义法治理念教育的路径研究	陈　勇	中共北京市委政法委党校
165	11KDA007	以“领航工程、聚力工程、先锋工程”为载体深化创先争优活动，为首都科学发展提供动力和保证	吕锡文	中共北京市委组织部
166	08AbJG231	数字电视业务研究——数字高清电视商业模式研究	赵子忠	中国传媒大学
167	07AbJG164	北京数字电视信息服务商业模式研究	赵子忠	中国传媒大学
168	08AbJG221	奥运应用对首都新媒体经济的推动与影响	丁俊杰	中国传媒大学
169	09BaWY058	北京画家村现状与可发展空间研究	王雅平	中国传媒大学
170	06AbJG029	北京市数字内容产业发展研究	袁　方	中国传媒大学

续前表

序号	项目编号	项目名称	负责人	所在单位
171	11JYB010	首都中学生博物馆接触度与参观行为研究	邢建毅	中国电影博物馆
172	09BfJY057	0—6岁儿童家庭教育活动指导体系与支持	霍雨佳	中国儿童中心
173	09BaJY055	中国城市儿童校外科学教育状况与实践模式研究	苑立新	中国儿童中心
174	10BaJY073	校外儿童生态道德教育的理论与实践探索	丛中笑	中国儿童中心
175	11JYB011	儿童参与视野下的生态道德教育的理论与实践探索	朱晓宇	中国儿童中心
176	09AaSH068	北京市社会工作人才使用体制机制研究	许莉娅	中国青年政治学院
177	09AbSH060	后单位社会与社区民间组织发展方案之研究	于显洋	中国人民大学
178	12ZHC024	北京市新媒体发展与社会管理创新研究	黄　河	中国人民大学
179	10AbZH168	“人文北京”建设公众参与研究	徐尚昆	中国人民大学
180	09AbKD080	中国特色社会主义理论体系研究	秦　宣	中国人民大学
181	10AaJG395	提升首都自主创新能力加快北京世界城市建设研究	孙久文	中国人民大学
182	11JGB086	基于产业升级视角的北京市汽车产业竞争能力研究	王保林	中国人民大学
183	09BeKD070	公共危机中信息传播主体关系研究	李春华	中国人民公安大学
184	09BeZH132	首都虚拟社会安全防控体系建设研究	黄淑华	中国人民公安大学
185	10BeZH178	北京市农村公共安全治理体制创新研究	朱旭东	中国人民公安大学
186	11SHB013	群体性事件中的动员组织机制研究	曹　英	中国人民公安大学
187	09BdKD072	马克思主义发展思想的历史和理论研究	谭扬芳	中国社会科学院马克思主义研究院
188	10BdJG331	北京高新技术企业集群式创业模式与发展战略研究	李　超	中国政法大学
189	10AbFX081	北京城市应急机制的法律问题研究	马怀德	中国政法大学
190	11FXC032	司法自由裁量权之规制研究——以刑事推定为例的分析	褚福民	中国政法大学

续前表

序号	项目编号	项目名称	负责人	所在单位
191	09AaJG282	健全北京市农村社会保障体系研究——基于公共财政的视角	孙殿明	中央财经大学
192	10BeJG391	世界城市演进、定位、特色与经验借鉴	徐　颖	中央财经大学
193	10BeJG350	北京市养老保险基金精算研究	徐景峰	中央财经大学
194	11ZDA01	北京依靠创新转变经济发展方式的思路与对策研究	李　涛	中央财经大学
195	11ZDA11	以争先创优为契机推进首都基层党组织建设研究——基于组织绩效视角的研究	倪海东	中央财经大学
196	06BaJG043	北京高新技术企业资本结构和投资绩效实证研究	杨运杰	中央财经大学
197	06BaJY020	北京市中小学科学教育现状的调查与分析	郭元婕	中央教育科学研究院
198	09BaJY056	关于构建优秀教师隐性知识交流与共享网络联盟的研究	张杰夫	中央教育科学研究院
199	09BaJG267	北京志愿服务制度化建设研究	党秀云	中央民族大学

图书在版编目(CIP)数据

北京社科规划工作年度报告．2013/北京市哲学社会科学规划办公室编．—北京：中国人民大学出版社，2014.7
ISBN 978-7-300-19804-0

Ⅰ.①北… Ⅱ.①北… Ⅲ.①社会科学-科技成果-研究报告-北京市-2013 Ⅳ.①C121

中国版本图书馆 CIP 数据核字（2014）第 170318 号

北京社科规划工作年度报告 2013
北京市哲学社会科学规划办公室　编
Beijing Sheke Guihua Gongzuo Niandu Baogao 2013

出版发行	中国人民大学出版社		
社　　址	北京中关村大街 31 号	**邮政编码**	100080
电　　话	010－62511242（总编室）		010－62511770（质管部）
	010－82501766（邮购部）		010－62514148（门市部）
	010－62515195（发行公司）		010－62515275（盗版举报）
网　　址	http://www.crup.com.cn		
	http://www.ttrnet.com(人大教研网)		
经　　销	新华书店		
印　　刷	北京易丰印捷科技股份有限公司		
规　　格	175 mm×250 mm	**版　　次**	2014 年 8 月第 1 版
印　　张	12.5	**印　　次**	2014 年 8 月第 1 次印刷
字　　数	180 000	**定　　价**	48.00 元